U0937438

★二战将帅传记丛书★

GUDERIAN's BIOGRAPHY

古德里安全传

史清源 著

華中科技大學出版社
http://press.hust.edu.cn
中国·武汉

图书在版编目(CIP)数据

古德里安全传/史清源著. -- 武汉 :华中科技大学出版社,2018.5(2023.7重印)

ISBN 978-7-5680-3714-3

Ⅰ.①古… Ⅱ.①史… Ⅲ.①古德里安(Guderian,Heinz 1888-1953)-传记 Ⅳ.①K835.165.2

中国版本图书馆CIP数据核字(2018)第032778号

古德里安全传
Gudeli'an Quanzhuan

史清源 著

选题策划:亢博剑

责任编辑:沈剑锋

封面设计:今亮後聲 HOPESOUND 2580590616@qq.com · 小九 白今

责任校对:李 琴

责任监印:朱 玢

出版发行:华中科技大学出版社(中国·武汉) 电话:(027)81321913
武汉市东湖新技术开发区华工科技园 邮编:430223

印 刷:鑫艺佳利(天津)印刷有限公司

开 本:710mm×1000mm 1/16

印 张:19.5

字 数:345千字

版 次:2018年5月第1版第1次印刷 2023年7月第1版第2次印刷

定 价:88.00元

#【序言】

德国“闪击战”的创始人

谈及坦克战的发展史，有两个人不得不提，一个是富勒，另一个就是古德里安。

最早提出机械化作战、装甲战的是英国人富勒，遗憾的是，这位富有远见的将军没有将之付诸实践，而比他小了整整10岁的古德里安不但几乎完全继承了他的装甲战思想，并且将其运用到战争中，从而使坦克成为第二次世界大战中名副其实的“陆战之神”。

古德里安有很多头衔和标签，比如现代装甲战和坦克战的倡导者、闪电战的创始人、“德国装甲兵之父”、纳粹三大名将之一、“帝国之鹰”、战术家、军事家、理论家……但是，如果我们忽略他头上的这些“光环”，将历史的指针拨回到20世纪三四十年代，便会发现，这位对世界军事发展有着巨大贡献的纳粹名将之所以能够青出于蓝而胜于蓝是有原因的。

古德里安出身于军官家庭，在父亲的影响下进入军官学校学习，1907年毕业后作为一名准尉加入了他父亲指挥的部队，正式开始了他的军旅生涯。此后7年时间，除了短期训练和进修外，他一直在德国各地驻防，训练新兵。这一期间，他虽然颇有创造精神，但是谁也没有料到，他日后会与装甲战结下不解之缘。

第一次世界大战爆发后，古德里安被分配到骑兵部队担任指挥官和参谋长。由于见证了坦克这种庞然大物的威力，古德里安在战争结束后，开始关注坦克的发展，研究坦克战术。但是，因为战败后的德国根本没有坦克，他的研究停留在理论层面，只是纸上谈兵而已。另外，步兵出身且从事骑兵工作的他，并没有专业的坦克知识和操作经验，一个零基础的人要想研究坦克，可以说困难重重。所幸古德里安既有天赋，也不缺乏机遇。从青年时期起，他就深具创造性，从不满足于现有的战术、技术和兵器，经常利用战术演习和兵棋推演的机会，宣扬战车即将成为战场主宰的全新理念。

1934 年德国组建装甲部队时，古德里安任汽车兵司令部参谋长。他总结第一次世界大战的经验教训，逐渐萌生了以机械化部队为主体，各兵种密切协同的战术思想；同时，他对希特勒所信奉的机动、攻击、迅速的“闪击战”理论也深表认同。在他担任装甲兵总监期间，德国装甲部队迅速发展壮大起来。

富有远见的古德里安，通过演习和试验，设计了坦克集群高速进攻的作战形式。1938 年，他担任机动部队总监，统管装甲部队的组织和训练事项。同年，在德国兼并奥地利的行动中，他指挥装甲部队长驱直入近千公里，以显赫的战功一举奠定了他在德国装甲部队中的地位。1939 年，他指挥坦克部队采用速战速决的闪击战术，十几天便击败波兰。1940 年，他又指挥坦克部队作为先锋，横扫西欧，不到 2 个月就侵占了荷、比、卢、法等国，其间，他用闪击战和机械化作战战术，仅用 5 天时间就攻破了造价昂贵、固若金汤的“马其诺防线”。1941 年苏德战争爆发后，他的坦克闪击战在战争初期节节获胜，直接攻到了距莫斯科几十公里的地方。后期因苏军的有效抵抗，加上德国最高统治者接连决策失误，他的坦克部队终因遇见克星而走向没落。

古德里安不仅富有军事才能，而且毫不盲从，是极少数敢于顶撞希特勒的将领之一。尽管每一次他在极力争取无效后，迫于各方压力而不得不服从希特勒的命令，但他内心并非完全效忠于希特勒，与其说他是为了元首，倒不如说是为了德国。在苏德战争期间，他屡次与希特勒发生冲突，他那过分倔强的性格显然不讨希特勒的喜欢，这也意味着他在纳粹德国政府中不可能得到更大的发展。莫斯科会战后，他因为下令撤退而被希特勒撤消了所有职务。1943 年他临危受命，在斯大林格勒会战失败后出任装甲兵总监。1944 年希特勒遇刺后，他一度代理陆军总参谋长，但在次年 3 月便因战场失利而被解职，从此转入预备役。

相比同时代的装甲战高手隆美尔、巴顿、朱可夫等人，古德里安的影响力显然要大得多。他所提出的“在狭窄正面上集中使用大量坦克，实施高速突贯”的理论，使他成为第二次世界大战中纳粹德国三大名将之一。当然，从政治角度来说，古德里安助纣为虐，犯下了不可饶恕的战争罪行；而从军事角度来看，他的军事理论和战术推动了现代作战样式的发展，直到今天仍值得我们借鉴和研究。

总的来说，古德里安的军事才能具体表现在：具有敏锐的观察力，可以在瞬息万变的战场上及时发现对方的弱点，打对方一个措手不及；懂得战略与战术的有机结合，更具有卓越的领导组织才能，能将部队打造成一个坚不可摧的集体；善于接受新事物，不受时代所惯用的技术和装备的制约，创造了装甲兵在现代战争中的作战理论。他所建立和训练的装甲部队，在希特勒发动侵略战争初期发挥了极其重要的作用，速战速决的作战方式使他成为纳粹德国的得力帮凶。正如英国军事历史学家利德尔·哈特的评价：“（他是）一个曾经大规模创造历史的人……古德里安在我们这个时代中是一个具有重大影响的人物，没有他，也许希特勒在刚刚发动战争的时候就失败了。”

终其一生，古德里安走过了66个春秋，他得意过，也失意过。由于侵略战争的不正义性，注定了他出色的军事才华只能给德国带来一时的“辉煌”，最终迎接他的必然是毁灭。读者在学习、借鉴他的军事指挥作战艺术的同时，应注意对其纳粹主义思想加以鉴别和批判。

目 录

Contents

第一章 坦克战锋芒初露 / 1

子承父业 / 1

幸运的小军官 / 3

结缘“摩托化” / 8

沉迷坦克 / 14

为坦克争地位 / 18

第二章 登上纳粹战车的新兵 / 35

成为希特勒的帮手 / 35

先打西方 / 44

和平进军 / 52

有名无实的机动兵总监 / 57

吞并捷克斯洛伐克 / 59

第三章　闪击波兰 / 64

蠢蠢欲动 / 64
“波兰走廊”之战 / 69
拨乱反正 / 75
坦克部队的冲杀 / 80
成为希特勒新宠 / 84

第四章　进攻西线 / 91

曼施坦因计划 / 91
飞渡默兹河 / 96
扑向英吉利海峡 / 107
希特勒的反常 / 119
敦刻尔克的遗憾 / 122
组建装甲兵团 / 127
荣升一级上将 / 134

第五章　可怕的“巴巴罗萨” / 141

波澜不断 / 141
启动“巴巴罗萨”计划 / 150
奔向明斯克 / 156
打开苏联的大门 / 164

第六章　攻占斯摩棱斯克 / 171

特立独行 / 171

箭在弦上 / 174

渡过第聂伯河 / 176

包围与反包围 / 180

第七章　贪小便宜吃大亏 / 185

马恩河式的奇迹 / 185

希特勒的战略 / 190

放弃莫斯科 / 193

第八章　基辅之战 / 202

战略方向之争 / 202

寡不敌众苦挣扎 / 208

奋力攻占基辅 / 212

第九章　莫斯科的最后一搏 / 222

殊死一战 / 222

莫斯科的冬季 / 227

挥泪别前线 / 236

第十章　临危受命 / 246

大权在握的装甲兵总监 / 246

组建装甲部队 / 259

屡屡碰壁 / 265

第十一章　苟延残喘的最后岁月 / 273

无望的西线战事 / 273

崩溃的边缘 / 284

再次免职度余生 / 294

第一章　坦克战锋芒初露

子承父业

这是一个阳光明媚的上午，在维斯瓦河畔库尔姆市（今波兰海乌姆诺市）的一家医院里，一位焦急的父亲正不停地在医院的走廊里走来走去，直到得知母子平安后，他才长长地松了一口气。这天正是1888年6月17日，出生的孩子就是日后有着“坦克怪杰”之称的德国著名将领海因茨·威廉·古德里安。

古德里安的父亲名叫腓特烈·古德里安，是当时普鲁士驻波美拉尼亚第2轻步兵营的一个中尉连长，也是家族中的第一位军人，所以他一直踌躇满志，希望能在德意志民族尚武的传统里，弥补家族的缺失与遗憾。

古德里安出生两年后，他的弟弟弗里茨·古德里安也来到了人间。古德里安3岁那年，由于父亲调防，他随父母迁居到阿尔萨斯州的科尔马，并在当地上了小学。9年后，全家再次迁居洛林州的圣阿沃尔德。这时古德里安已经到了上中学的年龄，但圣阿沃尔德实在是太小了，根本没有能力建造一所中学。这个现实的问题摆在了他的面前，如果想要继续上学，只有两个选择：一是上稍微远一点的寄宿学校，但学习费用较高，而他父亲收入微薄，根本负担不起；二是子承父业，上军官学校，走职业军人的道路，这样还可以减轻家庭的经济负担。

在现实的经济压力和民族尚武精神的影响下，古德里安的父母几经权衡，决定将古德里安送入陆军幼年预备学校，以求在军人的职业上有所成就，同时弥补家族的遗憾。1901 年 4 月 1 日，古德里安和弟弟弗里茨一起进入了巴登的卡尔斯鲁厄陆军军官预备学校。

这所军校是德国 8 所军官预备学校之一，办学目的是培养未来的陆军军官。进入预备军官学校仅代表着有机会成为陆军军官，至于最终能否成长为一名合格的陆军军官，还要看个人的情况。古德里安在军官预备学校接受了初步的军事训练。他没有辜负父母的期望，在校期间勤奋好学，各门功课均名列前茅，成了老师的得意门生、同学们的学习榜样。他的父母也常常以此勉励他的弟弟弗里茨。

1903 年 4 月 1 日到 1907 年 2 月，古德里安转入柏林附近的大利希特费尔德高级候补军官学校，这里纪律严明，严格按照现代意义的中学标准进行教学，而且注重近代的语文、数学和历史知识的传授。古德里安在这里接受了严格的军事训练，也掌握了扎实的文化知识。后来他还颇为自豪地回忆道："军校毕业生的（学习深度和广度）水平绝不比一般学校的水平差。"

4 年的学习使古德里安初步具备了军官的基本素养，这在他日后的军旅生涯中得到了验证。

1907 年 2 月，古德里安毕业了，很幸运地被分配到驻洛林州比奇的汉诺威第 10 轻步兵营担任见习军官，这个营的营长正是他的父亲。这是古德里安离家 6 年后最为高兴的事情，他不但可以见到自己的家人，而且可以在父亲的手下服役，这让他无比兴奋。

不过，父亲并没有放纵自己的儿子，反而更加严格地要求古德里安。有一次，古德里安无意中在大家面前显露出一种优越感，父亲知道后，非常严厉地批评他说："正因为你是我的儿子，才应该更加严格地要求自己。你和别人没什么两样，要想成为一个出类拔萃的军人，必须比别人多付出百倍千倍的努力。"古德里安理解父亲的良苦用心，从此更加严格地要求自己，不容有半点疏忽。

1907 年 4 月，古德里安离开父亲的轻步兵营，到梅斯进行了 8 个月的短期培训，培训结束后他被正式任命为陆军少尉。学校给予了他很高的评价："知识水平和业务能力十分优秀……才华出众，积极进取，忠于职守。"他满载着荣誉再次回到父亲的轻步兵营，第二年便获得了中尉军衔，这时的他还不满 20 岁。

在轻步兵营里，古德里安学习、工作都很努力，加上父亲的影响和熏陶，他的军事素养得到了很大提高。对他来说，父亲不但是他生活中的良师益友，更是他人生道路上的模范和榜样。他在日后的回忆录中这样写道："他的逝世使我丧失了一个军人的典范和人格方面可以作为楷模的榜样。"

1909 年 10 月 1 日，古德里安从父亲所在的轻步兵营调防回到家乡汉诺威省的戈斯拉尔，负责驻防部队的通信工作。就在这时，古德里安认识了一个医生的女儿玛格丽特・格纳，两个年轻人很快便坠入爱河，不久就订了婚，并在 1913 年 10 月 1 日喜结良缘。

1913 年，一直想要继续深造的古德里安再次进入军事学院学习，他很珍惜这个来之不易的学习机会，并时刻谨记父亲的教诲。1914 年，古德里安再次以优异的成绩毕业。他与妻子卿卿我我的生活没有持续多久，"一战"的战火就打破了他们平静的生活。1914 年 8 月，古德里安忍痛丢下已有 8 个月身孕的爱妻奔赴战场，在随后 4 年的战争中，他只有过一个短暂的假期。

古德里安离家第 21 天，他的妻子玛格丽特生下了他们的第一个儿子海因茨・冈特。因为没能听到孩子的第一声啼哭，古德里安一直深感遗憾。他们的第二个儿子库尔特出生于"一战"结束后的 1918 年 9 月 17 日。两个儿子都深受父亲影响，长大后皆承父业，成为德国军官。历史总是惊人的相似：1939 年 9 月波兰战役期间，古德里安担任第 19 装甲军军长，他的次子库尔特便在他手下任职，正如他当年在父亲的部队中服役一样。

幸运的小军官

"一战"对德国来说是个惨痛的教训，但对古德里安却是一个成长的契机。当时，内燃机和无线电报这两个重要发明，对“一战”的胜负起到了至关重要的作用。它们开拓了机械化作战和军事通信的新天地，同时也使战场由地面转向立体化的空间。这一阶段的科学技术在军事上的应用，大大启发了那些具有远见卓识的军人，也为他们在日后的世界大战中展现自己的才华奠定了基础。

从1912年开始，古德里安便与电报通信打上了交道。据他后来回忆，这一经历对他发展坦克作战理论有着很大的启迪与帮助，使他对坦克的指挥、联络有了明确而清晰的认识。1912—1913年，他在德军第3电报营服役；1914年8月—1917年4月，他先是在西线战场的骑兵第5师担任无线电台台长，之后调到弗兰德战场第4军担任助理通信官，接着又担任第5军助理通信官，并在该军军备附属单位服役，之后又转回第4军担任通信官。他在“一战”中参加了凡尔登战役[①]和索姆河战役[②]，1915年12月升为陆军上尉。1916—1917年，他担任过德国陆军第4步兵师的参谋官，代理过陆军第52预备师的参谋长、陆军第14步兵团第2营营长、德国在意大利占领区军事管治局的行政科长。1918年1—2月，他在法国色当接受了参谋军官训练，并在德国陆军参谋本部进行过短期服务。

1918年11月，“一战”以德国的失败而宣告结束。这次战败加剧了德国国内的政治危机，使得威廉二世[③]的帝国也跟着摇摇欲坠。

作为对战败国的惩罚，在巴黎和会[④]上，战胜国无情地把德国代表

---

① 凡尔登战役：“一战”中破坏性最大、时间最长的战役。战事从1916年2月21日延续到12月19日，德、法两国投入100多个师的兵力，死亡超过25万人，受伤50多万人，被称为“凡尔登绞肉机”。

② 索姆河战役：“一战”中规模最大的一次战役，爆发于1916年7月1日。参战双方伤亡约134万人，其中英军45万余人、法军34万余人、德军约53.8万人。此役英、法联军未达到突破德军防线的目的，但钳制了德军对凡尔登的进攻，进一步削弱了德军实力。

③ 威廉二世（1859—1941）：末代德意志皇帝和普鲁士国王，霍亨索伦家族首领，也是第一次世界大战、“闪击战”计划的创始人。

④ 巴黎和会：“一战”结束后的1919年，英、法、美、意、日等32个国家为解决战争所造成的问题以及奠定战后的和平而召开的会议。德国等战败国和苏联被排斥在会议之外。美、英、法三国最高领导人主导了和会的进行，签订了处置德国的《凡尔赛和约》，同时分别与奥、匈、土等国签订了一系列和约。

古德里安画像

拒之门外，德国没有任何发言权，只能听任战胜国主宰自己的命运。战胜国向德国开出了2 260亿德国马克的天价赔偿金，虽然后来在1929年削减为1 120亿，但直到2010年，这笔赔偿金才由德意志联邦共和国赔偿完毕。除了巨额赔款外，最要命的是割地及丧失各类资源。德国共丧失了13%的领土、10%的人口、15%的耕地、75%的铁矿及被削减了44%的生铁产量、38%的钢和26%的煤。此外，为了限制德国的军事力量，《凡尔赛和约》规定：德国留作国土防卫的边防军人数不得超过10万人，仅负责维持国内秩序和负责边界的巡逻；不准建立空军，不准制造坦克和拥有重型大炮、潜艇、军用飞机等武器，海军只允许拥有36艘舰只。莱茵河以西领土由协约国分区实行军事占领，在德国切实履行和约的情况下，从和约生效之日起分5年、10年、15年后撤出，并由德国负担占领军的军事费用，在此之后，对这一地区实行永久非军事化；莱茵河以东50公里宽的区域为非军事区，德国不能在这一区域驻军并举行军事演习。

正如列宁①所指出的那样，《凡尔赛和约》不过是强盗和掠夺者的和约，更是一个高利贷者的和约、刽子手的和约、屠夫的和约，他们把德、奥抢劫一空，弄得四分五裂。他们剥夺了这些国家的全部生活资源，使孩子们挨饿，甚至饿死。

在这个和约的约束下，德国的军事力量受到了很大限制，军队只能采取建设基干型军队的方针，即通过建设一支骨干部队，作为日后扩军的基础。这样一来，德国军队虽然只有10万人，但经过一番精心的设计和换汤不换药的改头换面，从最高统帅机关到基层分队，从轻武器到各种重型武器，军队中的基本要素都得到了保留。这时的德军可谓麻雀虽小，五脏俱全。

古德里安虽然在1917年担任过营长，但是在德军降低部队级别、保留骨干人员的过程中，也被降职为连级指挥官，幸运的是总算留在了军队里。这一时期，古德里安先后在柏林普鲁士军政部东部边防总局、布里斯劳南区和巴登司坦北区边防指挥部、“铁师”参谋处、国防军第10旅等处待过一段时间，最后到国防军第10轻步兵营第3连担任连长。

“一战”的失败经历及战败后的“光荣落地”，让他感到痛苦，但也锻炼了他不屈不挠的意志、勇猛杀敌的勇气，培养了他坚决果断的性格以及在复杂情况下冷静思考的能力，这些都有助于他日后成长为一名卓越的坦克兵指挥官。尤其是在“一战”期间及德国战败后在边防服役的几年里，古德里安作为一名下级军官，历经20余次的频繁调动，积累了丰富的经验，使他能够不断地接受新事物、新观念、新思想，并提出自己的看法与见解，努力付诸实践。

---

① 列宁（1870—1924）：著名的马克思主义者，无产阶级革命家、政治家、理论家、思想家，俄罗斯苏维埃联邦社会主义共和国（世界上第一个社会主义国家）和苏维埃社会主义共和国联盟的主要缔造者，布尔什维克党的创始人，十月革命的主要领导人，苏联人民委员会主席（即苏联总理）。

根据《凡尔赛和约》，1919 年 3 月 6 日，德国战后的魏玛共和国发布了国防军（陆军）法令，并于同年组建了 2 个“集群司令部”来替代过去的军司令部。集群司令部由 1 名将军和上校（参谋长）、约 30 名军官和数名文职人员组成，下辖 20 个旅。集群司令的军衔相当于步兵上将或炮兵上将。第 1 集群下辖第 1、第 2、第 3、第 4 步兵师和第 1、第 2 骑兵师；第 2 集群下辖第 5、第 6、第 7 步兵师和第 3 骑兵师。陆军军官总数在条约的限制下，最多为 1 500 名。

同年 11 月，德军又新组成了国防部，下设陆军部和海军部。第二年又增设了陆军管理部（1922 年该部被并入陆军部，称为陆军管理局），负责陆军预算、营房、训练场地、供给、被服、武器等事务。陆军部在组建之初设有 6 个局，1920 年减为 5 个局，包括人事局、部队局、陆军训练处、特殊事务处、监察处。通信部队被编入步兵师，每个师编有 1 个通信营。运输部队由汽车营和运输营组成，每个步兵师编有 1 个汽车营和 1 个运输营。

按照德国当时国防军的状况，升迁是很渺茫的事情，大多数军官只能在无望中打发日子。古德里安认为，要想在这支小型陆军中有所发展，最好能去陆军总部工作，这样才有机会施展才华。但这谈何容易，想去陆军总部工作的人何止他一个？因此，他只能安慰自己，就算去了陆军总部也不可能得到升迁，现在自己待的地方也不错，各方面都比较熟悉，工作开展起来也比较顺利，要学会知足常乐。不过，争强好胜的他并没有因此放松对自己的要求，他对自己的本职工作依然勤奋、严谨，不甘人后。

1921 年秋，幸运之神终于降临到了古德里安身上。当时，国防部运输兵总监部缺少一个参谋，于是要求参谋本部派一名军官去那里工作。古德里安在工作中表现一直出类拔萃，深受团长阿姆斯贝格上校的赏识。一天，阿姆斯贝格上校把古德里安叫到办公室，问了一个他从来不敢奢望却时时萦绕脑海的问题：“你是否愿意重回参谋本部去工作？”

面对这个突如其来的天大好事，古德里安惊喜万分，如同在黑暗中看到了曙光，下意识地脱口而出："我非常愿意!"

这以后，古德里安天天都惦记着这件事，但他也很谨慎，从来不向外人显露出半点得意的神色。奇怪的是，这件事突然没有了下文，似乎从来没有发生过一样，这让古德里安火热的心渐渐地变得冰凉。

半年后的一天，古德里安正在训练部队，约阿希姆·冯·斯蒂尔普纳格尔中校突然从陆军参谋本部打电话给他，询问他怎么还没有到慕尼黑报到。古德里安被彻底弄糊涂了，不明白其中到底出了什么问题，但不管怎样，这件事总算有了好的结果。

古德里安的调动命令直到4月1日后才开始生效。其间，为了让这位新任职的参谋尽快熟悉业务，了解运输部队的情况，古德里安被派到慕尼黑第7摩托化运输营实习。

古德里安并不了解自己具体的工作内容，但他对这个安排很满意，一接到命令便马上向该营营长鲁茨少校报到。鲁茨少校热情地欢迎了他，在后来的一段时间，他们相处十分融洽，在工作中配合默契。鲁茨少校认为，将来古德里安在国防部的工作一定与摩托化运输部队的组织及使用有关，于是毫无保留地将自己掌握的相关知识都传授给古德里安。古德里安特别敬佩他，同时也暗自庆幸自己遇到了一位好上司。

在鲁茨少校和连长魏末尔上尉的认真教授和指导下，古德里安进步很快，还开始大量吸收和借鉴其他国家的先进经验。短短的几个月，他便学到了不少新东西，为日后的发展奠定了良好的基础。

结缘"摩托化"

1922年4月1日，古德里安结束了参谋工作，正式回到柏林，向奇希维茨将军报到。他满腔热情，急于知道将军打算给他安排什么工作，出乎意料的是，当他问及自己的新工作时，奇希维茨将军让他先去研究摩托化运输的有关问题，比如工厂、加油站的技术工作，公路的工程问题以及其他的运输工具，等等。奇希维茨将军表示，这是运输兵总监部参谋长皮特少校的建议。他本来准备让古德里安负责摩托化运输部队的使用，但是他的参谋长皮特少校认为，古德里安做上述工作对部队将来的发展是有益的。奇希维茨将军接受了皮特少校的意见。

古德里安的心一下子凉了大半截，这不是赶鸭子上架吗？他赶紧回道：“将军阁下，我对这些高深的技术问题实在是毫无准备，也没有任何基础，恐怕无法胜任……”

奇希维茨将军笑道：“可爱的小伙子，我相信你会胜任的。你应该对自己有信心，在不久的将来，你一定会成为这方面的专家，我对你有信心。”

“可是，我……”古德里安还想说些什么，但是奇希维茨将军笑着摆了摆手，算作回答。也许他这里确实需要人手，尤其缺少像古德里安这样工作认真又肯于钻研的人才。

军令如山，军人唯一能做的就是无条件服从，古德里安知道再说什么也无济于事，只得硬着头皮开始了他的新业务。新工作让他感到有点无所适从，但他并不想听任命运的摆布，决心尽快杀出一条“血路”，不辜负上司对自己的信任，同时也让他们知道他们并没有选错人。不过，决心归决心，前方的道路上荆棘密布，他的前任除了几件没有办完的公事外，没有留下任何有价值的东西，也没有任何资料供他参考。幸好有几个精通业务而且熟悉档案工作的同事愿意帮助他，这让他深为感动。

对古德里安来说，最有价值的是奇希维茨将军主持的使用摩托化车辆运输部队的研究计划。这种研究和小规模演习的实践，使他第一次认识到摩托化部队的实用性，不禁为之眼前一亮。

对于当时的德国来说，它的地理位置决定了要想让自身变得强大起来，顺利地巩固和发展自己，必须研究一种能够速战速决的方法，以此提高自己的机动性，从而改变可能的两面作战的不利态势，这就引出了各种形式的摩托化的问题。

对于这一点，德国的政治家和军人都十分清楚，因为德国位于欧洲的中部，北临北海和波罗的海，南靠阿尔卑斯山。在欧洲各国中，德国人口众多，国土辽阔，总面积达 35. 7 万平方公里，是当时欧洲第二大国，而德国本土与 9 个国家接壤，东邻波兰、捷克斯洛伐克，西接法国、荷兰、比利时和卢森堡，北连丹麦，南接瑞士和奥地利，与英国、挪威、瑞典三国隔海相望。它处在欧洲的十字路口，素有“欧洲的心脏”之称，既是东西欧往来的必经之道，又是南北欧交流的陆上捷径。所以，它无法像英国、苏俄那样偏安一隅就可以生存。欧洲每一次重大的政治、军事活动，都会使德国发生动荡，甚至不自觉地被卷入争端的旋涡，版图频繁变动。有时候尽管感觉自己强大了，可以向四周的小邻国出击，但是地理位置决定了它很容易遭到周边国家的夹击。这也是德国每次面临战争时都不得不考虑的问题。

德国的本土资源有限，只有尽可能地速战速决，避免长期的消耗战和第三国干涉的危险，才是取胜的关键。而德军的这种发展趋势恰好与古德里安日后关于新的机动兵力的探索，有机地结合在了一起。正如古德里安所言：“我在两次世界大战期间，主要活动就是与德国装甲兵建立密切关系。我是轻骑兵出身，而且也没有受过任何的技术训练，但是命中注定我一定会和‘机械化’产生密切的联系。”

奇希维茨将军是一位非常典型的德国人，做事一丝不苟、精细严谨，不仅严格要求自己，也不容许自己的手下犯错。他经常强调的就是“精确度”问题。由于他对工作严肃认真，下级对他既畏惧又敬佩。古德里安受其影响，也养成了对工作认真负责的好习惯。

关于使用摩托化车辆运输部队的案例，“一战”中就有不少，比如法国的亨利·贝当①元帅在凡尔登战役中便充分发挥了摩托化运输的功能，保障了对法军持续不断的人力、物力供应，从而取得了战争的胜利。当时摩托化部队的作用一般是在后方提供支援，处于一条很被动的固定战线上，从来没有在运动战中直接向敌人的阵地机动。但是，对于“一战”后的德国来说，一旦有新的战争发生，势必无险可守，兵力也不充足，因此必须依赖机动的防御，通过部队的及时机动来弥补兵力的

---

① 亨利·贝当（1856—1951）：法国元帅、维希法国国家元首、总理。一生颇为坎坷，集民族英雄和叛徒于一身。

不足。经过深入研究机动战中摩托化部队的运输问题，古德里安发现，要想有效保护这种运输方式，只能用所谓的“装甲车辆”进行装甲防护。

在研究这个问题时，古德里安努力在战史中寻找使用装甲车辆的先例，但他找来找去，发现只有福尔克海姆中尉是搜集过装甲兵资料的专家，于是主动找到福尔克海姆中尉并虚心向他请教。福尔克海姆中尉对新鲜事物充满了好奇心，而且平易近人，他热情地接待了古德里安，并把自己搜集的相关资料都拿给古德里安，供他参考使用。可惜这些资料都是一些很原始的记录，十分零碎，没有进行任何总结，深度和广度都不够，但古德里安还是从中获得了一个工作的起点。

在研究装甲兵的过程中，古德里安还把目光投向了世界。他得知英、法两国对这些问题有更多的经验，出版的书籍、发表的论文也更多，于是想方设法找到这些资料，然后认真仔细地阅读整理，做笔记。其中，英国富勒①、利德尔·哈特②、马尔特等人的著作引起了他的兴趣。当时，英国在装甲兵理论方面处于世界领先地位，其中较有代表性的人物就是利德尔·哈特，他是世界上第一个注意到坦克集中使用问题的人。古德里安非常崇拜他，有人甚至因此称古德里安是利德尔·哈特未曾谋面的学生。

当时，利德尔·哈特和富勒等装甲兵理论的先驱们已不满足于将装甲车辆仅仅作为步兵的一种支援性辅助武器，都在试图凭借装甲车辆的大规模使用，发展出一种全新的可行的战术理论。比如通过康布雷之战，利德尔·哈特注意到了使用坦克兵远距离突击，向敌人的交

---

① 富勒（1878—1966）：英国军事史家、战略思想大师和近代战车作战思想的先驱，被誉为“20世纪的克劳塞维茨”。1898年开始军旅生涯，参加过南非战争。“一战”后积极倡导军事改革，创造机械化部队，但因曲高和寡而于1930年以少将军衔退休。退休后致力于军事史及战略思想的写作。1963年获英国三军学会的最高荣誉奖章。

② 利德尔·哈特（1895—1970）：英国军事理论家、战略家。参加过“一战”，退伍后曾任《每日电讯报》军事记者和《泰晤士报》军事顾问。在军事理论上较早提倡“机械化制胜论”，强调坦克和机械化部队将起决定性作用。1937年任陆军大臣的顾问，致力于军事改革，后来因与一些将领意见不合而辞职。

通线发动攻击的问题。他还依据“一战”中使用坦克的案例，总结出了一种以装甲师和坦克师为单位的新战斗编制，从而提出了一种全新的作战形式。遗憾的是，保守的英国军界没有接纳这种先进的军事思想。

古德里安则对其视如珍宝，他从这些著作中学到了很多以前从未接触过的理论，还学会了装甲兵的集中使用，这对急需快速发展的德军来说至关重要。古德里安决心进一步发展这些理论，使其适用于德国陆军，并应用到战争中去。

不过，人们接受新鲜事物总是需要一个过程。为此，古德里安在《军事周刊》上不断地发表文章，大肆鼓吹装甲兵作战理论。渐渐地，他成了德国装甲兵作战理论研究的第一人，并且小有名气。这时，他仍然谦虚谨慎，并没有得意忘形，当有人称他为“专家”时，他谦逊而又不乏幽默地说：“在一个盲人的国家里，一只眼睛的人也就有资格出来做皇帝呀！”

不久，古德里安引起了《军事周刊》主编阿尔特罗克将军的注意，他非常欣赏这个年轻人的远见卓识，于是经常去拜访古德里安，一起探讨关于装甲兵的问题。他还鼓励古德里安继续研究下去，多发表一些研究当代军事问题的文章。后来，古德里安又认识了《战车手册》的编著者弗里茨·海格尔，视野得到了开阔，对工作也更有信心了。他在与海格尔讨论时，提供了很多有关战术方面的资料供海格尔参考。

1923—1924 年，未来的陆军总司令瓦尔特·冯·布劳希奇①中校主持了一个演习，目的是试验使用摩托化部队与空军合作的可能性。这次演习引起了陆军训练处的注意，古德里安也因为演习中的出色表现及对运输部队的卓越管理，被提名担任战术及战史教官。经过考试后，古德里安被派到各部队中去担任巡回教官。这一时期，他不遗余力地四处宣

① 瓦尔特·冯·布劳希奇（1881—1948）：纳粹德国陆军元帅、陆军总司令，是仅次于纳粹德国元首希特勒、帝国元帅戈林的纳粹德国第三号人物。

传自己的观点："我希望通过我们的努力，在将来可以把我们的机械化部队从勤务兵种发展成为战斗兵种。"

这个工作逐步扩大了古德里安在德军内部关于坦克作战应用研究的影响，为他今后建立与装甲部队的良好关系打下了较好的基础。

1924 年下半年，在运输兵总监纳茨默尔上校的领导下，古德里安做了一次既有纸上理论推演，又有部队参加的演练，目的是证明坦克可以和骑兵配合进行搜索工作。但是，由于《凡尔赛和约》的限制，古德里安在演习中只能使用唯一的一种战车——装甲部队载运车。它虽然是四轮驱动的，但由于重量和原有设计目的的限制，只能在道路上活动。尽管如此，古德里安对演习结果还算满意，因为他的装甲兵作战理论研究又前进了一步。

然而，装甲兵作战理论并没有获得德军中那些年迈的将领的认可。运输兵总监纳茨默尔就不同意古德里安的见解，甚至对他的建议感到很不耐烦。他把古德里安叫到办公室，递给他一份材料，责问道："上尉，你想让机械化部队从后勤兵种转变为战斗兵种吗?"

古德里安瞄了一眼材料，发现那正是他上交的演习报告，上面涉及机械化部队的内容都被画上了红线。他吞吞吐吐地回答："是的，长官，演习结果表明，这完全是可能的。"

纳茨默尔粗鲁地说："见鬼，什么战斗部队！它们只配装运面粉！"

古德里安十分无奈，1924 年 10 月 1 日，他离开运输兵总监部，被派到第 2 师服役。第 2 师的师长恰好是奇希维茨将军，他成了古德里安的直接上司。

在第 2 师，古德里安的职务是教官，负责给那些将来准备担任幕僚的军官教授战术和战史。这个工作干起来并不轻松，因为这些学生都是部队的军官，对战史有一定了解，在学习过程中经常打破砂锅问到底，有时还喜欢吹毛求疵。古德里安不得不打起十二分的精神来备课，他多方查找资料，仔细核对每一个理论的出处并将之写入讲义，力求使所有要讲述的内容都无懈可击，一切结论和答案都经得起推敲。

沉迷坦克

经过一段时间的学习研究，古德里安发现，德国在与拿破仑[①]作战时之所以失败，主要是因为没有解决机动作战中的指挥问题，这使他更加确信自己的研究方向是正确的。他的顶头上司霍林少校也注意到他在战术练习和兵棋演习中经常借机发表新观念、新思想，于是在评价报告中提到他有这方面的特长。

1927 年 2 月 1 日，做了 3 年教官的古德里安晋升为少校，被调回国防部陆军参谋本部的运输处。他的职务是针对他的新理论而新设立的，负责研究使用汽车运兵的问题，因为这是德军当时仅有的运输工具。"一战"时，法国的运输行动都是在固定战线的掩护之下，这样一来，一个师并不需要把它的炮兵或其他重装备都送到战场上去。但是，现在的问题是，在机动作战行动中，全师的所有装备包括炮兵的马匹在内，都要用汽车来装运，因此车辆的数量会很多。这个问题急需解决。

1928 年秋，运输部队训练的主管官斯托特迈斯特上校得知古德里安对军事理论有一定研究，而且对坦克作战有独到的见解，便向总部要求让古德里安兼任他们的坦克战术教官。于是，古德里安又一次回来研究老本行，但在既见不到真正的坦克，又没有坦克作战演习实际经验的情况下，他的研究只能继续停留在理论上。

到目前为止，古德里安还没有真正见过坦克，更别提研究其内部结构了。他内心十分着急，在这种情况下让他担任坦克战术的教官，显然是一种空谈。为了了解一些理论知识，古德里安到处查找资料，详细阅读了描写"一战"的书籍及其他国家最新发展的关于操练的案例，不放过任何蛛丝马迹，这使他对坦克作战的认识比以前更加深刻了。

在关于坦克战术的教学过程中，古德里安和同事们在演习中使用的

---

① 拿破仑（1769—1821）：即拿破仑一世，19 世纪法国伟大的军事家、政治家，法兰西第一帝国的缔造者，历任法兰西第一共和国第一执政、法兰西第一帝国皇帝。

一直是模型。从最初用人力推动的帆布制作的模型，到进一步完善的摩托化的可以自行移动的铁板制作的模型，很多东西都在不断地改进。古德里安为此感到十分欣慰，同时也很感激第 9 步兵团第 3 营为战术演习提供了很多便利。此外，他在演习中也结识了日后的合作伙伴——第 3 营副营长沃尔特·温克①，他们两人后来在装甲兵的建立与运用中有了更广泛而深入的合作。

为了验证坦克作为一个战斗单位的可行性，古德里安分别用坦克排、坦克连、坦克营等不同的编制进行尝试。试验条件虽然简陋，但用来检验理论仍然是有效的，它使古德里安对于坦克在近代战争中的地位有了更为明确清晰的概念。

这一时期，古德里安还很愉快地接受了一项任务——到瑞典进行为期 4 周的访问。在那里，他第一次见到了德国“一战”中的 LK Ⅱ 型坦克的演习，并且有机会亲自去驾驶它。他用手抚摸着真正的坦克，感觉如临“仙境”，高兴的同时内心也产生了一丝苦涩，因为德国在“一战”末期才开始制造 LK Ⅱ 型坦克，它还没有在战场上发挥作用，战争便结束了。战后由于《凡尔赛和约》规定德国不能留存坦克，于是，这种坦克便被法、英等国卖给了瑞典，瑞典利用它们在 1918 年成立了自己的第一支装甲部队。自己国家生产的坦克，居然是在别的国家第一次见到，这使古德里安内心很不是滋味。

从 1929 年开始，古德里安逐步确定无论是单独使用坦克，还是与步兵协同作战，都不可能真正地发挥坦克的作用。他认为，坦克既有强大的火力又有良好的机动能力，在未来的战场上应该被正确地使用，它完全可以进行单兵种作战。

他通过研究战史，结合英国人所做的演习，以及自己用模型演习得来的经验，得出了一个结论：除非其他支援性武器也拥有跟坦克一样的速度和越野能力，否则坦克绝不可能充分发挥其突击力。因此，在各个

---

① 沃尔特·温克（1900—1982）：曾在德国陆军参谋本部担任古德里安的参谋长，是德国国防军中最年轻的一位将军。古德里安被希特勒赶走后，他被任命为第 12 集团军司令，在柏林保卫战中担任重要角色。

兵种的组织协调中，坦克应该居于主要地位，其他武器则配合装甲兵的需要而居于辅助地位。把坦克编在步兵师里绝对是错误的做法，军队应该编组包括一切支援性武器的装甲师，以充分发挥坦克的作用。

为了验证自己的设想，在 1929 年夏季的纸上推演中，古德里安借机在一次演习中使用一个假想装甲师的一部分为基础，进行了作战设想。理论推演的结果证明，以装甲师为编制基础的运用是成功的。这个成果使古德里安更加坚信这是一条让德国陆军真正实现发展的正确之路。

但军队中一些身居要职的人站出来反对古德里安，说这只不过是古德里安的一些“胡思乱想”罢了。运输兵总监奥托·冯斯蒂尔普纳格尔将军也给古德里安浇了一盆凉水，禁止他在理论上使用超过一个团以上的装甲部队，并冷冷地说：“所谓装甲师简直是一个乌托邦的幻梦，不切实际!”

古德里安又一次遭到了打击，但他并没有气馁。恰在这时，他 8 年前在慕尼黑实习时的老上级鲁茨少校成了运输兵总监部的上校参谋长。鲁茨上校的军事思想与古德里安相近，很支持他建设装甲师。1929 年秋，鲁茨上校问古德里安：“现在第 3 摩托化运输营的营长职位正好空缺，你是否愿意去担任这个摩托化运输营的营长?”

这正是古德里安盼望已久的事情，如果当上营长，他就可以更方便地验证自己的理论。因此，他回答的声音特别响亮：“我愿意去!”

1930 年 2 月 1 日，古德里安正式上任，成为第 3 摩托化运输营营长。这个营下辖 4 个连，营部所在地为柏林的兰克维兹，这里驻扎了第 1、第 4 连，第 2 连在多贝利兹 - 艾尔斯葛伦特的军事训练地区，第 3 连则驻扎在尼斯。

为了支持古德里安，也为了更好地发展装甲兵作战理论，鲁茨上校想方设法帮助他解决机械化装备问题。很快，在鲁茨上校的帮助下，经过一番修理、补充，第 3 摩托化运输营的装备陆续到齐。第 1 连使用的是装甲侦察车，第 2 连的装备是模型坦克，第 3 连则被改编为反坦克连，第 4 连使用的是摩托车。第 1 连满编的老式装甲载运车，是《凡尔赛和约》允许德军保留使用的少数重装备武器之一，为了避免磨损，古德里安在训练的时候总是尽量使用模型。全营最新的装备在第 4 连，而且配有机枪，根据古德里安的设想，可以把第 1、第 4 连合并起来，构成一个装甲侦察营的核心。

装备齐全后，古德里安开始率领全营进行各种野外演习。尽管一个装甲侦察营的小天地无法满足他的指挥欲望，但不管怎样，终于有人全力支持他进行新的作战理论探索。更令他感到欣慰的是全营官兵对于新理论的高度热情。第 3 摩托化运输营的官兵们早已厌烦了在 10 万陆军中负责单调的供应勤务。当时，后勤供应部队在具有尚武传统的德国并不受到人们的认可，有些人甚至认为他们不是真正的军人，而现在，他们终于可以发挥军人的作用，自然热情高涨。

不过，古德里安仍然遇到一些阻碍。运输兵总监奥托・冯・斯蒂尔普纳格尔将军目光短浅，不仅对这个新单位缺乏信心，而且禁止古德里安与这个地区驻扎的其他部队进行联合演习。

所幸具体指挥部队的军官更务实一些。尽管古德里安所使用的单位被限制在不得超过一个排，但每当第 3 师进行演习的时候，第 3 师师长约阿希姆・冯・斯蒂尔普纳格尔将军都以实际行动对古德里安表示了理解和支持。这位实干的将军对古德里安提出的新的作战理论表现出了浓厚的兴趣，并尽可能地予以协助。每次演习完毕，他都对古德里安的成绩给予充分肯定。

不过，这位一直支持古德里安的将军，9 个月后因为与国防部意见不合，被迫退出了现役。

同年春，运输兵总监奥托・冯・斯蒂尔普纳格尔将军也退休了。也许老将军深切体会到了一个政治狂想者总会利用军队给世人带来灾难，从而预感到德国军队的强大将带来更大的不幸，临走时，他给古德里安留下了一句意味深长的话："你太性急了。请相信我的话，在我们这一生中都不要希望能够看到德国的坦克采取正式行动。"

古德里安当时并不是很理解这句话，总觉得这是将军的怀疑主义思想在阻止他做出任何决定并付诸实施。与奥托・冯・斯蒂尔普纳格尔将军相反，参谋长鲁茨上校是完全支持古德里安的。鲁茨上校本人具有丰富的技术知识和卓越的组织才能，充分意识到了古德里安极力提倡的新战术的价值，他在担任运输兵总监后，马上任命古德里安为参谋长。在以后的几年间，古德里安逐步晋升为陆军中校，并一直在这个岗位上努力工作，研究发展自己的作战理论，有时他难免也会遇到一些阻力，但总的来说还是收获颇丰。正是在这段时间，他走出了艰难的理论探索阶段，进入了建立和运用装甲兵的时期。

为坦克争地位

在慢慢形成自己的理论后，古德里安看问题总有独到之处的特点也慢慢突显出来，他认为德国若想重现昔日的“辉煌”，向世界展现自身实力，必须尽快组建自己的装甲部队。他确信在不远的将来，装甲部队一定会发展成为一个在战术上具有决定性价值、在战争中起到举足轻重作用的兵种。

然而万事开头难，古德里安在德军中只是一个中下级军官，要想组建新的兵种简直是不可能完成的任务。古德里安最初的设想是，装甲兵的组织形式以装甲师为单位，然后再进一步扩展组建成装甲军。但是，那些老资格的德国陆军将领一向循规蹈矩、思想陈旧，很难接受新生事物。为了说服那些顽固不化的陆军将领，古德里安可谓绞尽脑汁，经过他和鲁茨将军坚持不懈的努力，事情终于取得了一些进展，德国的装甲部队初步组建起来了。古德里安后来谈到自己的“战争”成果，还幽默地说：“最终，新观念的建立者还是战胜了马匹，大炮还是战胜了长矛。”

这个时候，那些资格较老的兵种，尤其是步兵和骑兵，很少有人相信古德里安的摩托化部队会在战场上有什么作为。他们始终认为，只有步兵才是军队中最主要的兵种——战争中的皇后，坦克充其量只能作为勤务部队，这些没有多少战场经验的小军官说坦克能够战胜步兵，根本就是无稽之谈。

更为严酷的现实是，德国陆军中根本就没有真正的坦克。军队中的很多人从来没有亲眼见过古德里安大吹大擂的新武器“长”什么样。他们一致认为，这不过是年轻人头脑一时发热罢了。面对这些冷嘲热讽，古德里安没有灰心丧气，为了搞到坦克兵训练时需要的坦克，他决定亲自动手，利用铁皮、纸板来制作坦克模型。这样一来，训练时就有坦克了。但那些参加过“一战”的老兵在演习中发现，原来这个小军官一直鼓吹的坦克竟然如此不堪一击，于是又大肆嘲笑了一番，认为古德里安所倡导的理论根本就不现实，而所谓的坦克也不会对原有部队的利益划分构成任何威胁。幸好一些将军体谅古德里安的痴心与努力，勉强接受了他把坦克当做一种支援步兵冲击的辅助性武器的观点。

得到一定的认同后，古德里安心里又有了底气，他想：“这条路不通，就走下一条路。”不过摆在他面前的最大障碍是骑兵总监部。为了争取骑兵总监部的合作，他向该部广泛征求装甲部队在战场上的使用意见，还亲自来到骑兵总监部询问骑兵总监希施贝格将军：“将军阁下，在未来的作战中，骑兵总监部是准备担任其他部队的侦察兵力，还是计划组成重骑兵自己单独作战……我想不可能那么简单吧?”

希施贝格将军非常自信地表示：“我们的目的是建立重骑兵，至于战略侦察工作，我们愿意将它转让给摩托化部队。”古德里安听了十分高兴，因为他的目的就是希望接手其他兵种不愿干的战斗任务，从而逐步让自己的部队成为战斗主力。

随后，古德里安决定训练装甲侦察营来承担战略侦察工作。他从自己对装甲部队作战任务的设想，以及对抗敌人的作战形式出发，打算在每一个步兵师中成立一个摩托化的反坦克营，以便所有的反坦克武器都达到和坦克一样的速度和机动性，从而有效地对付敌人的坦克。

可惜好景不长，步兵出身的克罗亨豪尔将军继任骑兵总监后，马上意识到前任的决定过于草率，让坦克兵承担本应是骑兵的使命，势必影响骑兵本部的利益。克罗亨豪尔认为，要想让自己的 3 个骑兵师真正显示出价值，保住骑兵的地位，必须拿回原本属于骑兵的战略侦察任务，绝不能让坦克兵占了上风。同时，骑兵还可以充分利用古德里安的新发明为自己的兵种服务，以谋求进一步的发展。

于是，他以支持古德里安等人的工作为名，将一些骑兵军官安插进古德里安的部队里，企图慢慢挤垮古德里安。可惜在新旧思想的争斗中，克罗亨豪尔的如意算盘落空了，因为古德里安的理论显然更适合战争狂人希特勒的胃口。

但组建装甲部队涉及方方面面的问题，古德里安除了在建军指导思想与未来作战运用等问题上要与德国军事当局协调、斗争外，还必须亲自参与德国坦克的研究设计工作，使装甲部队拥有真正的战斗力。

这时候的国际形势对古德里安来说是“有利”的。德国战败后，除了德国的宿敌法国想要独霸欧洲大陆外，英、美都不想置德国于死地，反而想让德国在其控制下东山再起，利用德国来扼制法国、威胁苏联，从而成为实现自己战略企图的“枪手”。所以，英、美等国在1926年后渐渐放松了对德国的限制，并且允许德国生产自己的新型坦克。这对古德里安来说简直是天大的喜事。德国兵工署与几家公司签订了合同，开始制造2种中型坦克和3种轻型坦克。每一种型号的坦克都制作了2种样品，中型坦克上的火炮是75毫米口径，而轻型坦克上的火炮则是37毫米口径。很快，德国便生产出了10辆坦克。这些样车虽然都是由轧钢制成，质量不是很好，但坦克的最高速度基本能达到每小时20公里左右。

这一切还得感谢皮尔纳上尉，他煞费苦心地把一些最新的作战技术应用到这些新型的坦克中去。在他的努力下，生产出来的坦克引擎有着良好的功率，枪炮的机动性能良好。美中不足的是车长必须紧挨着驾驶员坐在车身里，使车长后方和两侧的视界受到了制约，只能瞻前而不能顾后。但这毕竟是他们努力奋斗后得到的实实在在的结果，古德里安在指出这些坦克样品存在不足的同时，也着重肯定了这些坦克样品的优点。当时这些坦克还不能开始大量生产，古德里安和鲁茨将军一致认为，要想制造出世界上最好的坦克，一定要在构造方面精益求精，才能在战争中掌握主动权。

按照古德里安等人的要求，德国装甲师的装备终于确定了下来，主要包括两种型号的坦克：一种是轻型坦克，装有1门可以洞穿装甲的火炮和2挺机枪，1挺装在炮塔里，1挺装在车身里；另一种是中型坦克，装有1门大口径火炮和2挺机枪，枪枪的装配方式与轻型坦克相同。坦克营的编制和使用规定是，1个坦克营包括3个轻型坦克连和1个中型坦克连。中型坦克负责支援轻型坦克，并射击轻型坦克上小口径火炮达不到的目标。在火炮的口径问题上，兵工署和炮兵总监部考虑到生产、使用、维护等因素，都主张轻型坦克使用37毫米口径的火炮，但古德里安坚持要采用50毫米的口径。他认为，在未来的战争中，各国坦克都会采用较厚的装甲，只有大口径火炮才能在战争中占据优势。

想法是美好的，实现起来却有一定的困难，在步兵早已装备有37毫米反坦克炮的情况下，出于生产的便利和简单起见，古德里安和鲁茨将军不得不放弃他们的主张。同时，由于德国公路、桥梁的载重量的限制，这两种坦克的总重量都不能超过24吨。

坦克的速度在当时被定为40公里每小时。乘员被规定为5人，其中，炮手、弹药手和车长都坐在炮塔里，车长的座位比炮手高。坦克上有一个特设的小型瞭望塔，用来观察周围的情况。驾驶员和无线电员都坐在车身里。坦克内的联络使用喉头麦克风，坦克与坦克之间则用无线电进行联系，指挥官指挥作战也通过无线电进行。不管德军中有多少人反对集群坦克的使用，在古德里安把坦克生产出来以后，也就奠定了坦克在未来战争中的重要地位。

在设计和生产坦克的过程中，古德里安并没有闲着，因为新型坦克的正式装备可能要等很长时间，而坦克真正形成战斗力要花费更多时间，因此，他抓紧时间在装备到位之前对战斗人员进行了培训。

为了训练未来的战斗人员，他将目光投向国外，希望能在国外找到替代品，几经权衡之后，他决定从英国购进卡登－路易式坦克。其实，英国的这种坦克也算不上是真正的坦克，只是一个为20毫米高射炮的载运车而设计的载重很小的“小家伙”。不过，用它来代替未来的坦克进行训练倒是一个不错的选择。由于训练所需的坦克数量较多，古德里安等人决定批量定制这种坦克，并将其命名为“马克Ⅰ型”坦克。

但事情的进展并不顺利，由于英国的技术水平和生产能力的制约，古德里安最初预订的两种类型的坦克的交付时间，大大超过了合同期限，鲁茨将军和古德里安迫于无奈，决定由自己制造第二种应急坦克，即简化原坦克设计的马克Ⅱ型，它装备有1门20毫米机关炮和1挺机枪，由奥格斯堡－纽伦堡机械工厂负责赶制。这种坦克的火力小了许多，但是古德里安在指挥通信方面所做的工作，大大弥补了火力的缺陷，因此，即使德国的坦克质量和数量不如法国等其他国家，在战争中却充分发挥了作用。

1932年夏季，鲁茨将军和古德里安组织了第一场包括加强步兵团和坦克营的混合编制演习，并获得了成功。老迈的兴登堡①元帅也观看了这次演习，并发表了一个简短的演说，对骑兵的发展提出了批评，对古德里安的新作战理论给予了间接的鼓励。他挖苦道：“在战争中，只有简单才可以获得成功。我曾经视察过骑兵军的司令部，所见所闻一点都不简单。”

其实，坦克营和以前一样，使用的装备依然是坦克模型，但现在德国终于可以名正言顺地制造自己的装甲侦察车了。它完全按照古德里安设计的规格生产，由于使用了卡车的底盘，动力明显加大，在车身上面覆盖了一层装甲后，还真有了坦克的样子。古德里安为此颇为自豪：“从前，小学生们总是用铅笔戳穿坦克的帆布外壳来窥察它内部的究竟，但是这一次他们失望了。”

他的坦克再也不会受到步兵的嘲弄了，这使他在步兵面前找回了一

---

① 兴登堡（1847—1934）：“一战”爆发后，因在东线坦能堡会战中击败俄国军队而晋升为陆军元帅。他最为著名的成就是在“一战”中和鲁登道夫所形成的完美组合。1925年起担任德国总统。他晚年时黯淡的精神力量、陈旧的思想和狭隘的观察力，使其后期的政治生涯受到损害。他任命希特勒为总理的举动，也成为日后希特勒发动第二次世界大战的因素之一。

点面子。他兴奋地表示："在过去的演练中，因为我们的坦克只是模型，步兵们总是用棍棒和石头来防御我们的假坦克，但这一次他们被装甲车制服了，甚至刺刀也不是坦克的对手。"

在这次演习中，鲁茨将军和古德里安对装甲部队和摩托化部队在战场上使用的各种可能性都进行了试验。演习的成功，使本想看他们笑话的骑兵大失所望，但他们仍然不愿肯定古德里安的努力，反而对演习做出了一些不客观的批评和指责。古德里安对此虽然早有心理准备，但心里难免有些不是滋味。为了让坦克兵在日后得到更大的发展空间，他努力忍住了回击骑兵的冲动，他始终坚信事实将证明一切。

这时，克罗亨豪尔将军安插到古德里安身边的很多青年骑兵军官，对古德里安提出的全新的作战形式均产生了浓厚的兴趣。他们渐渐意识到了发展坦克对未来战争的重要性，认为旧观念的转变势在必行，农业时代的骑兵只有接受和使用工业时代的新兵器和新方法，才能够使传统的骑兵战争重新焕发出青春。因此，他们大部分都站在古德里安这一边。

而古德里安之所以能够得到发展装甲部队的机会，一个重要原因是希特勒的上台。德国军官对政治并不热衷，但并不代表他们不关注政治。面对国内的动荡局面，他们静观时局的发展，并从中寻找机会。《凡尔赛和约》的签订，使昔日雄心勃勃、为所欲为的大国，一夜之间沦为在政治、军事上任人宰割的弱国，这种巨大的反差令德国人民难以接受。

同时，对于经济濒临崩溃的德国来说，赔偿金大大超出了其可承受的范围，因此，德国不得不依靠加印货币的方式来维持战争赔偿。1922年年底，德国开始疯狂地超发货币，整个国家中产阶级的存款在通货膨胀中化为乌有，全国陷入饥荒之中。德国马克已经沦为家中供孩子玩耍的玩具。

灾难中的德国分裂成了社会主义阵营和民族主义阵营，两个阵营相互攻伐，都宣称自己的理念能够拯救德国。1923 年年底，民族主义阵营的一位成员行动了，德国纳粹党成员希特勒在埃里希・冯・鲁登道夫[①]的支持下发动了“啤酒馆暴动”，最终失败。这一行动让希特勒开始了监狱生涯，他着手写作《我的奋斗》，这本书后来在世界上多数国家被禁，但在当时的德国产生了巨大影响。生活水平被严重降低的德国人对《凡尔赛和约》产生了极大的愤恨，由此诞生的极端民族主义思潮在德国迅速蔓延。

德国严重的危机使得协约国达成了一项共识，那就是德国的赔款远没有重建那么重要。基于这一共识，协约国推出了道威斯计划[②]，这使德国得到了喘息的机会，经济好转了，民主制度也逐渐得到了巩固。这一时期，经济的繁荣使魏玛共和国发展比较稳定，极端政治势力受到了压制，德国人民也变得温和起来，而且越来越支持民主政体。1925—1929年，希特勒基本上处于半退休状态。

然而，到20世纪20年代末期，德国的赔款问题再次被提上了议程。因为德国履行赔款义务的正常年份，即1928—1929年度马上就要来临，加上德国为了赔款，大举向美国借贷，经济严重依赖美国。而美国在1929年爆发了大规模的经济危机，欧洲也不可避免地受到了影响。第二年，德国再次超发货币以偿付战争赔款，过度的通货膨胀使得德国的经济再次崩溃，即使100亿马克也不够买一片面包。这个时候，谁能带领德国打破《凡尔赛和约》的枷锁，谁就是德国的民族英雄。

希特勒和普通百姓一样，并不明白危机爆发的原因，但他感到自己的机会来了。他公开鼓吹经济危机都是“政府无能”造成的，是接受《凡尔赛和约》和战争赔款并奉行“社会主义”政策的共和国和历届政府毁灭了德国的一切。他在纳粹党的报刊上写道：“这是我有生以来第一次感到生活如此美好，内心如此舒坦。德国人民在残酷的现实中终于

① 埃里希·冯·鲁登道夫（1865—1937）：德国陆军将领，历任陆军总参谋部处长、步兵团团长、“一战”期间东线第8集团军参谋长，是兴登堡的得力副手。

② 道威斯计划：由道威斯委员会提出的解决德国赔款问题的报告，企图用恢复德国经济的办法来保证德国偿付赔款，对20世纪20年代后半期德国经济的恢复和发展起了重要作用。1930年为扬格计划所取代。

清醒过来，认清了马克思主义者对他们的欺骗和背叛。”

在经济危机的冲击下，德国政府人员频繁更换。新一届德国政府提出了挽救经济危机的方案，却被国会否决了。面对这一困境，总统兴登堡只得宣布解散国会，提前举行大选。

希特勒自然不会放过这个千载难逢的机会，马上投身选举。他宣称：如果他成功当选，将重建一个强大的德国，撕毁《凡尔赛和约》，停止支付战争赔款；同时建立一个廉洁高效的政府，打击贪污受贿行为；整顿金融，让每一个德国人都拥有工作和面包，能够有尊严地活着。

1930 年 9 月 14 日，希特勒通过选举，成功使纳粹党跻身为国内第二大党，仅次于社会民主党。

1931 年年初，兴登堡会见了希特勒，见面后，他对希特勒印象一般，认为希特勒“最多只能当个邮政部部长”，绝对不可能成为总理。第二年是德国大选，兴登堡在第一轮选举中领先于希特勒，但两人都没有超过半数。希特勒是个聪明人，他知道硬碰硬对自己没有好处，不如“曲线救国”。于是，他转而支持兴登堡，使兴登堡如愿以偿地再次当选为德国总统。正所谓吃人嘴软，拿人手短，兴登堡对于希特勒的退让自然铭记在心，他有一次对亲信说：“我应该把盗猎者变成守林人。”

1932 年 8 月 13 日，兴登堡想要希特勒和弗朗茨·冯·帕彭①一起组成联合政府，但遭到了希特勒的拒绝。希特勒表示，他作为国内最大政党的领袖，要得到“包括一切方面的整个国家权力”，兴登堡对此也坚决地表示了拒绝。这时，帕彭和库尔特·冯·施莱谢尔②互不相让，宁可让第三者上台，也不让对方执政，于是他们把希特勒推出来，组建了一个所谓“民族团结”的联合政府，其中一方是“保守派和资产阶级民族主义者、总统、国防军和钢盔团”，另一方则是希特勒的纳粹集团。

---

① 弗朗茨·冯·帕彭（1879—1969）：德国政治家、外交家，信奉天主教，1932 年担任德国政府总理。

② 库尔特·冯·施莱谢尔（1882—1934）：德国将军，魏玛共和国最后一任总理。1934 年 6 月 30 日“长刀之夜”，被纳粹党认定为敌人而遭到谋害。

11 月 29 日，亚尔马·沙赫特[①]、弗里茨·蒂森[②]、古斯塔夫·克虏伯[③]等 13 位企业巨头，联名上书兴登堡，要求任命希特勒为总理。1933 年 1 月 31 日，希特勒被兴登堡任命为德国总理。希特勒由此掌握了国家大权，德国的法西斯体制得以确立，也给第二次世界大战埋下了种子。

由于希特勒上台，德国的内政和外交都发生了全新的变化，同时也给古德里安的装甲作战理论提供了更大的发展空间。希特勒在 1926 年曾经预言摩托化将在未来的战争中发挥决定性作用。而“闪击战”将是德国法西斯对外侵略扩张的主导思想和主要的战略手段，希特勒的这一理论恰恰与古德里安发展装甲部队的主张不谋而合，可以说，是历史给了古德里安一次展示自己的机会。

1933 年 2 月，希特勒出席柏林汽车展览会的开幕式并发表了演讲，这是古德里安第一次见到希特勒。本来德国总理参加主持这样一个展览会的开幕仪式就已经让人感到奇怪了，更奇怪的是，希特勒还大谈特谈关于摩托化的问题。他宣布取消对汽车的捐税，并准备大量生产廉价的汽车，让德国人民享受到摩托化的便利。实际上，希特勒是在为其侵略扩张做准备，他很快便任命维尔纳·冯·勃洛姆堡[④]将军为国防部部长，同时任命同样有着摩托化意图的瓦尔特·冯·赖歇瑙[⑤]将军为国防

---

① 亚尔马·沙赫特（1877—1970）：德国银行家、经济学家，因 1922—1923 年遏制了威胁魏玛共和国生存的毁灭性的通货膨胀而闻名于世，曾出任希特勒纳粹党政府的经济部部长。战后他被宣判无罪，之后致力于战后重建及为发展中国家的经济发展提供建议。

② 弗里茨·蒂森（1873—1951）：德国垄断资本家，蒂森财团的第二代。仇恨共产主义，1931 年正式加入纳粹党，并积极给予其经济资助，是希特勒上台的主要支持者之一。“二战”期间全力为希特勒的法西斯战争服务。战后，盟军责令蒂森财团进行清算，其资产一度被没收，不久又被返还。

③ 古斯塔夫·克虏伯（1870—1950）：德国垄断资本家、军火制造商，纳粹政权的狂热拥护者。

④ 维尔纳·冯·勃洛姆堡（1878—1946）：纳粹德国陆军元帅，曾任纳粹德国国防部部长、武装部队总司令。在他的领导下，魏玛国防军由一支 10 万人规模的职业军队转变为在“二战”中横扫欧陆的百万精锐之师。

⑤ 瓦尔特·冯·赖歇瑙（1884—1942）：德国陆军元帅，“一战”时在总参谋部任职，“二战”期间历任第 6 集团军司令、南方集团军群司令，支持杀害犹太人、枪杀苏联战俘和苏联公民。

部常务次长。这两位将军的思想都比较开明，愿意接受新的技术和思想，这样一来，古德里安的工作开展起来就比较顺利了。

而古德里安真正得到希特勒的注意，是在德国兵工署主持的近代兵器发展表演会上。在这次装甲部队的表演中，古德里安一共出动了1个摩托化步兵排、1个反坦克排、1个马克Ⅰ轻型坦克排、1个轻装甲侦察车排和1个重装甲侦察车排，花了半个小时的时间，把他有关摩托化部队的最新研究成果展示给希特勒看。希特勒对装甲部队敏捷的作战行动十分满意，表演结束后，他反复表示："这就是我所希望的东西！这就是我所需要的东西!"

古德里安听到希特勒的评价，不禁有点受宠若惊，感到自己这么多年的辛苦没有白费，现在终于有领导人公开支持他的观点了。他从中看到了希望，认为如果向希特勒表明自己关于装甲部队的设想，一定会得到批准。不过，他也不敢太过鲁莽，毕竟他和希特勒之间还隔着各级长官，而他们的作用不容小觑。一旦得罪他们，后果不堪设想，因为他们目前正是他实现现代化国防军计划的主要障碍。

唯一可以确定的是，尽管前进的道路上充满了坎坷，但已经出现了曙光。正是从这个时候起，古德里安、希特勒和德国的装甲兵三者之间紧密地联系在了一起。古德里安日后得以成为"德国装甲兵之父"，跟希特勒的大力支持是分不开的，否则，古德里安只能像英国的利德尔·哈特那样难圆装甲兵之梦。换句话说，希特勒的侵略扩张行动，为古德里安的作战理论提供了一个极佳的实验场所。

1933年秋，德国陆军总司令沃尔纳·冯·弗里奇①将军刚刚上任，便受到了所有支持新的作战理论思想的陆军军官的拥护，古德里安也是其中之一。因为在弗里奇的手下，他可以尽情地施展自己的才华，大胆实践他的装甲部队作战理论。

作为一个具有很高的个人修养、极具绅士风度的将军，弗里奇不但

---

①　沃尔纳·冯·弗里奇（1880—1939）：德国陆军上将、陆军总司令。当他被指定为国防部部长勃洛姆堡的接班人时，遭到了戈林、希姆莱等人的诬陷，被迫辞职。

头脑清晰、思想开明，而且善于从全局出发，周密地分析战术和战略的相关问题，从不轻率地做出决定。他的专业知识并不是很丰富，但对新鲜事物毫无偏见，而是从其是否合理、可行的角度出发，具有择其善者而从之的雅量，这使他获得了全军上下的认可。古德里安每次跟他谈论装甲兵的发展问题，总把他当成所有陆军高级军官当中最为知己的一个，这在无形中也加速了两人看法的趋同。

弗里奇以前在陆军参谋本部担任第1厅厅长的时候，就对装甲摩托化的问题很感兴趣，所以古德里安和他的谈话总能开诚布公，一针见血。

有一次，古德里安对弗里奇说起有关坦克发展的一些技术问题，弗里奇对技术专家的言论似乎存有疑虑，于是直言不讳地对古德里安说："你应该知道，所有的技术专家都是骗子。"

古德里安马上反驳道："我承认他们是会说谎。只要经过一两年，当他们的技术、理想不能变为具体事实的时候，他们的西洋镜也就被拆穿了。战术家也一样会说谎，但是他们的西洋镜只有等到下一次战争完全失败后才会被拆穿，而到那个时候，后悔就来不及了！"

弗里奇听了表情平静，习惯性地用手指头转动他的单眼眼镜，然后慢条斯理地说："你所说的话可能是对的。"

弗里奇有着超人的机智，而且待人亲切和蔼，相对而言，新任参谋长路德维希·贝克①将军就显得不那么容易接近。贝克为人正直，但态度冰冷得让下属在感情上无法接受。他是毛奇②的忠实信徒，极度守旧，一点也不了解现代的军事技术，但又希望按自己的意志来改造这个新陆军的参谋本部。因此，他选定的都是跟他气味相投的人，

---

① 路德维希·贝克（1880—1944）：德国炮兵上将（荣誉一级上将），"二战"前德国陆军参谋长，后因与希特勒政见不合，被希特勒撤职。1944年谋刺希特勒事件后，身为组织者之一的贝克自杀未遂，随即被捕，遭到处决。

② 毛奇（1800—1891）：普鲁士元帅和德意志帝国总参谋长，德国著名军事家、军事理论家。他重视铁路、电报等新技术在军事上的运用，强调参谋人员对完善军队指挥的重要作用，在战争动员、军队编成、作战指挥、武器装备等方面多有建树。著有《毛奇全集》《毛奇军事著作》等。

如此一来，陆军的核心部门就建立起了一道对古德里安极为不利的防线。

为了实现自己的建军计划，古德里安和贝克展开了拉锯战，经过他的软磨硬泡，贝克终于同意建立装甲旅并执行装甲部队的训练教材，成立 2 个装甲师。当然，2 个装甲师离古德里安的建设计划还相差甚远。

为了能够同时成立 3 个师，古德里安在贝克面前极力夸耀这种以新方法组建的部队有何整体优势，前景如何广阔，尤其是在战略方面拥有辉煌的前景。尽管他说得天花乱坠，但顽固不化的贝克丝毫不为所动，他回复道："不，不，我不想和你们发生任何关系。对我来说，你们走得实在是太快了。"

贝克以战场上的指挥问题为由，坚决阻止古德里安以更快的速度发展装甲部队。古德里安见状，向他讲解了大集群坦克部队的整体指挥方案。古德里安表示，由于近期无线电的迅速发展，已经完全能够适应坦克发展的技术要求，即使坦克在行驶中以极高的速度前进，无线电也照样可以保持畅通，从而保证了指挥上的联系，有效控制战场形势。

但贝克听了仍然心存疑虑。古德里安在训练教材上着重强调，战争中各级指挥官一定要尽可能地身临前线。贝克对此愤怒地反驳道："你没有地图和电话，又该怎样指挥呢？你读过施利芬①所写的书吗？"

当古德里安和贝克探讨一个师长即使不实际突入敌阵也应该尽量接近前线时，贝克觉得这样做太过激进，要求下属不能操之过急，而要从长计议。

不管怎样，德国装甲部队的发展建设还是在加速前进，为成立德国装甲兵做了组织上的准备。1934 年春，一个摩托化部队的司令部成立

---

① 施利芬（1833—1913）：德意志帝国陆军元帅、总参谋长、资产阶级军事家和军事理论家。经多年酝酿制订了德国东西两线作战的完整战争计划，史称"施利芬计划"。他是毛奇军事思想的继承者，其作战思想对两次世界大战的交战双方均有影响。著有《坎尼战》《统帅》《现代战争》等军事著作。

了。鲁茨将军任摩托化总监兼任该司令部的司令及兵工署第 6 处的处长，古德里安担任他的参谋长。古德里安对此感到十分高兴，因为这离他的装甲部队建设目标又近了一步。

此时，德国的政坛风起云涌。1933 年 2 月 1 日，在希特勒的怂恿下，兴登堡宣布解散国会，于 3 月 5 日重新举行选举。2 月 27 日，纳粹分子在国会大厦纵火，并嫁祸给共产党人。

由于国会纵火案，年老昏聩的兴登堡受了希特勒的欺骗，2 月 28 日，他采纳希特勒的建议，颁布紧急法令废除了魏玛宪法中有关人身、言论、出版、结社等自由的一切条款。

到 7 月 15 日，除了纳粹党以外，德国所有的政党都消失了。一项新出台的法律规定，德国唯一合法的政党是德意志民族社会主义工人党。

到了这个时候，对希特勒来说，年老体衰的兴登堡成了唯一的绊脚石。他担心兴登堡在去世前会让德国皇室复辟，于是极力想要争取陆军的支持，但这首先要解决冲锋队的问题。

冲锋队的前身是“一战”后的自由军团，大多数冲锋队成员都反对魏玛政府，也反对共产主义。由于经济衰退，冲锋队增加了很多来自基层的民族主义狂热分子，他们是纳粹党的忠实信徒。

以冲锋队队长恩斯特·罗姆[①]为首的冲锋队上层领袖，大部分是从国防军裁减下来的。纳粹党取得政权后，他们的野心和权力欲望也极大地膨胀起来，一心想要以冲锋队取代国防军。但希特勒认为，冲锋队不过是一帮乌合之众，成不了大事，如果自己将来想要继任总统并对外发动侵略战争，必须依靠正规的国防军。因此，他明确表示，在经济尚未恢复、军事力量不够强大的情况下，绝不允许发生第二次革命。但罗姆并不死心。软的不行，只能来硬的，希特勒下决心镇压冲锋队。

1934 年 4 月 11 日，希特勒前往东普鲁士参观春季演习，在军舰上，

---

① 恩斯特·罗姆（1887—1934）：德国纳粹运动早期高层人士，冲锋队的组织者。在 1934 年“长刀之夜”被希特勒谋害。此后，纳粹越发走上了独裁专制的道路。

他对国防部部长及陆、海军总司令等人表示，如果他们支持他在兴登堡之后继任总统，那么他可以去解决冲锋队的问题，从而保证德国军队是德国唯一的武装力量。德军高级将领同意了希特勒的提议。

6 月 30 日，希特勒在保罗・戈培尔①的陪同下驱车前往维西，逮捕了正在酣睡之中的罗姆及其同党。当天晚上，希特勒下令在慕尼黑枪杀了第一批冲锋队领袖。由海因里希・希姆莱②的党卫队和赫尔曼・戈林③的特别警察组成的行刑队，对罗姆等约 150 名冲锋队成员执行了枪决。

屠杀一直持续到 7 月 2 日，希特勒借机除掉了他的政敌和他认为对自己有威胁的人物，包括施莱谢尔、冯・布雷多夫将军、格雷戈尔・施特拉塞尔等，夺取了总统和武装部队总司令的职位，掌控了德国的军政大权。

当时，德国大多数军官对于希特勒在全国范围内进行的血腥大屠杀持宽容态度，认为这是拯救德国和德意志民族必须经历的阵痛。古德里安后来在回忆录中说："大家都希望纳粹党不要再发生这类事件。现在回想起来，当时陆军的首脑没有坚持查明事实真相是一个很大的错误。假如他们当时能那样做，对德国陆军和德国人民都将是一个极大的贡献。"

事情发展到这个地步，兴登堡觉得希特勒做得有些过分了，于是警告他尽快结束血腥的统治。然而，一切都已经晚了。兴登堡很快便于 8 月 2 日逝世，他的离世，也是希特勒正式独裁的开始。早在 8 月 1 日，希特勒便以 1933 年 3 月 23 日公布的授权法案为根据，宣布在兴登堡逝

---

① 保罗・戈培尔（1897—1945）：纳粹德国时期的国民教育与宣传部部长，擅长讲演，被称为"宣传天才""纳粹喉舌"。他以铁腕捍卫希特勒政权和纳粹德国的体制，被认为是"创造希特勒的人"。

② 海因里希・希姆莱（1900—1945）：历任纳粹党卫队队长、党卫队帝国长官、纳粹德国秘密警察（即盖世太保）首脑、警察总监、内政部部长等要职，先后兼任德国预备集团军司令、上莱茵集团军群司令和维斯杜拉集团军群司令。德国《明镜》周刊称他为"有史以来最大的刽子手"。

③ 赫尔曼・戈林（1893—1946）：历任德国空军司令、盖世太保首长、"四年计划"负责人、国会议长、冲锋队总指挥、经济部部长、普鲁士邦总理等跨及党政军三部门的诸多重要职务，曾被希特勒指定为接班人。

世后，国家的军政大权将集于一体。8 月 2 日，希特勒同时当上了国家元首、三军大元帅兼内阁总理。从此，德国再也没有总统，也没有总理，只有元首，由元首行使德国的一切权力。

1934 年 8 月 2 日，德军在阅兵时举行了宣誓仪式，宣誓无条件服从希特勒

对于兴登堡的逝世，古德里安内心深感悲痛，他写信给妻子说：“那位老年绅士永远地离开了我们。这是德国的巨大损失，大家都感到很悲痛。对于整个民族，尤其是陆军来说，他就像是一个慈父。他的逝世，给我们民族的生命中留下了一个极大的空隙，要想填满它，必须经过一段长久艰苦的时间。在外交方面，他胜过任何条约和外交辞令。”

希特勒上任后，首先要求德国军人宣誓向他本人效忠，誓词如下：

我在上帝面前庄严宣誓：我将无条件服从德国国家和人民的元首、武装部队最高统帅阿道夫·希特勒；作为一个勇敢的军人，无论何时何地，为了实现这一誓言，我愿意为此献出生命。

希特勒彻底掌权后，秘密进行了扩军计划。航空交通部部长戈林以航空体育协会的名义，偷偷地设计、建造军用飞机。德国国防会议工作委员会主席威廉·凯特尔①在 1934 年 5 月 22 日反复告诫部下说：“不得遗失任何文件，否则敌人必将加以利用，进行宣传。口头传达的事情是无法证实的，也是可以赖掉的。”

1935 年 3 月 16 日，纳粹政府无视世界舆论的反对，公然表示要重整军备，并颁布了《国防军建设法》，宣布恢复普遍义务兵役制度，规定“德国和平时期的陆军，包括业已并入的警察部队在内，编为 12 个集团军和 36 个师”。德国表面宣称扩军的目的是与邻国保持军事力量上的均衡，实际上是为将来的侵略扩张做准备。对于希特勒公然破坏《凡尔赛和约》的行径，英、法等国由于深陷经济危机无法自拔，只在口头上进行了不痛不痒的谴责，并没有采取什么实际行动。

德国重整军备的目标确立后，德国军人终于可以不受约束地放手大干了，为此，德军特意举行了一次包括所有兵种的阅兵仪式，由年老的马肯森元帅主持。古德里安也派了几个新成立的装甲营参加，这是刚刚成立不久的装甲兵第一次参加盛大的阅兵仪式。

当时，不少人反对装甲兵参加阅兵仪式，有人甚至说他们使用那么短的卡宾枪，恐怕连举枪的动作都不一定符合标准。古德里安没有理会这些冷言冷语。遗憾的是，由于对坦克的使用没有太大的把握，古德里安没有把坦克开进去，仅进行了徒步检阅。

古德里安深知，目前德国装甲兵无论是质量还是数量，都无法与外国相提并论。因此，他决定从建立健全德国装甲兵的编制和领导方面入手，把有限的兵力集中起来，编成较大的单位装甲师或者装甲军，希望以此弥补自身的不足，抵消装甲兵在数量上的劣势。

为了说服德国的军事首长相信这一想法的可行性与正确性，在鲁茨将军的领导下，摩托化部队司令部决定组织现有各单位，进行为期 4 周

---

① 威廉·凯特尔（1882—1946）：德军最高统帅部参谋长，“二战”时期德军资历最老的指挥官之一。战后在纽伦堡审讯中被判处绞刑。

的突击训练。训练从1935年夏天开始，由马克西米连·冯·魏克斯[①]将军负责实施。鲁茨将军和古德里安命令装甲师在明斯特－拉格尔演习地集合，按照4种不同的战术任务进行系统的训练演习。

古德里安举行演习的目的，主要是向军事当局展示，大规模使用坦克及其支援武器在实践中是可行的。这次训练演习得到了国防部长勃洛姆堡和陆军总司令弗里奇的支持。为了增加影响力，鲁茨将军曾请求希特勒亲临指导，但是希特勒的侍卫人员以安全和健康为由没有同意，这成了鲁茨将军和古德里安的一大遗憾。

这次训练演习达到了预定的目标，而且非常令人满意。当表示演习结束的黄色气球慢慢升上蓝天的时候，陆军总司令弗里奇开玩笑说："演习非常好，可惜少做了一件事，这个气球上面似乎应该印上'古德里安的坦克，真棒'。"

---

① 马克西米连·冯·魏克斯（1881—1954）：纳粹德国陆军元帅，"二战"期间担任过第2集团军司令、B集团军群总司令，参加了法兰西战役、巴尔干战役、苏德战争。1947年年初在盟军法庭上受审，判决结果是"免于起诉"，并于次年因病获释。

第二章　登上纳粹战车的新兵

成为希特勒的帮手

训练演习结束不久，鲁茨将军被任命为新成立的装甲兵司令部司令。古德里安原本希望这个司令部也和其他主要兵种的司令部一样，能够从总司令部那里获得一定的权限，但最终因陆军总参谋长贝克将军的反对而没有实现。

1935 年 10 月 1 日，古德里安离开柏林，由总部的参谋军官成为一名部队指挥官。在他离开后，关于装甲部队的使用又出现了变化。

10 月 15 日，德军正式成立了 3 个装甲师：第 1 装甲师由魏克斯将军任师长，驻守魏玛；第 2 装甲师由古德里安上校任师长，驻守维尔茨堡；第 3 装甲师由费斯曼将军任师长，驻守柏林。

1936 年成立第 4 装甲师的计划下马，改为成立 3 个轻型师，每个轻型师的编制包括 2 个摩托化步兵团、1 个侦察团、1 个炮兵团、1 个坦克营及其他兵种的支援单位。除了轻型师以外，又成立了 4 个摩托化步兵师。如此一来，摩托化运输工具的需求量大大增加，使古德里安扩大坦克部队的计划受到了很大冲击。摩托化步兵师被编成陆军第 14 军，轻型师被编成陆军 15 军，装甲司令部则改为陆军第 16 军，这 3 个军由第 4 军区统辖，司令部设在莱比锡，司令为布劳希奇将军，3 个军的训练和发展都由他负责。上述部队所组成的作战集群，成为德军装甲部队的骨干。

至此，德军的各个兵种都有了自己的特殊标志，以肩章上的颜色来区分，不同颜色表示不同的作战兵种和不同的利益划分。在划分肩章颜色时，步兵和骑兵的总监部之间发生了激烈的争执，最终决定：所有坦克团和反坦克营使用原始的红色，装甲师中的步兵团和乘车步兵都使用绿色，摩托化步兵团仍继续使用步兵的白色标志。

在古德里安看来，这种南辕北辙的装甲兵发展计划是对其装甲兵计划的极大侵害，但面对既成事实，他也无可奈何。更让他感到生气的是，弗雷德里希·弗洛姆[①]将军出任陆军军务总监后，下令将各步兵团的第 14 连都加以摩托化。憋了一肚子气的古德里安争辩道："将军阁下，这些连要是和步兵分队一起作战的话，还是保留用马牵引更好。"弗洛姆将军听了脸色十分阴沉，生气地扔下一句话："步兵也希望拥有汽车啊！"

古德里安只得改变策略，请求不把第 14 连加以摩托化，而是将重炮兵加以摩托化，这样可以使重炮营配合坦克作战，但是也没有得到同意。当时古德里安正在维尔茨堡的师部，忙着编组和训练这个新成立的装甲师，所以无法直接插手这些事情。1935 年至 1936 年的冬天，他就这样在相对单调的训练中度过了。

由于处理人际关系比较在行，古德里安很快在维尔茨堡有了比较好的人缘。他心里仍然装着发展装甲部队的梦想，但发展的受限以及维尔茨堡的秀美风景，使他内心不自觉地萌生了想过平静生活的念头，甚至准备在这里买一栋小房子，将来和妻儿一起共享天伦之乐。

不过，事情并没有按照古德里安的预想发展下去，他在军事上的努力，无意中为希特勒的侵略扩张打下了坚实的基础，这也预示着德国军人将迎来一个发展的契机。

此前《凡尔赛和约》规定，莱茵河以东 50 公里宽的区域为非军事区，德军不能在莱茵河两岸集结军队，也不能在这个区域驻军和举行军事演习。莱茵河发源于瑞士的阿尔卑斯山，从南向北穿过德国，经荷兰

---

① 弗雷德里希·弗洛姆（1888—1945）：纳粹德国一级上将，国内预备军总司令，以在刺杀希特勒事件中反复无常而闻名。后被纳粹人民法院判处死刑，1945 年被行刑队处决。

流入海洋。它是守卫德国和首都柏林的一条天然防线。协约国之所以规定这一条款，正是为了保证在德国发生变故的情况下，协约国军队可以快速渡过莱茵河，直逼德国首都柏林。

因此，对希特勒来说，要想实施侵略扩张计划，首先必须打破《凡尔赛和约》的规定。他在1935年曾指示国防部部长勃洛姆堡拟订一个出兵莱茵兰的计划。莱茵兰是指德国西部的莱茵河两岸地区，“一战”后协约国军队占领了莱茵兰西部。这个计划的制订过程严格保密，只有极少数将领知道。

当时，法国也一直对德国保持着警惕，不仅与西方的英国、比利时等国签有互助条约，还与东欧的一些新兴国家也签订了一系列条约，以减轻来自德国的压力。现在希特勒独掌大权，为了加强保障，法国还打算与苏联签订协议，协议于1936年2月27日得到了法国众议院的通过。

1936年3月7日，希特勒以法苏协议违背《洛迦诺公约》[①] 为由，悍然下令进军莱茵兰。当时法国在边境上有100个师，按照《洛迦诺公约》规定，法国军队有权在德军进入这个地区时采取军事行动。希特勒的这个军事冒险行动，让古德里安十分震惊。这种占领虽然只是一种军事上的姿态，但也无异于鸡蛋碰石头。当然，希特勒也为自己留了一手，他下令没有进入非军事区行动的装甲部队做好警戒，并把兵力集中在明辛根军事训练地区，以防意外发生。

德军指挥官在进军莱茵地区时也很谨慎，开始只派了一支1 000人的小队，一有风吹草动，马上撤退。

面对希特勒采取的行动，法国政府虽然很不愿意，但是也不愿为此兴师动众，而且也没有良好的组织、资源和计划与德国抗衡，于是仅仅依靠所谓的马其诺防线[②]，企图阻止德军越过边境。

---

① 《洛迦诺公约》：1924年以后，由于道威斯计划的援助，德国实力日增。法国要求维持《凡尔赛和约》规定的领土和边界现状。德国亦试图调整对法关系，争取恢复大国地位。在美国的支持下，英、法、德等七国举行洛迦诺会议，签订了《洛迦诺公约》。

② 马其诺防线：始建于1928年，到1940年基本建成，造价50亿法郎，以当时法国陆军部部长的姓氏命名。防线主体有数百公里，主要部分在法国东部的蒂永维尔。

1936 年 3 月，德军骑兵进占莱茵兰非军事区

3 月 11 日，法国外交部部长皮埃尔·艾蒂尔·弗兰亭飞往伦敦，请求英国政府支持法国在莱茵兰采取军事上的对抗行动。但是，英国政府对德国的进军暗自高兴，认为德国进军莱茵非军事区可以制约法国，并且可以将这股祸水引向苏联。

法国的犹豫不决鼓励了希特勒的进一步冒险，当勃洛姆堡建议他撤回进入莱茵兰的部队时，他断然拒绝。之后，贝克将军建议他公开向法国保证不会在莱茵河西岸修筑防御工事，也遭到了他的拒绝。到 3 月 7 日凌晨，进入莱茵地区的德军发现法军完全没有任何反应后，随即派出 19 个步兵营和 12 个火炮连共约 3 万人，迅速占领了莱茵兰。

法国政府要求法军采取行动，但法军总参谋长莫里斯·居斯塔夫·甘末林①将军只同意调集部队加强马其诺防线。他认为，不管一个

① 莫里斯·居斯塔夫·甘末林（1872—1958）：法国一级上将，历任陆军总参谋长、陆军高级军事委员会副主席、国防部总参谋长。“二战”爆发后，任法国陆军总司令兼英国远征军指挥。他是法国统治集团投降政策的拥护者之一，对 1940 年法国的失败负有责任。

战斗行动多么有限，都有可能导致严重后果。如果不颁布总动员令，就不能贸然采取行动。在这种情况下，法国政府只能采取口头上的抗议行动，英国人就更不用说了，他们甚至认为，德国人只是进入自己的后花园而已。这就使希特勒在这场赌博中获得了完胜，并在国内树立了空前的威望。事后他也说："假如德国领导人不是我，而是别的人，一定会被吓破胆。不得不说，正是我坚定不移的信心和遇事时的沉着冷静挽救了我们。"

3 月 21 日，希特勒趾高气扬地宣布，《凡尔赛和约》的精神已经被摧毁，为应付意外而做好准备的德国军队也慢慢恢复为正常国家军队的状态。

同年 8 月 1 日，古德里安由上校升为少将，任第 2 装甲师师长。在鲁茨将军的指导下，古德里安在这年冬天撰写了《注意！坦克》一书，系统说明了装甲兵的发展历史及其本人对建设德国装甲兵的基本思想，并总结了他多年来在装甲兵的组织、装备和技术战术上的心得和经验。他在书中明确了坦克的 3 个主要特征，即防护力、机动性、强火力，认为坦克是决定战争胜负的关键因素，是任何兵器都无法替代的。坦克不应该用于攻坚及为步兵提供火力支援，而应在合适的地方集中，对敌人的正面实施突然袭击，快速取得突破，然后在配属的步兵和炮兵的支援下，迅速深入敌后，使敌人无法建立新的防线。至于扩大突破口、消灭残余敌人的任务，应由步兵来完成。他希望这本书的出版，能够冲破正常公文程序的阻碍，使装甲兵建设获得更广泛的支持。这本书出版后引起了很大反响，此后多年它一直作为世界装甲兵部队的军官培训教材，也奠定了古德里安在装甲兵理论界的权威地位。

由此可以看出，古德里安不愧为一个战术家，善于运用攻防之道。除了以出书这种守势的态度来争取更多人的理解外，他还积极在军事刊物上发表自己的见解，驳斥一些反对者的意见。在 1937 年 10 月 15 日出版的德国军官协会的会刊上，他发表文章说：

一个外行，每当他想到坦克攻击的时候，一定会联想到第一次世界大战中的康布雷战役……（他们对）坦克的火力估计过低，坦克被当做一个又聋又瞎的东西……大家认为使用坦克奇袭已经不可能了，坦克的攻击似乎不再有前途……除非我们的批评家能够发明一种更新、更好的陆上攻击战术，否则我们仍然会继续相信，只要运用适当，坦克在今天还是一个最好的陆上攻击工具。

1937 年秋，德军又举行了一次大规模的军事演习。希特勒和英国元帅西里尔·德弗雷尔爵士、意大利元帅巴多格里奥[①]及贝尼托·墨索里尼[②]等一些外国贵宾也到现场观看了演习。参与演习的装甲部队是费斯曼将军指挥的第 3 装甲师和第 1 装甲旅，古德里安在总监部担任装甲兵方面的裁判工作。

为了向外国贵宾展示德军的战斗能力，给德国的盟友打气，在演习最后一天又举行了一次装甲部队的总攻击演习。古德里安将所有坦克集中起来，并负责现场指挥。在震耳欲聋的轰鸣声中，装甲部队气势如虹，所向披靡。由于装备水平的制约，参加演习的只是训练所用的马克I型小型坦克，但场面仍然十分壮观、声势慑人，给参观者留下了深刻的印象。

这次演习十分成功，进一步证明装甲师可以作为一个作战单位使用，只是在供应和修理设备方面还存在一些不足。为此，古德里安提出了装甲师的后勤供应和维修方面的改良意见，但没有得到采纳。于是，在 1938 年春的一次军事演习中，上述问题再一次暴露出来。

德国经济、军事力量的迅速增长，推动其进入了一个“黄金时代”，在政治上也挤进了世界大国的行列，这使希特勒通过军事手段建立一个大德意志帝国的野心开始蠢蠢欲动，他想让自己成为欧洲乃至世界的主宰。于是，在这个风云多变的时代，军人的晋升以非正常的速度

---

① 巴多格里奥（1871—1956）：意大利元帅，以侵略阿比西尼亚和推翻墨索里尼而闻名。推翻墨索里尼政府后，他担任新政府首相，任内宣布解散法西斯党，与盟军签订停战协定并对德宣战。

② 贝尼托·墨索里尼（1883—1945）：意大利国家法西斯党党魁、法西斯独裁者，第二次世界大战的元凶之一，法西斯主义的创始人。

进行着，这也是希特勒笼络人心的一种手段，无形之中使这些军人都成了他对外扩张的帮凶。

1938 年 2 月 2 日夜，古德里安正在维尔茨堡第 2 装甲师的师部看一份文件，办公室里的电话突然响了起来。他拿起听筒，只听电话那边通知他说："古德里安，现在正式通知你，你已经被元首晋升为中将。另外，元首将于 2 月 4 日在总理府亲自主持一个重要会议，命令你立即前往柏林出席会议。"

古德里安大喜过望，2 天后，他精心准备了一番，坐车赶往会场。在柏林大街上，他遇到了一个熟人，对方从电车里热情地跟他打招呼："恭喜啦，我们的坦克专家！你已经升任陆军第 16 军的军长了，这可是陆军中最精锐的部队！"

这让古德里安一头雾水。他在会前通过《早报》得知，德国陆军上层发生了重大变动，伴随着一些人的升迁，有一大批高级将领被免职了，其中包括国防部部长勃洛姆堡、陆军总司令弗里奇以及古德里安的好友鲁茨将军等。报纸上只罗列了升降人员的名单，并没有详细说明原因。

古德里安带着满腹狐疑来到总理官邸，发现三军高级将领都集中在一个会议大厅里，围成一个半圆形坐着。不一会儿，希特勒快步走进来，脸上没有任何表情。所有高级将领看见希特勒，都"唰"地站起来，会议厅里鸦雀无声。

希特勒没有任何铺垫，气愤地冲着大家说道："国防部部长勃洛姆堡元帅已经被免职了。勃洛姆堡不明智的婚姻影响了陆军圣洁的传统，玷污了德军的形象，这种人是不适合做国防部长的。"

希特勒机械地摆了摆头，挥了一下手，又说："陆军总司令弗里奇上将也被免职，是因为他犯了某种不应犯的罪行。"

希特勒宣布完他的决定后便转身走了，会议就这样结束了。大家都没有开口说话，因为他们无法判断事件的真相。

作为德国最古老、最强大的军种，陆军在德国的侵略扩张中立下了"汗马功劳"，而它的核心就是陆军参谋本部。在接连不断的军功中，参谋本部的军官树立了一种无形的权威，在三军中威信很高。即使在“一战”后仍然如此。参谋本部致力于军事斗争是必须的，但其努力使陆军不受任何政党的影响，这阻挡了希特勒侵略扩张的脚步，于是，希特勒一心想要除掉参谋本部的异己分子，以保证陆军忠实地服从他的命令。勃洛姆堡和弗里奇之所以被撤职，与此不无关系。

希特勒曾于1937年11月5日召集国防部部长勃洛姆堡、陆军总司令弗里奇、海军总司令埃里希·雷德尔①、空军总司令戈林、外交部部长康斯坦丁·冯·纽赖特②以及希特勒的军事副官霍斯巴赫在总理府开会，表明了自己想要开战的想法。但勃洛姆堡和弗里奇都不赞成希特勒的侵略计划。希特勒恼羞成怒，认为勃洛姆堡和弗里奇将成为他的绊脚石，于是有意把他们两人换掉。不久，希特勒便得到一个踢走勃洛姆堡的大好机会。

勃洛姆堡的妻子早年去世，1937年，他和他的秘书格鲁恩小姐坠入爱河并准备结婚。格鲁恩小姐出身低微，为避免遭到思想保守的军官团反对，勃洛姆堡还特地找来希特勒和戈林做他们的证婚人。

1938年1月12日，勃洛姆堡和格鲁恩小姐在国防部大厅内举行了婚礼。没想到就在他们度蜜月期间，柏林军政上层开始流传一个谣言，说元帅夫人曾经从事过不光彩的职业。柏林警察局为此进行了调查，局长赫尔道夫通过档案发现，元帅的新夫人曾经在风月场所工作过，于是将此事告诉了凯特尔。凯特尔担心受到牵连，便把档案交给戈林。戈林很快就向希特勒告了密，希特勒得知此事后勃然大怒，认为勃洛姆堡欺骗了他，还让他去做证婚人，把他当傻子耍。他命令勃洛姆堡取消婚姻，但遭到了拒绝。1月25日，勃洛姆堡被迫退役，从此再也没有被起用。

---

① 埃里希·雷德尔（1876—1960）：德国海军元帅，历任海军部部长、海军总司令，实际领导德国海军长达15年之久。20世纪三四十年代德国海军的重建和侵略扩张都深深打上了他的印记。

② 康斯坦丁·冯·纽赖特（1873—1956）：德国外交家，历任德国驻英国大使、外交部部长、秘密内阁会议主席和德国国防委员会委员、德国驻波希米亚和摩拉维亚保护长官，还曾获党卫队副总指挥的虚衔。

正所谓祸不单行，勃洛姆堡事件发生后，弗里奇将军也遭遇了厄运。弗里奇一向不好女色，至今仍是孤身一人，全身心地投入德国国防军的建设上。结果，盖世太保的高级官员莱因哈德·海德里希[①]在慕尼黑找了一个皮条客，要求他指控弗里奇是同性恋。在纳粹德国的法律中，同性恋是违法的。消息传开后，这件事立刻成为震惊全国的性丑闻。1938 年 2 月 4 日，弗里奇被迫辞去陆军总司令之职。

在勃洛姆堡与弗里奇事件中，还有 10 余名高官被罢免，40 多名将领被降职。

实际上，这是纳粹分子夺取军队控制权的一次重大行动，他们的目的是牢牢地控制德国的陆海空三军，以实现自己侵略扩张的野心。兴登堡逝世后，希特勒身兼总统、总理双重职务，但并没有得到传统的德国军人的认同，他的作战计划更是受到国防部的制约，这就导致了希特勒对德军领导层的发难。这也许是德国历史上继 1934 年 6 月 30 日德国发生清洗冲锋队事件后第二个“黑色的日子”。

德国的“将军团”在两次事件中都没有表示什么是应该被责备的行为。不过，这种责备只适用于少数高级人员，因为多数将领并不了解具体情况。以弗里奇事件而言，整个案件显得扑朔迷离，证据也不足。事情发生后，古德里安等人曾经要求甚至催促新任陆军总司令采取行动，但他们并没有决心去抗争。与此同时，德国的外交方面正在发生“德奥合并”[②] 的重大事件，使陆军错过了采取行动的机会。

尽管后来法庭经过调查，证明弗里奇事件纯属误会，这种诬陷的指控完全没有事实根据。当事人是一个与弗里奇名字发音相似的退役

---

① 莱因哈德·海德里希（1904—1942）：德国纳粹党党卫队的重要成员之一，地位仅次于希姆莱，而且希特勒有意培养他为自己的接班人。他行事极其残酷，有“金发的野兽”“铁石心肠的人”“纳粹的斩首官”“死亡的追随者”“纳粹魔王”“第三帝国的黑王子”等许多恐怖称号。

② 德奥合并：1938 年 3 月 12 日纳粹德国与奥地利第一共和国合并、组成大德意志的事件。奥地利在事件后失去独立国家的地位，直到德国在 1945 年战败后，两国再度分家，1945 年 4 月 27 日奥地利临时政府成立，数月后得到“二战”同盟国的承认，1955 年奥地利正式恢复主权。

军官，但希特勒并没有恢复弗里奇的陆军总司令职位，仅仅向他表示了歉意，并恢复了他的军籍和军衔，让他担任炮兵第 12 团的名誉团长。

“弗里奇事件”说明希特勒与陆军将领之间严重缺乏“信任”，这一点连古德里安这一级别的军官也有所体会。弗里奇后来曾说：“不管是好是坏，希特勒都是德国的一个劫数。如果他现在走向毁灭，我们将成为陪葬品，而且没有任何别的办法。”

但是很显然，希特勒成功利用德国陆军将领之间的矛盾，以及他们的犹豫不决和盲目轻信，制服了一向桀骜不驯的陆军参谋本部。从此，德国的军政部和武装部队办公厅合并为一个单一的最高统帅部，由希特勒本人担任武装部队的最高统帅，在他下面有一个参谋长，由凯特尔担任。

先打西方

鲁茨将军被免职后，古德里安从这位敬爱的老上司手里接过了第 16 军军长一职。值得庆幸的是，第 16 军的参谋长弗里德里希·保卢斯[①]上校是古德里安多年的好友，曾经接替古德里安担任过摩托化司令部的参谋长。

保卢斯聪明能干、做事勤奋，而且值得信赖。在斯大林格勒（今伏尔加格勒）战役中，当这位第 6 集团军的元帅司令被俘后，很多人都批评攻击他，但古德里安仍坚持说：“除非保卢斯本人有机会将他的不幸遭遇公布出来，否则我是不相信流言蜚语的。”

在陆军高层军官大变动的时期，古德里安手下的 3 个装甲师也都有了新师长：第 1 师师长为施密特将军，第 2 师师长为法伊尔将军，第 3 师师长为施韦彭堡将军。

希特勒在 1937 年 11 月 5 日召开军事会议时，便抛出了他酝酿已久

① 弗里德里希·保卢斯（1890—1957）：纳粹德国元帅，第 10 集团军参谋长兼国防军副总参谋长，草拟“巴巴罗萨”计划的军事家之一。在斯大林格勒战役期间违抗希特勒的命令，率领第 6 集团军残部向苏联投降，后来被以战俘身份送往盟国军事法庭受审。

的战略方针，也就是“先打西方”的侵略扩张方案。在这个野心勃勃的方案中，有进攻西方的“红色方案”，有对奥地利实行武装占领的“奥托方案”，也有对捷克斯洛伐克实施突然袭击的“绿色方案”。希特勒指着这些侵略方案，咆哮道：“各个时代——罗马帝国和大英帝国的历史都已经证明，扩大空间只有通过粉碎抵抗和进行冒险来实现，挫折是不可避免的。”

“为了改善德国的军事和政治地位，我们的第一个目标是：在任何一种卷入战争的情况下，必须先征服捷克斯洛伐克和奥地利，以便在可能的对西方的战争中解除对我们侧翼的威胁。”

德国法西斯大肆宣传说，居住在奥地利的德意志人受尽欺负和凌辱，正处于“日趋衰萎的势头”，“这种情况绝不能长久持续下去”，要把他们拯救出来，维护德意志种族的核心地位。于是，希特勒打着保护德意志民族的旗帜，为自己的侵略行为找到了一个冠冕堂皇的借口，在“民族自决权”① 和“民族共同体”② 等流行口号下，向这两个弱小的国家伸出了罪恶之手。对于希特勒强词夺理的借口，各国人民都看得清清楚楚，饱受《凡尔赛和约》压抑之苦的德国人民却被蒙蔽了双眼，纷纷投身于这场侵略战争之中。

1938 年 3 月 10 日下午 4 时，陆军总参谋长贝克将军突然召见古德里安。古德里安匆匆赶到后，贝克小心地从口袋里掏出一份文件递给他，这是希特勒与手下将领一起研究的德国最高军事当局于 1935 年开始拟订的在两条战线中重点进攻法国的作战计划——“红色方案”。

贝克神秘地对古德里安说：“元首决定合并奥国，你先率领你的第 2 装甲师参加行动。”

古德里安不由得愣住了，他沉思了一会儿，说：“这不是很好吧，如果这样做，现任师长法伊尔将军岂不是很难堪？再说法伊尔也是一个

---

① 民族自决权：指各民族有根据自己的选择确定本国政治、经济、文化制度的自由。

② 民族共同体：是纳粹德国的一个民族主义意识形态概念，其内容为建立德国的民族认同感并促进社会各阶层平等，消灭精英主义和阶层分化。最早起源于 1914 年，在纳粹德国时期成为国家社会主义宣传中的关键概念之一。

很优秀的将军，将他扔在一边不好吧?”

“那没有什么关系，这是上级的命令，其他的你不必担心。”

“我们可以动员第 16 军的军部，这样除了原有的第 2 装甲师以外，还可以再临时编入其他部队。这样不是更好一些吗?”

贝克认为这个建议很好，于是同意了，但还是决定把另一个党卫军装甲师也交给古德里安指挥。古德里安离开的时候，贝克再次叮嘱道：“要吞并奥国，这也许是我们最好的时机。”

对于这项任务，古德里安虽然感到有些意外，但他回到军部后还是马上下达了准备行动的命令。大约晚上 8 时，贝克再次召见古德里安，命令他在晚上 9 时至 10 时，通知第 2 装甲师和“希特勒近卫师”在帕绍附近集中。与此同时，古德里安也得知这次进入奥地利的部队均由费多尔・冯・博克[①]上将率领，在古德里安部南面的步兵师将渡过莱茵河，入侵奥地利。

这个时候，不仅国内的军事力量已经准备就绪，国外的形势发展也对德国十分有利。法国原来的内阁总理辞职，新内阁迟迟没有组建完成；奥地利的盟友意大利则明确表示不会干预。英国方面，亚瑟・内维尔・张伯伦[②]在 1937 年 5 月 28 日出任首相后不久，就派枢密大臣哈利法克斯伯爵[③]访问了德国，极力推行对德绥靖政策。加上哈利法克斯大肆吹捧德国“阻塞了共产主义向欧洲发展的路”，称赞德国是“西方反

---

① 费多尔・冯・博克（1880—1945）：在两次大战之间的 20 年里，他一直在各级部队担任指挥职务，从营长、团长一直做到军区司令、集团军司令，积累了丰富的经验。“二战”爆发后，他在侵吞奥地利时指挥第 8 集团军迅速占领重要军事据点，之后成为第 1 集团军司令。1939 年率领由第 1 集团军改编的北方集团军群入侵波兰，立下赫赫战功。在后来占领法国的战斗中再接再厉，功勋卓著，继而升任东线德军总司令，负责对苏联的全面进攻。1942 年因与希特勒作战观点不同而被免职。

② 亚瑟・内维尔・张伯伦（1869—1940）：英国政治家，历任邮政大臣、卫生大臣、财政大臣等职，为保守党领袖。1937 年出任英国首相。他是 20 世纪 30 年代绥靖政策的代表人物。绥靖政策是第二次世界大战加速发生的原因。

③ 哈利法克斯伯爵（1881—1959）：英国政治家，历任教育大臣、农业大臣、印度总督、掌玺大臣和枢密院院长，被喻为绥靖航船的“大副”。“二战”爆发后推行与美国合作的政策，在华盛顿政府圈内受到欢迎和尊重。

布尔什维克[①]主义的屏障”，英国打起了自己的小算盘，想将这股法西斯的祸水引向苏联。为此，英国决心牺牲弱小国家的利益，以满足纳粹德国对领土扩张的欲望。基于这一考虑，英国不但不反对德国合并奥地利，而且强调这“要通过和平演进的途径来实现”。德国由此认定英国“不会为了一个中欧的局部问题而冒险进行一场危及世界帝国生存的战争”，从 1937 年起再次把兼并奥地利提上日程，大胆地迈开了夺取中欧战略据点的步伐。

1938 年 2 月 12 日，希特勒把奥地利总理库尔特·冯·许士尼格[②]召到德国，强迫他在 3 天之内接受以下条款：

（1）释放被奥地利政府监禁的纳粹分子。

（2）任命奥地利法西斯头子阿图尔·赛斯 – 英夸特[③]为内务部部长兼安全部部长。

（3）不得限制奥地利纳粹分子的活动。

（4）德奥军队“建立密切的关系”，以便“做好准备，使奥地利纳入德国经济体系”，“否则就下令德军向奥地利进军”。

希特勒还警告许士尼格，德军进入莱茵兰时，英、法都没有阻止，现在更不要幻想他们会给奥地利提供帮助。

面对强大的压力，许士尼格屈服了，当晚就在文件上签了字。不过，他给自己留了条后路：根据奥地利宪法，文件需要总统签字方可生效。他要求希特勒给他三天时间去说服总统。

奥地利总统米克拉斯[④]对于释放纳粹党徒等事都愿意做些让步，但

① 布尔什维克：Bolshevik 的音译词，意为“多数派”，它是列宁创建的俄国无产阶级政党。与之相对的是“孟什维克”，俄语意指“少数派”。苏俄建立后改名为共产党。

② 库尔特·冯·许士尼格（1897—1977）：奥地利政治家，1934 年接替被刺杀的恩格尔伯特·陶尔斐斯，成为奥地利第一共和国的总理。

③ 阿图尔·赛斯 – 英夸特（1892—1946）：奥地利纳粹党代表人物，奥地利第一共和国末代总理，在其仅 5 天的任期内完成德、奥合并，并成为德国东部边疆区（即奥地利）总督。“二战”期间历任波兰南部行政长官、波兰副总督、荷兰总督。在希特勒的政治遗嘱中被委任为德国外交部部长（未到任），后于纽伦堡审判中被判处绞刑。

④ 威廉·米克拉斯（1872—1956）：奥地利第一共和国总统，基督教社会党党员，曾任帝国议会议员。

是他坚决不肯将军队和警察交给纳粹分子管理。希特勒知道米克拉斯的态度后，指示德军在德奥边境制造紧张气氛，给奥地利施加压力。

在这种情况下，米克拉斯只得同意协议的内容，让赛斯－英夸特等纳粹分子进入内阁，以求保住奥地利形式上的独立。

2 月 20 日，希特勒在国会发表讲话时说："德国有责任保护 1 000 万德国境外的日耳曼人，其中，奥地利就有 700 万人。"许士尼格听出了其中的弦外之音，知道奥地利要丧失主权了。4 天后，他在奥地利议会讲话时强调，奥地利再也不会让步了，这已经是极限。演讲内容传出后，奥地利的纳粹党人开始闹事，他们冲入市中心广场，降下奥地利国旗，升起德国国旗。奥地利的经济也受到了很大影响。

3 月 9 日，许士尼格迫于无奈，宣布将于 3 月 13 日举行公民投票，就奥地利是否与德国合并进行全民公投。希特勒得知这一消息后暴跳如雷，认为一旦公民投票结果不支持德奥合并，他所做的一切都将付诸东流。因此，他决定在奥地利全民公投之前占领奥地利，以实现不流血的征服。

希特勒叫来陆军总参谋长贝克，对他说，德军在 3 月 12 日前必须采取行动。贝克回到陆军总部，连忙召集参与入侵行动的将领，向他们传达希特勒的决定，并让埃里希·冯·曼施坦因[①]负责拟订行动计划。

当天下午 6 点 30 分，德军最高统帅部下达了总动员令，这次行动的总指挥为博克上将。

为了在 2 天内顺利完成纳粹党下达的占领任务，古德里安匆忙进行着各种准备。从 3 月 10 日夜里 11 时至 12 时的一个小时里，古德里安一方面用电话将行动方案通知第 2 装甲师，另一方面又亲自与党卫军装甲师师长约瑟夫·迪特里希[②]见面商讨部署情况。此时第 2 装甲师师长

---

① 埃里希·冯·曼施坦因（1887—1973）：德国陆军元帅，德意志国防军中最负盛名的指挥官之一。其 1939 年制订的"曼施坦因"计划直接导致了英、法战败；1941 年指挥了"克里木战役"，俘虏苏军超过 46 万；1943 年指挥南方集团军群发起"哈尔科夫反击战"，达到其军事生涯的顶峰。

② 约瑟夫·迪特里希（1892—1966）：德国武装党卫队最重要的将领之一，希特勒最亲近的友人之一，在纳粹运动早期就是希特勒的私人保镖。曾获当时德军授勋级别第二高的钻石橡叶佩宝剑骑士铁十字勋章。

正率领一部分幕僚在演习途中，必须让他们赶回师部，才能一起执行任务。尽管困难重重，但古德里安对自己一手创建的装甲师还是很有信心的，命令迅速得到了落实。第 2 装甲师驻地维尔茨堡距帕绍 400 公里，但该师在 24 小时内便完成了任务。

党卫军是希特勒的嫡系部队，迪特里希向古德里安表示，他们商讨的结果要立刻向希特勒请示。古德里安隐隐感觉到这次进军不仅仅是一个军事行动，还带有很浓的政治色彩。为了讨好希特勒，他抓住机会让迪特里希代为请示，所有战车上都应该结彩，以示德军对奥地利人的友好感情。半个小时过去了，迪特里希回来告诉古德里安，他的想法已经得到了批准。

在进军过程中，占领军总司令博克上将曾责问古德里安为什么在战车上悬挂彩旗，认为这不合规定。后来得知这经过了希特勒的同意，他便没有再说什么。由此可以看出，古德里安并没有被德国军官所固有的军人不受政治因素影响的传统所束缚，而是积极主动地投入希特勒的侵略扩张行动中。无论他以后怎么辩解，我们都可以从他的行动中大致判断出他当时的基本政治取向。即便他后来与希特勒发生了冲突，也只是大原则一致下的行事方法之争。

得知德军大量集结的情报后，许士尼格连忙与米克拉斯总统内阁商讨对策，决定取消公投。但是，希特勒要求他立即辞职，任命赛斯－英夸特为奥地利总理。许士尼格再次屈服，随后辞去总理职务，由赛斯－英夸特接替。尽管此事遭到奥地利总统米克拉斯的反对，但奥地利此时在实质上已经变成德国的一部分，没有任何人为这位总统说话，米克拉斯只好妥协了。

3 月 11 日晚上 8 时，古德里安率领第 16 军军部人员抵达帕绍。帕绍是位于德奥边境上的一个小城市，边境的另一边就是希特勒的家乡——林茨。这时，古德里安再次接到上级指令，命令他们于 3 月 12 日上午 8 时开进奥地利。但法伊尔将军率领的第 2 装甲师要到深夜才能抵达帕绍。法伊尔一见到古德里安便大发牢骚：“将军，您给我下达了命令，却没有给我一张奥地利地图，现在燃料也没了，部队无法前进，您说现在怎么办?”古德里安急忙叫人找来一本普通旅客所用的旅行指南，给法伊尔暂时应急。

但燃料问题比较麻烦，帕绍虽然有一个陆军燃料仓库，但它是专供防守齐格菲防线[①]的部队使用的，除非下了动员令，否则绝对不能动用。仓库主管对古德里安的这次行动并不知情，因此拒绝把油料交给古德里安。情急之下，古德里安不得不以武力相威胁，才终于得到了燃料仓库的油料。这次急行军，古德里安的装甲师并没有安排后勤保障部队，幸好帕绍市市长帮忙征调了一些卡车，古里德安才组建了一支油料运输队，用于对部队进行油料补给。

法伊尔所率的第2装甲师尽了最大的努力，最终还是没能在3月12日上午8时整的时候越过边界，直到上午9时，第2装甲师的第一辆坦克才爬过高于地面的边界障碍物，接受奥地利纳粹组织的欢迎。随后，由第5、第7两个装甲侦察营和第2摩托步兵营组成的第2装甲师前卫部队，很快就通过了林茨，朝圣珀尔滕进发。

古德里安和第2装甲师的主力一同前进，而从柏林赶来的党卫师则作为后卫部队。在纳粹分子的组织和鼓动下，古德里安悬挂彩旗的坦克每经过一个地方，都受到了被迷惑的群众的热烈欢迎。中午12时以前，第2装甲师到达了希特勒的出生地布劳瑙——林茨以西约100公里的小镇。在这里，古德里安马不停蹄地拜会了当地的军政要员和权势人物，向他们传达了希特勒关于“德奥合并”的精神。随后，古德里安继续向圣珀尔滕方向前进，途中遇见了党卫军总司令、盖世太保首领希姆莱及两名奥地利官员，得知希特勒将于下午3时左右到达林茨。他们要求古德里安负责当地的警戒：“一定要百分百保证元首的安全。”

接到这个任务后，古德里安丝毫不敢掉以轻心，立刻命令前卫部队暂时留在圣珀尔滕待命，由第2装甲师负责警戒。而支持纳粹的奥地利当地陆军部队，为了表示对希特勒的忠心，也参加了这项工作。

---

① 齐格菲防线：纳粹德国在第二次世界大战开始前，在德国西部边境地区构筑的对抗法国马其诺防线的筑垒体系。防线从德国靠近荷兰边境的克莱沃起，沿着与比利时、卢森堡、法国接壤的边境延伸至瑞士巴塞尔，全长630公里。

暮色降临时，希特勒以一副衣锦还乡的姿态进入了林茨市。古德里安在林茨市郊迎候，目睹了希特勒以凯旋者的姿态进入这个城市的经过。在林茨，希特勒去祭拜了父母，然后在市政厅发表了演讲，其场面正如古德里安后来所描述的那样：“如此热闹的景象，我一生中只看到过这么一次。”演讲结束后，希特勒又去医院慰问了前几天在暴动中负伤的人，以鼓舞人们为他卖命。

在这次占领奥地利的行动中，德国装甲部队经受住了“严峻的考验”。晚上 9 时左右，古德里安离开林茨，连夜赶到圣珀尔滕，命令前卫部队继续前进。由于大雪纷飞，道路难行，他还跑到最前面亲自指挥部队。

3 月 13 日凌晨 1 时，古德里安率部到达维也纳。尽管到达了预定目的地，但是坦克部队遇到了许多问题，大约有 30% 的坦克因各种故障被中途丢弃，从帕绍和萨尔斯堡到维也纳的公路上，随处可见无法开动的坦克。博克上将对此进行了严厉指责，认为这足以说明坦克不适合长距离持久进攻。但是，古德里安并没有丧失信心，他认为装甲部队对这次行动毫无准备，指挥部没有类似的指挥经验，距离远时间短，装甲兵保养设备不充分，燃料供应保障不足，在这样长距离、高速度的行军中，部队又仓促上阵，发生故障是正常的，因此而怀疑坦克的作用是不对的。

此次向奥地利的“和平进军”使希特勒和纳粹分子都很满意，却给奥地利人民带来了灾难。仅在维也纳，纳粹党徒就逮捕了 8 万名“不可靠分子”。奥地利的犹太人被抓、被关、被杀，财产被剥夺，更有数不清的犹太男女被德军驱赶着去做苦役。

3 月 24 日，希特勒来到维也纳。古德里安率部负责警戒。希特勒进城时，维也纳举行了盛大的欢迎仪式，成千上万的维也纳市民站在道路两旁，高举手臂行纳粹礼。

侵占奥地利以后，古德里安的第 2 装甲师留驻维也纳地区，从同年秋天起开始补充奥地利籍的士兵入伍。1938 年秋季又在第 2 装甲师原驻地维尔茨堡成立了第 4 装甲师，由莱因哈特将军担任师长。与第 4 装甲师同期成立的还有第 5 装甲师和第 4 轻型师。

此后，古德里安没有再参与其他更大的行动，主要负责指导、管理第 16 军的训练和日常事务，视察下属部队。他认为只有与官兵们互相了解，在战斗中才能互相信任。

1938 年 8 月，古德里安迁入了位于柏林的新官邸。9 月 10 日到 13 日，古德里安和妻子一起到纽伦堡参加了纳粹党大会。

这一期间，德国和捷克斯洛伐克之间的关系，也由于希特勒的野心而紧张到了极点，空气中弥漫着浓郁的火药味。古德里安通过希特勒宣读的纳粹党大会的闭幕辞，明显地感觉到战争一触即发。

和平进军

通过“和平侵占”奥地利，德国不仅增加了 700 万人口和广阔的土地，也使捷克斯洛伐克陷入了德国的三面包围。此时，希特勒进一步认清了英、法等国妥协软弱的实质，扩张欲望更加强烈，很快便把侵略的矛头指向了自己的近邻——捷克斯洛伐克。他非常得意地说：“捷克斯洛伐克被一把钳子夹住了，现在正是进攻它的大好时机。”

捷克斯洛伐克位于欧洲中部，是德国东进波兰、苏联的重要通道，也是通向巴尔干地区的桥头堡。俾斯麦[①]曾经说过：“谁控制了波希米亚（捷克斯洛伐克），谁就控制了欧洲。”捷克与法国、苏联都订立了互助条约。德国入侵奥地利后，法国虽然重申了对捷克斯洛伐克的义务，但是英国首相张伯伦在 3 月 24 日的演说中表示英国不愿考虑支持捷克斯洛伐克，或者在法国履行“法捷同盟”义务时支持法国，这等于间接告诉希特勒，英国会对德国武装侵略捷克斯洛伐克袖手旁观。所以，希特勒决心利用这一有利时机，解决德国在扩张“生存空间”道

---

① 俾斯麦（1815—1898）：德意志帝国首任宰相，人称“铁血宰相”“德国的建筑师”“德国的领航员”。他是保守派，维护专制主义，但他通过立法建立了世界上最早的工人养老金、健康医疗保险制度、社会保险。他在外交上纵横捭阖，成为 19 世纪下半叶欧洲政治舞台上的风云人物。著有回忆录《思考与回忆》。

路上的障碍，拔掉捷克斯洛伐克这个眼中钉肉中刺。

1938 年 4 月 21 日，就在德国刚刚征服奥地利不久，希特勒召见了最高统帅部副统帅兼统帅部参谋长凯特尔，商谈如何根据当前形势来修改“绿色方案”，并着手做好各项准备。随后，德军在利用捷克斯洛伐克的德意志人制造事端的同时，也加紧了作战准备。

当时，捷克斯洛伐克境内有 320 万德意志人，主要居住在西部与德国接壤的苏台德地区。1933 年，希特勒曾为苏台德地区以康拉德 · 汉莱因为首的德意志人党提供活动经费和武器。1938 年 4 月 24 日，希特勒又让汉莱因在苏台德地区的德意志人党代表大会上，提出苏台德区自治纲领，但遭到了捷克斯洛伐克政府和捷克斯洛伐克人民的反对。为了挑起事端，希特勒利用英、法畏惧战争的心理，不断举行军事演习，从而迫使张伯伦对捷克斯洛伐克政府施加压力。尽管德国的一些陆军将领担心引起世界大战，但希特勒一意孤行，5 月 19 日，他下令德军在捷克斯洛伐克边境集结，做好入侵准备。

捷克斯洛伐克骤然出现的紧张局势，引起了英、法两国政府的严重关切，法国政府既担心失去捷克斯洛伐克，又害怕卷入与德国的战争，于是赶紧派人前往伦敦，请英国首相张伯伦拿主意。英国首相张伯伦并不关心捷克斯洛伐克的命运，他只关心能否避免战争，维持欧洲的和平。另外，他也因为捷克斯洛伐克与苏联签订了互助条约，而对捷克斯洛伐克政府抱有敌意。他完全相信了希特勒的宣传，认为苏台德地区的德意志人和在奥地利一样，确实受到了压迫，“不值得用毁坏西方文明的战争去换取”。希特勒只是想与德国境外的德国人合并而已，一旦这些德意志人都生活在德国的旗帜下，希特勒就会满足了。基于这一荒谬的想法，张伯伦不顾自己 69 岁高龄，三次前往德国与希特勒会晤，乞求希特勒不要动武，并保证会说服捷克斯洛伐克政府满足德国的一切要求。

在英国的大力“协助”下，出卖捷克斯洛伐克的慕尼黑会议终于创造了一个“和平”解决的途径。

1938 年 9 月 29 日，英、法、德、意四国政府首脑张伯伦、爱德华·达拉第[①]、希特勒、墨索里尼齐聚慕尼黑，对捷克斯洛伐克的命运进行了私下交易，达成了《慕尼黑协定》。该协定规定，捷克斯洛伐克从10月1日开始从苏台德地区撤军，到10月10日撤退完毕，同时必须保证撤出地区的所有建筑物完好无损。

1938年9月29日，慕尼黑会议，从左至右分别为戈林、张伯伦、墨索里尼、翻译官、希特勒和达拉第

9月30日中午，别无出路的捷克斯洛伐克政府接受了连自己都无权参加的国际会议签署的协定的所有条件。

德国兵不血刃地兼并了苏台德地区。在向苏台德地区进军时，第16军的部队包括第1装甲师和第13、第20两个摩托化步兵师。占领工作分三个阶段进行：10月3日，第13摩托化步兵师由奥托将军指挥，占领埃格尔、阿希、法朗曾斯巴德等地；10月4日，第1装甲师进入卡

① 爱德华·达拉第（1884—1970）：法国政治家，激进社会党领袖。历任殖民、公共工程、外交、国防等部部长，三度出任法国总理。《苏芬和约》签订后被迫下台，但仍担任国防部部长，后改任外交部部长。亨利·贝当出任总理时，未入阁。曾试图去北非建立反维希的政府，未果。

尔斯巴德；到了10月5日，3个师都抵达了苏台德地区与捷克斯洛伐克剩余国土的分界线。

就这样，在英、法的协助下，希特勒不费一枪一弹，便使捷克斯洛伐克割让了11 000平方英里[①]的土地，同时还获得了360万人口，其中包括80万被迫划入德国的捷克斯洛伐克人。可以说，在慕尼黑会议中真正胜利的只有希特勒一个人，当他尝尽战争带来的甜头后，侵略扩张的欲望使得他更加兴奋，最终变得肆无忌惮。

10月4日，如同侵占奥地利一样，古德里安的部队继续向卡尔斯巴德进发，坦克上插的鲜花，再一次表明侵占捷克斯洛伐克的行动是“和平”进军。这一次，古德里安的部队与希特勒同行。先行到达卡尔斯巴德的德军准备了由第1坦克团、第1步兵团和党卫军各一个连组成的欢迎仪式，以迎接希特勒的到来。

希特勒到达时下起了大雨，但当地民众一点也不在乎，冒着大雨如潮水般涌上前来。希特勒检阅完仪仗队后，在礼堂里发表了演讲，引得当地民众不断发出欢呼声和尖叫声。

在卡尔斯巴德，古德里安见到了担任第1坦克团第1营副营长的长子海因茨·冈特，父子俩久未见面，心情都十分激动。古德里安和自己的父亲一样，也严格要求儿子，希望他能够子承父业，让家族中再多一位将军。

在几天的行军途中，古德里安发现当地日耳曼人生活极度贫困，吃不饱穿不暖，不由得感叹自己的同族人受到了捷克斯洛伐克政府的非人待遇，幸好现在他们被解放了。

由于吸取了上一次的教训，第16军向捷克斯洛伐克进军时，情况好了许多。这使德军产生了盲目乐观的情绪，认为现在德国已经非常强大了，人们不愿意再发生战争，因而希望利用德国的强大力量来达到“和平”侵略扩张的目的。古德里安也因为不必使用武力就轻而易举地达到目标，而对希特勒产生了盲目的信任。

---

① 1平方英里≈2.589平方公里。

到10月10日，古德里安的第16军已经占领了整个苏台德地区。这时，希特勒对德国的盟国波兰和匈牙利说：“凡是要一起吃饭的人，就得下厨帮忙。”于是，波兰和匈牙利也各自分割了捷克斯洛伐克的一块土地。而希特勒也得到了他想要的一切，从捷克斯洛伐克获得了大量的作战物资。根据统计，捷克斯洛伐克被分割瓦解后，丧失了66%的煤、80%的褐煤、86%的化学工业、80%的水泥工业和纺织工业、70%的钢铁工业和电力工业、40%的木材工业。更为关键的是，慕尼黑会议严重损害了英、法两国的信誉，为求自保，波兰、罗马尼亚等国都迫不及待地想要与希特勒套上关系。

临近10月底，当地的纳粹党部借机在魏玛市的大象旅馆举行了一个庆祝大会。古德里安以魏玛区驻军高级将领的身份出席了活动。希特勒也到场并发表了蛊惑人心的演讲，他在演讲中特别尖刻地攻击英国，挖苦了温斯顿·丘吉尔[①]和罗伯特·艾登[②]。

古德里安此前一直待在信息不太畅通的苏台德地区，对希特勒新近发表的言论毫不知情，所以，希特勒在庆祝大会上的讲话让他十分震惊。借着希特勒请他坐在旁边的机会，他壮起胆子询问希特勒为什么要这样攻击英国人。希特勒气愤地说，张伯伦在戈德斯堡曾经对他失礼，在英国会见他的时候又欠缺礼貌，所以他才会采取这样的报复态度。希特勒表示，他曾经当面向英国驻德大使尼维尔·亨德尔森爵士说：“下一次你们英国人如果再这样衣衫不整地来见我，那么我就会命令我的大使穿着睡衣去见你们的国王。请把我的话转达给你的政府。”

在希特勒看来，英国人的做法是有意要侮辱他，而且英国对于与德国重建友谊关系没有丝毫诚意。古德里安听了希特勒的话，深深感到自己此前希望通过两国之间的密切合作来避免战争的想法是不可能实

---

① 温斯顿·丘吉尔（1874—1965）：英国政治家、历史学家、画家、演说家、作家、记者，1940—1945年、1951—1955年两度出任英国首相，被认为是20世纪最重要的政治领袖之一，领导英国人民赢得了第二次世界大战，是“雅尔塔会议三巨头”之一。战后他发表“铁幕演说”，正式揭开了美、苏“冷战”的序幕。

② 罗伯特·艾登（1897—1977）：英国政治家、外交家。“二战”期间曾任英国国防委员会委员、陆军大臣、外交大臣和副首相等职。1955—1957年出任英国首相。

现了。

然而，希特勒的野心并不仅限于此。就以捷克斯洛伐克来说，《慕尼黑协定》墨迹未干，希特勒便在1938年10月21日下令“消灭捷克斯洛伐克国家的残余部分”。所以，不管古德里安怎么想，希特勒都不会满足于慕尼黑会议上得到的那一点点东西，他要的是整个欧洲乃至整个世界。而要实现这个称霸的野心，他必须扩军。

有名无实的机动兵总监

古德里安刚回到柏林，陆军总司令布劳希奇便召见了他，对他说：“我想建立一个机构来统辖摩托化部队和骑兵，这个新机构将命名为机动兵总监部。对于这个机关的职责，我已经拟订了一个草案，你先看一看，希望你能来负责此事。”说完他把这个草案交给古德里安。这个草案表明，机动兵总监部的主管只有视察权，每年只有提出报告的权利，没有指挥权，也没有权力进行训练勤务规程的编写和发布，更无权过问组织和人事。古德里安当即表示不能接受这个职务。

几天后，陆军人事处处长小凯特尔自告奋勇地跑过来，以看望古德里安为由来当说客。他见到古德里安后闲聊了几句，然后话锋一转，说他代表陆军总司令希望古德里安重新考虑接受机动兵总监这个职位。

古德里安早就看穿了小凯特尔的来意，仍旧态度坚定地说：“阁下，我上次已经说过了，本人无法接受这个新职务，您还是另请高明吧!”小凯特尔不死心，一再劝说古德里安接受，但他磨破了嘴皮，古德里安仍坚决拒绝接受这个有名无实的职位。

小凯特尔见古德里安态度如此坚决，只得亮出底牌，得意地说：“其实设置这个新职位并不是布劳希奇的主意，而是元首的意思。正所谓识时务者为俊杰，对于元首的决定，别说是你，谁敢不服从呢?”

出乎小凯特尔意料的是，即使他搬出了希特勒，古德里安仍然不肯就范，还要求小凯特尔将自己拒绝受命的理由告知希特勒，并且表示，如果有必要的话，他愿意亲自去向希特勒解释。小凯特尔只得怏怏而去。

几天后，古德里安受到了希特勒的召见，他决定好好利用这次机会，彻底表明自己的想法，希望希特勒对自己有更进一步的了解。他说："我的元首，您也知道陆军统帅部一向主张将装甲车配属给步兵，过去常常因为这个问题引发争执。以我个人在陆军统帅部这些年的观察，我认为陆军统帅部的一些重要人员不可能轻易改变自己的观念，他们对于装甲兵大规模进攻作战的认识，短时间内难以扭转，装甲兵的发展很令人忧虑。所以我不能不认为，这种措施是迈向错误的第一步。"

古德里安说话的时候，希特勒一直安静地坐着，没有发表任何意见。古德里安见状，又谈到了陆军最高统帅部的组织体制，他说："我现在是一个在位的军长，手里掌握着3个装甲师，我在这个岗位上对装甲兵的发展所能做出的贡献，显然会比那个有名无实的新职位更大。此外，如果把骑兵和装甲兵合并起来，也会带来很多问题。今天的骑兵虽然需要加以现代化，但是这个举动一定会遭到陆军当局和骑兵老将们的强烈反对。"他稍微停顿了一下，进一步总结道："这个新职位的权力有限，将使我无法克服许多方面的困难。恳请元首考虑装甲部队的现状，让我留任原来的职位！"

希特勒耐心地听完了古德里安的话，表示这个新职务对于所有摩托化部队和骑兵的发展，都应该具有举足轻重的权力。他对古德里安说："假如你在行使职权的时候，遇到你刚才所说的那些困难，可以直接向我报告。我们可以合作来推动这些改革，所以我现在命令你立即接受这个新任命。"

尽管内心仍有诸多的不情愿，但是军命难违，古德里安只得接受。正如他所预料的，这是一个费力不讨好的差事，他刚上任不久便遇到了困难。希特勒虽然说过可以在关键时刻给予他帮助，但除非万不得已，他不会轻易利用这一特权，越级向希特勒报告。

不久，古德里安晋升为二级上将。他有了一间中等大小的办公室，三五个幕僚，他就这样开始了新工作。德国装甲兵成立至今，坦克部队自始至终都没有什么训练规范，为此，古德里安开始草拟坦克的训练规范，经过一段时间的紧张工作，终于完成了训练规范的初稿。古德里安把初稿送到陆军训练处，请求批准实施。让人郁闷的是，这个训练处没有一个坦克兵出身的军官，因此，审查稿件的人就以步兵的训练规范为基准进行审核，这就使古德里安等人辛辛苦苦撰写的规范处处碰壁，常常以让人啼笑皆非的理由给退回来。

按照古德里安的装甲兵构想，骑兵若想适应现代战争，必须改组成使用现代化武器并且能灵活运用的一个师。为此，他拟订了一个要新增2 000匹马的新型骑兵师的编制，结果被陆军军务总监弗洛姆将军以反对骑兵增加更多的经费开销为由一口否决。古德里安气愤不已，这哪里是让他办事，简直是处处与他作对。更让他气愤的是，动员令规定，他作为机动兵总监，在动员的时候必须调任一个步兵预备军的军长。古德里安当然不会乖乖同意这种安排，他想，即使不能统率自己创建的坦克兵，但也不能在动员的时候连坦克兵的毛都摸不着吧，这不是明显地欺负人吗？在他的极力争取下，终于在正式文件中把这个规定改为调任一个装甲军的军长。

吞并捷克斯洛伐克

尽管古德里安的工作开展得不太顺利，但总的来说，德国陆军统帅部的参谋人员素质还是比较高的，他们之所以与古德里安发生分歧，并不是因为他们还抱有“一战”时的阵地战思想。德国地处中欧，四面都有强大的邻国，他们需要研究同时在几个战场上作战的问题，还要避免长期的消耗战，所以必须争取速战速决。从这个角度来说，他们对“摩托化”是有共识的，区别在于从各兵种的利益出发，具体的实现方式不同而已。在这种利益的争夺中，德国骑兵明显处于下风，直到第二次世界大战爆发，德国骑兵仍然维持着原有编制，除了驻在东普鲁士的一个骑兵旅以外，其他骑兵只能和步兵师构成混合侦察营，这种混合营的编制包括一个骑兵连、一个机车连和一个装甲车连。对此，古德里安发牢骚说：“指挥这样一支混杂部队简直是不可能完成的工作。而且在动员的时候，骑兵只能供平时的正规师组织侦察营之用，至于新成立的师，全都使用机车。所以，骑兵的问题早就应该找出一个解决的办法。事实上，骑兵已经到了山穷水尽的地步，尽管那些老资格的军人都喜欢抒发怀古的幽情，特别偏爱它，但这就是理论与实践的分野。”

就在古德里安为德军的建设感到不满的时候，捷克斯洛伐克正一步步地走向“深渊”。1938 年 5 月 28 日，捷克斯洛伐克动员全国人民应征入伍，做好战争准备，以应付德军的入侵。该国人民的这一举动，使希特勒感觉受到了极大的侮辱，他马上召集国防军的高级军官们到总理府，向他们宣布：“我们要一劳永逸地、彻底地解决苏台德问题。”他还挥舞着拳头，高声咆哮道：“把捷克斯洛伐克从地图上抹掉，是我不可动摇的意志!”

希特勒的野心昭然若揭，此时德国国内也有反对希特勒对捷克斯洛伐克动武的声音，但是希特勒丝毫不加理会，坚定地扫除所有妨碍自己的人。

在召开完特别会议的第二天，陆军总参谋长贝克写了一份严厉的批评备忘录，他从德国的实力出发，坚决反对德国对捷克斯洛伐克动武。他提议陆军全体高级将领发表一个拥护和平的宣言，以抵制希特勒继续扩张的行为。

7 月 26 日，贝克在准备与陆军总司令布劳希奇开会时写道：“对于那些不依循政治智慧和诚实原则行事的领袖，历史将给予血腥的惩罚。他们的服从是有限度的，他们的诚实和责任感将会阻止执行命令。如果他们的警告不被接受，那么他们有权辞职。如果他们都不妥协，那么他们就会去执行命令，从而救他们的国家于水深火热之中。如果一个军官只知道无条件服从命令而罔顾自己对于国家的责任，那么他根本就不了解身为军人的职责之所在。”

8 月 4 日，在贝克的强烈要求下，布劳希奇召集陆军高级将领在柏林举行了一次秘密会议。贝克在会议上宣读了一份措辞强硬的反战讲稿，但将军们始终下不了决心。不过，布劳希奇最后还是将贝克的意见转告了希特勒。希特勒很快做出了回应，8 月 10 日，他召集陆军各个集团军的参谋长和海军4个舰队的司令到伯格霍夫开会，在会上表明了他对局势的判断及以武力解决捷克斯洛伐克问题的决心。这时，驻守西线的军官说，西线德军只有5个师的兵力，如果法军有意援助捷克斯洛伐克，可能会出动100多万人，这样一来，西线德军根本抵挡不住。希特勒听了不禁暴跳如雷。

5天后，希特勒在特堡参加阅兵，这时已经没有一个人敢于发表反对言论。贝克为此心灰意冷，于8月18日正式提出辞职，并推荐自己的副手弗朗茨·哈尔德[①]作为继任者。3天后，希特勒批准了他的辞职。但为了避免暴露德军内部的分歧，贝克辞职的消息一直到两个多月后才公之于众。

贝克之所以推荐哈尔德，是因为哈尔德与他抱着同样的观点。哈尔德出身于巴伐利亚的军人世家，外表温文尔雅，他暗中与贝克以及几个文官、德国著名世家子弟组成了一个反对希特勒的小团体，决心阻止希特勒发动战争，如有必要则发动军事政变推翻希特勒。

贝克离职后，希特勒一方面利用捷克斯洛伐克国内的分裂主义分子，千方百计地使斯洛伐克脱离布拉格而独立；另一方面则下令做好军事准备，随时准备以武力占领波希米亚和摩拉维亚。

1939年3月14日，斯洛伐克宣布独立，卢西尼亚宣布成立独立的喀尔巴阡乌克兰共和国，这样一来，布拉格手中只剩下波希米亚和摩拉维亚两块土地了。当天夜里，年迈的埃米尔·哈查[②]总统在戈林和约阿希姆·冯·里宾特洛甫[③]的强迫下，在自己国家的死亡判决书《德捷协定》上签下了自己的名字。

---

① 弗朗茨·哈尔德（1884—1972）：德国一级陆军上将，德国陆军参谋长。他精明干练，善于思考分析，对建立希特勒军队，策划、准备和实施武装侵略波、法、英、苏等国起了重要作用。但希特勒对他爱提不同意见感到不满，在1942年夏天免除了他的职务。

② 埃米尔·哈查（1872—1945）：捷克斯洛伐克第一共和国最后一任总统，未经“一战”就把世界十大工业国之一的祖国从地图上抹掉，而他也变成了摩拉维亚保护国的长官，死于“二战”后期。

③ 约阿希姆·冯·里宾特洛甫（1893—1946）：纳粹德国政治人物，历任驻英国大使、外交部长等职，对促成德、日、意三国同盟起过重要的作用。他还直接参与了闪击波兰、入侵捷克斯洛伐克和苏联的战争。战后被纽伦堡国际军事法庭判处绞刑。

希特勒收到消息后，欣喜若狂地冲进办公室，拥抱了在场的每一个人，兴奋地说："捷克斯洛伐克已经不复存在了！孩子们，这是我一生中最伟大的一天！我将以伟大的德国人而名垂青史。"

3 月 15 日清晨，希特勒以保护捷克斯洛伐克人自治权的名义，直接派兵侵入布拉格。德军一路上未遇任何抵抗，轻而易举地占领了捷克斯洛伐克的领土。至此，独立的捷克斯洛伐克被"成功"地从地图上抹掉了。德国以波希米亚和摩拉维亚保护国的名义彻底占领了这两个地区，最后又将它们并入第三帝国的版图之内。

1939 年 3 月，纳粹德国入侵捷克斯洛伐克，进占布拉格

得到奥地利和捷克斯洛伐克后，德国不仅解除了西进时的侧翼威胁，而且国家实力也大大增强。此时，德国统辖的人口和领土面积在欧洲居于优势地位。对此，希特勒得意地说："这两个国家并入德国，意味着防线的缩短和改善，我们可以把军队腾出来派作其他用途。另外还有可能新建超过 12 个师的兵力，大大减轻了德国在军事和政治方面的压力。"

希特勒的种种举动，引起了国际形势的激烈动荡。一心想着绥靖的英、法两国领导人，终于意识到了希特勒的狼子野心，知道和平不过是自己一厢情愿的想法。英国首相张伯伦在英国下院发表讲话时说："如果波兰政府感到它的独立受到威胁，必须用武力进行抵抗，那么英国和法国将站在波兰一边。"

就在德军占领布拉格当天上午，陆军总司令布劳希奇召见了古德里安，对他说："元首已派军队进入捷克斯洛伐克，这是我们的又一次和平进军。现在我命令你立刻动身到布拉格，搜集有关装甲战车部队在这次冬季行军中的一切相关资料，顺便视察当地装甲军的装备情况。"

古德里安受命后马上赶往布拉格，找到第 16 军的军长霍普纳将军，要求他将这次进军的经验作一个详细报告。随后，古德里安又视察了几个单位，以便找到第一手资料。在检查收缴的装甲装备时，他发现这些装备保养得很好，完全可以补充到德国的装甲部队中。后来德军在波兰战役和法国战役中都使用了这批装备，直到进攻苏联时才更换掉。

第三章　闪击波兰

蠢蠢欲动

捷克斯洛伐克被侵占之后，立陶宛深知自己不是德国的敌手，只得忍痛割让了梅梅尔地区和梅梅尔港，又一次满足了希特勒的胃口，使德国毫不费力便在波罗的海沿岸获得了一个重要的战略基地。

人的欲望是没有止境的，若任其泛滥，势必造成欲望膨胀，一旦欲望过度膨胀，离灾祸也就不远了。1939 年 4 月 20 日是希特勒的 50 岁生日，这一天，纳粹分子纷纷前来祝寿，这让希特勒的神经又开始兴奋起来。4 月 28 日，他拒绝签订《英德海军协定》[①]，使得德国与英、法之间的矛盾激化了。在宣布废除 1934 年与波兰签订的《互不侵犯条约》后不久，他又在演讲中说："我们的决心是，一有时机就进攻波兰，绝不能指望重演捷克事件，这一次我们要打仗了。"

当时，德国因为得到了奥地利和捷克斯洛伐克，实力大大增强，而且在与英、法两国交往的时候，希特勒发现这两个西方大国实际上很软弱，军事实力也不足，而苏联则国土辽阔，物质基础雄厚，不容易一口吃掉。考虑到以上因素，狡猾的希特勒把矛头指向了英、法的盟友——波兰。

---

① 《英德海军协定》：英国和德国于 1935 年 6 月 18 日签订的关于两国海军军备力量的条约，该条约规定德国海军舰艇总吨位不超过《华盛顿海军条约》和《伦敦海军条约》所规定的英联邦国家海军舰艇总吨位的 35%。在潜艇方面，德国保证，保有的潜艇吨位不超过英联邦国家海军潜艇总吨位的 45%。

波兰地处中欧，邻国都是比它强大的国家，西边是德国，东边是苏联，这就注定了波兰多灾多难的命运。20 世纪以前，它三次被俄国和德国瓜分，直到第一次世界大战之后才重新恢复主权。

“一战”结束后，波兰获得了德国东部的领土，包括“波兰走廊①”这个狭长的地带，走廊尽头的但泽则成了一个非军事化的国际自由城市，也是波罗的海最重要的一个海港。居住在这个地区的 100 多万日耳曼人因此远离了祖国。

希特勒上台后，决心要报复波兰。这不仅是因为波兰拿走了德国的领土，更重要的是，波兰的战略地位十分重要，它东接苏联，西临德国，南界捷克斯洛伐克，北濒波罗的海，并且是当时英、法在欧洲诸盟国中军事力量最强大的一个国家。占领波兰，对德国不仅意味着大量的军事经济资源，还意味着进攻英、法不再有后顾之忧，进攻苏联也有了前进的基地。

自 1938 年 10 月起，德国多次要求波兰归还“波兰走廊”和但泽，并且要求把在“波兰走廊”修公路、铁路的权利也转让给德国，但遭到波兰政府的严词拒绝。希特勒对此十分不满，解决波兰问题就成了他向东扩大生存空间必须解决的问题。

1939 年夏，古德里安正忙于准备摩托化部队的秋季大演习。不过，希特勒的心思完全不在这些上面，他急不可待地想对波兰动手，完全没有兴趣观看什么大演习。

8 月 22 日，德国进一步扩军，古德里安调任新成立的第 19 军军长。这个军包括第 3 装甲师、第 2 摩托化步兵师、第 20 摩托化步兵师和一些军直属部队。其中，第 3 装甲师增加了一个装甲教练营，它所装备的武器是德军当时最先进的坦克：马克Ⅲ型和马克Ⅳ型。而军直属部队中还包括一个由装甲训练学校改编的侦察教练营。古德里安的目的是让侦

---

① 波兰走廊：魏玛共和国在 1919 年根据《凡尔赛和约》割让给波兰第二共和国的一块狭长领土，即原属德国领土东普鲁士和西普鲁士间、沿维斯瓦河下游西岸划出一条宽约 80 公里的地带，作为波兰出波罗的海的通路，并把河口附近的格但斯克港划为“但泽自由市”，归国际共管，这使德国的国土被分成两个不连接的部分。

察教练营也获得一些实际作战经验。

6 月中旬，德军作战机关正式向希特勒呈交了入侵波兰的作战计划——白色方案。但希特勒不敢贸然发起进攻，他担心英、法、苏会结成军事同盟，重演“一战”时三国共同对付德国的旧戏。所以，他决定暂时忍住自己对共产主义和斯拉夫人种[①]的厌恶，争取与苏联签订协议，以便使苏联保持中立。本来苏联为了自身的安全考虑，想要与英、法结盟，但张伯伦对苏联极度厌恶，他的外相哈利法克斯也很反感苏联，他们过于轻视苏联的军事实力，而轻信波兰的军事实力。因此，英、法在谈判中采取了极不严肃的态度，行动拖拉，显得毫无诚意，以致苏、英、法三国谈判陷入僵局。

波兰和其他东欧国家也对苏联抱有戒心，希特勒则不同，当英国宣布要保证波兰的安全后，他便意识到英国是在反对他向东扩张，但他认为，除非得到苏联的援助，否则英国绝不会为波兰开战。他对将领们说：“我在慕尼黑会议上与英、法的政府高层打过交道，他们根本不是能干大事的人。况且，他们有什么底气跟我们打仗？他们绝不会为一个小小的波兰而大动干戈！”

至于苏联方面，对斯大林[②]来说，他暂时还不存在倒向哪一方的问题，眼下英、法和德国双方都有求于他，他决心抓住这一历史机遇做出最有利于苏联的决策。他不想在准备不充分的情况下贸然介入战争，成为资本主义国家之间争斗的炮灰。

另一方面，自从列宁领导的布尔什维克推翻资产阶级临时政府，成立全球首个社会主义国家后，整个西方资产阶级大为惊恐，生怕共产主义运动在自己的国家爆发。为此，它们进行了一系列针对苏联的仇视行动，而刚刚建国的波兰就在这样的大背景下，与苏联发生了一场战争。

---

① 斯拉夫人种：在罗马帝国时期与日耳曼人、凯尔特人一起被罗马人并称为欧洲的三大蛮族，也是现今欧洲人的代表民族之一。现今波兰境内的维斯瓦河河谷，被认为是斯拉夫人的故乡。

② 斯大林（1878—1953）：苏联政治家，苏联共产党中央委员会总书记、苏联部长会议主席（苏联政府总理）、苏联大元帅，是苏联执政时间最长的最高领导人，对 20 世纪的苏联和世界影响深远。

当时由于国内还存在大量反动势力，分身乏术的苏联政府不得不与波兰签订了耻辱协议——《里加和约》。在条约中，苏联将西乌克兰和西白俄罗斯以及立陶宛的一部分划给波兰，但苏联政府始终难以咽下这口气。这一次，苏联提出要保卫波兰，抗击纳粹入侵，就必须允许苏军进入波兰境内，但遭到了波兰政府的拒绝，因为他们对苏联的戒心并不比对德国的小。波兰的这一决定，使斯大林决定满足希特勒的要求，以作为缓兵之计，打破英、法试图怂恿德国首先进攻苏联的企图。

8 月 23 日，德国外交部部长里宾特洛甫来到苏联，与苏联人民外交委员莫洛托夫[①]签订了《苏德互不侵犯条约》，有效期为 10 年。其中还附加了一项秘密协定：两国共同瓜分东欧，包括波兰、罗马尼亚、波罗的海诸国，以波兰为例，德国将取得其 49% 的领土，苏联则取得另外的 51%；两国将共同出兵打击波军；一旦英、法向德国宣战，苏联将保持中立。苏联的这一决策，为希特勒发动战争扫清了最后的障碍，波兰在劫难逃了。

8 月 23 日上午，希特勒在上萨尔茨堡召集德军有关人员了解入侵波兰的具体计划，并宣布入侵波兰的时间有可能定于 8 月 26 日拂晓。

这次会议的范围不大，而且严格保密，直到第 4 集团军司令京特·冯·克鲁格[②]上将将会议精神传达下来时，古德里安才知道自己的第 19 军原来归第 4 集团军管辖。会议规定，古德里安的战区右界为曾波尔罗河，左界是柯尼兹。古德里安的右翼是施特劳斯将军的第 2 军；左翼是考皮施将军指挥的边防部队。一旦战争爆发，考皮施将军的边防部队由自 3 月以后一直在布拉格附近驻防的第 10 装甲师负责增援，从波茨坦来的第 23 步兵师担任古德里安的后方预备队。

---

① 莫洛托夫（1890—1986）：历任苏联人民委员会主席（即苏联政府总理）、苏联人民委员会（后改称苏联部长会议）第一副主席，外交人民委员（后改称外交部部长）、苏共中央政治局委员，支持斯大林的农业集体化政策并参与指挥了大清洗。1957 年 6 月被降为驻蒙古大使，1964 年被开除党籍，勒令退休。1984 年恢复党籍。

② 京特·冯·克鲁格（1882—1944）：纳粹德国陆军元帅，人称“聪明的汉斯”。“二战”期间曾任集团军司令、集团军群司令和西线德军总司令，以在政治上的摇摆和在东线的艰苦防御战而闻名。

古德里安的任务是渡过布拉希河，这是整个作战计划的关键，然后全速向维斯瓦河挺进，在友邻的配合下把“波兰走廊”内的波兰军队拦腰切断并予以歼灭。进攻中，右翼的施特劳斯将军也同样以维斯瓦河为目标，左翼的考皮施将军则以但泽为目标。根据侦察，在走廊地带的波兰军队构筑有工事并驻有 3 个步兵师和 1 个波莫尔斯卡骑兵旅，还有一些意大利菲亚特厂出产的坦克战车。德军预计沿布拉希河地区的波兰军队会设置第二道防御工事，因而相应地做了准备。

但是，德国陆军对于这次战争表现得非常不安，经历过多次战争的军人们知道战争从来不是一场轻松的游戏，不管他们怎样盲目地信服希特勒，内心还是希望战争不要真正爆发。尤其是经历过第一次世界大战，知道凡尔登“绞肉场”的将士们，他们明白一旦战争从波兰扩大，后果不堪设想，因为“一战”的结局对他们来说仍历历在目。另外，他们对德军 1939 年的军备情况也不满意，尽管德国陆、海、空军的兵力和装备正以前所未有的速度扩充，但是仍没有达到发动战争的水平，所以军队将领基本都反对向波兰开战。

这个时候，古德里安的长子已是第 35 坦克团的副团长，次子刚刚成为少尉，正在第 3 装甲师第 3 装甲侦察营中服役，两人都在父亲的手下。古德里安也不希望发生战争，但他以往所做的努力却为希特勒的侵略扩张提供了有力的工具。

8 月 25 日，德军已经进入待命状态，希特勒却突然暂时取消了攻击令。

原来，墨索里尼在最后一刻退缩了，而且波兰和英国之间的条约获得了批准，德国与苏联虽然签订了《苏德互不侵犯条约》，但希特勒担心英国参战，使德国陷入两线作战的境地。因此，他决定推迟原定的进攻时间，紧急召回已经出发或有所行动的部队，恢复到准备状态。这使古德里安内心又对和平产生了一丝希望，但是很显然，希特勒不会允许这个和平梦实现，8 月 31 日，部队又紧张运作起来。

这次入侵波兰，德国计划出动 44 个师的兵力，其中包括装甲师和摩托化师 15 个、坦克 2 800 辆、飞机 1 939 架，组成南方集团军群。其任务是从波美拉尼亚和东普鲁士向华沙方向实施进攻，并建立在东普鲁士和德国之间联系的北方集团军群。之后，北方集团军群再以全部兵力协调行动，粉碎防守维斯瓦河以北区域的波兰军队，继而与南方集团军群合作消灭仍留在波兰西部的波兰军队。古德里安的第 19 军属于博克上将的北方集团军群所辖的第 4 集团军。

对于这次战争，波兰的防御原则是依靠盟友（即法国）的支援。仅靠波兰军队的实力，根本无法战胜德国或苏联，只能勉强拖延时间，等待外援到来。

波兰陆军在 1939 年夏天虽然装备不够先进，但它并没有过于依赖骑兵，当时骑兵仅占波兰陆军的 10% 。不过，波兰军队缺乏现代装备是毋庸置疑的，而且他们在机械化方面十分落后，基本还是用马匹来牵引火炮。波兰的装甲部队也极其有限，战争爆发后只有一个坦克旅是可以使用的。其实波兰拥有不少轻型小坦克和性能优异的 37 毫米“博福斯”反坦克炮，但因为经济条件限制，波兰陆军没有进一步采取任何现代化措施。

此外，波兰军队的部署也很不合理，按说他们应该将部队收缩在维斯瓦河和桑河的后方，但这样就必须放弃“波兰走廊”和重要工业区罗兹。基于经济、民族感情的考虑，加上对自身军事实力及对西方盟国的盲目信任，波兰军队有 1/3 部署在“波兰走廊”地带，1/3 部署在罗兹至华沙一带，作为战略预备队，负责对德军发起反攻；而南面的兵力则十分薄弱。另外，波兰将领信奉进攻就是最好的防御，尽管缺乏机械化装备，但他们并没有构筑多少防御工事。这就为德军的进攻减少了很多障碍。

“波兰走廊”之战

1939 年 8 月 31 日傍晚，约 150 万德军乘着夜色向波兰的前沿阵地移动。这时，一批身着波兰军装的党卫军队员伪装成波兰士兵，“袭击”了位于德波边境的格莱维茨电台，在现场留下了几具集中营关押犯的尸体，尸体上还套着波兰军服。随后，他们以波兰语发表了煽动性的反对德国的广播，为希特勒侵略波兰制造借口。

9 月 1 日凌晨 4 时 45 分，德军出动 2 300 架飞机对波兰的军事设施、机场和城市进行了狂轰滥炸，2 500 辆坦克分别从西南、西北、北面三路向波兰发起全面进攻。

波兰对于德军的突然袭击毫无准备，以致空军的 500 架飞机还没来得及起飞，就被德国空军全部炸毁。德军取得制空权后，装甲部队在空军的配合下横冲直撞，如入无人之境。

古德里安的尚武热情在枪炮声中被大大地激发出来，在第一波攻击中，他与第 3 装甲师一同前进，一直向前突击到曾贝堡以北地区的最前线，这里正是战斗开始的地方。

1939 年，进攻波兰的德军

当时正是清晨，雾气很浓，空军无法为陆军提供有效的火力支援，在这种情况下，因急于扩军而没有经过有效训练的德军逐渐暴露出一些弱点。尽管古德里安已经严令第 3 装甲师的重炮兵不得开炮射击，但在大雾之中，他们还是忍不住乱打起来，第一颗炮弹落在了古德里安的指挥车前面50米的地方，第二颗则落在指挥车后面50米的地方。按照射击的一般规律，下一颗炮弹将正中古德里安所在的位置。古德里安不禁吓出了一身冷汗，赶紧命令驾驶员掉转车头以最快的速度离开，不料驾驶员也被突如其来的炮击弄得乱了方寸，匆忙间加大油门拼命往前冲，结果指挥车一下子掉进了沟里。幸运的是，大家都没有受伤，但这辆半履带指挥车严重损毁，无法再开动了。

古德里安从沟里爬出来后，拦了一辆过路车回到军部指挥所。他换了一辆新车，怒气冲冲地来到炮兵指挥所，把那些炮兵劈头盖脸地骂了一顿。后来，古德里安在回忆录中还颇为自豪地说："在战场上使用装甲指挥车，以便与战车一同行动的军长，我应该是第一个了！"

随后，古德里安又赶上了第3装甲师。当时先头部队已经到达布拉希河，但主力仍然在普鲁什奇与小克罗尼亚，因此，集团军群总司令博克上将已经叫第3装甲师师长去问话。古德里安只得向第6坦克团的军官们询问布拉希河方面的情况，团长说："今天不能渡河了，现在部队很疲惫，需要休息。"很显然，他已经忘了军部的命令是在第一天就渡过布拉希河。

古德里安历来强调装甲部队具有三大优势，即力量、速度和火力，其中速度最为重要，但现在他所培养的部下竟然忘记了速度的价值，这让他十分气恼，但也没办法对一个团长多说什么，只得愤愤地离开了。

古德里安正在考虑如何解决当时的困境，年轻的中尉费里克斯跑了过来，侵略行动使他兴奋狂热得脱掉了上衣，衬衫的袖子卷得高高的，浑身上下烟熏火燎一般。他向古德里安报告说："报告军长，我刚刚从布拉希河那里回来，对岸的敌军根本不堪一击。波兰人纵火焚烧了哈米尔缪地区的桥梁，但火已经被我们扑灭了。这个桥现在还可以通过，我们的部队之所以停滞不前，就是因为没有人领导。军长，您应该亲自指挥渡河。"

古德里安诧异地看着这个青年军官，没想到一个下级军官会这样跟他讲话，更没想到对方还真有点头脑。他觉得这个下级军官的建议不错，于是马上驱车向哈米尔缪地区进发，大概下午 4 时到达目的地，找到了他的幕僚。

当时双方正在交火，对岸的波军在不停地射击，德军第 6 坦克团的坦克和第 3 步兵团的步枪也毫不示弱地回击着，但其实根本看不见任何人。古德里安连忙下令停止这种毫无意义的对射，然后让第 3 步兵旅的安根上校派出第 3 坦克营，找一个没有敌人火力威胁的地点，用橡皮艇首先渡河。等第 3 坦克营成功渡河，占据对岸的有利位置后，再掩护指挥坦克让大部队利用桥梁渡河，这样便可成功击溃并俘获防守地区的波军。事情的进展正如费里克斯中尉所说，对岸的波军很少，德军仅付出了很小的伤亡代价。这是古德里安的装甲部队遭遇的第一场战斗，结局还算圆满。

渡河部队建立桥头堡后，古德里安下令主力停止不动，第 3 装甲师侦察营则继续前进，一直越过图霍拉灌木地区，在希维切附近直抵维斯瓦河，侦察波军主力和预备队的位置。到下午 6 时，所有部队均渡河完毕，第 3 装甲师也在夜间到达了目的地。

古德里安决定先回查恩的军部指挥所。这时天已经很晚了，路上十分冷清，听不见任何枪炮声。然而，他到达查恩时，发现参谋人员头上都戴着钢盔，正忙于架设反坦克炮，一副急于应战的架势，他惊讶地问道："你们这是干什么？"原来，参谋人员被战场上的枪炮声搞得惊慌失措，误认为波兰骑兵正朝这里挺进，司令部随时可能遭到袭击，于是赶紧做好准备，以防不测。古德里安有点哭笑不得，赶紧让他们停下来，之后他走进司令部，考虑下一步应该怎样行动。

第 2 摩托化步兵师发来的战报说，他们向波兰装有铁丝网的防线发动了攻击，但没有成功，而且该师将 3 个步兵团都投到了第一线，师里已经没有预备队了。古德里安马上命令第 2 摩托化步兵师借着黑夜的掩护将左翼的第 11 团调到右翼，以确保第二天能跟随第 3 装甲师向图霍拉方向实行迂回行动。

由于波兰军队的顽强抵抗，古德里安的第 20 摩托化步兵师费了九牛二虎之力才占领柯尼兹，但推进的速度仍然很慢。为保持进攻的锐势，古德里安要求部队第二天继续向前推进。

其实在此之前，德军已有过多次侵略行动，但以前都是建立在对方屈服下的“和平”进军，而这一次则是真刀真枪的战斗。开战第一天，德军官兵因神经紧张而不断发生意外事件，搞得古德里安片刻不能安宁。这天刚到半夜，第2摩托化步兵师师长巴德尔将军给他打来电话，说他们遭到了波兰骑兵的袭击，正打算撤退。古德里安沉默了一会儿，有点答非所问地说：“将军，你是否听说过一个波美拉尼亚的‘榴弹兵’被敌人的骑兵赶得到处跑的事情?”

巴德尔将军听了猛然醒悟过来，说：“从来没有听过，将军！我向您保证，一定坚守现有阵地，绝不放弃!”

古德里安放心不下，决定第二天一早亲自去前线视察，他在清晨5时左右来到第2摩托化步兵师，发现师部的参谋人员仍然有些惊慌失措。为了鼓舞第2摩托化步兵师的士气，古德里安亲自率领夜间撤出的一个团，由大克罗尼亚北面向图霍拉方向迂回，成功完成了第2摩托化步兵师的既定任务。

终于，战争开始后出现的惊慌失措现象渐渐消失了，官兵们开始平静下来。总的来说，这一天的情况并不是很理想。

古德里安的第3装甲师侦察营在夜间也抵达了维斯瓦河，随后便因突出冒进而在希维切附近的波里德罗农村遭到伏击，损失严重，不少军官阵亡，而主力则被布拉希河切为两段。天刚亮，波兰军队利用第3装甲师被分割的有利时机，向东岸的德军发起进攻。战斗进行得十分激烈，中午时分，第3装甲师被压缩到了森林地带。为了改善战斗态势，第23步兵师在第3装甲师后面以急行军的速度前进，以便早日投入战斗。而在其他方向，两个摩托化步兵师越过图霍拉灌木地区的行动也较为顺利。

9月3日，第23步兵师在布罗克多夫将军的率领下，插入已经推进到达维斯瓦河的第3装甲师和第20摩托化步兵师之间的地区，对波兰军队构成了合围态势，波兰军队被包围在希维切以北及格鲁琼兹以西的森林地区。

1939 年 9 月 1 日，德国侵略军在波兰领土上突进

战争是残酷的，波兰落后的军事思想让那些不懂坦克理论的士兵，以长矛、刀剑与坦克相搏，结果受到了惨重的损失。有一个波兰炮兵团在向维斯瓦河撤退的过程中，被古德里安的坦克追上，还没来得及发射火炮便被全歼了。面对德国的机械化部队，波兰步兵同样伤亡惨重。

德军闪电式的进攻使波兰军队完全陷入了被动挨打的境地。在德国空军的轰炸下，波兰地面部队惊慌失措，不久便被有重型自行火炮和坦克支援的德军所击败。9 月 4 日，古德里安将包围的口袋收紧，“波兰走廊”之战也接近了尾声。古德里安指挥着第 2、第 20 师摩托化步兵师向森林地区推进。晚上，部队开始肃清被围在口袋阵里的波兰军队残部。

这次战争使波兰乃至全世界第一次领教了“闪击战”的厉害。波军统帅部原本以为战争仍然像以前那样，德军会先以轻骑兵进行前卫活动，然后以重骑兵进行冲击，根本没有料到德军会大量使用坦克和航空兵。同时，波军统帅部过于自信，以为英、法两国一定会出兵相助，于是把兵力全部部署在德、波边境，以为只要实施坚决的反击，就可以取得胜利。结果，在德军高速度大纵深的推进下，波兰军队要么被歼灭，要么被分割包围，很快便崩溃了。

拨乱反正

正当古德里安为肃清波兰军队残部而苦战的时候，国际形势有了较大的变化，英、法等国的绥靖政策宣告破产。

此前，为了避免欧洲战争，英国首相张伯伦认为，只要希特勒的要求得到了满足，战争便不会爆发。他对英国人民说："我认为，顺利解决捷克斯洛伐克的问题是欧洲寻求和平的一个前奏。今天早上我与德国总理希特勒进行了谈话，这就是我们共同签名的文件。"然而，仅仅一年时间，张伯伦一心想在任期内维持和平的美梦便破灭了。

英国军队进入了紧急战备状态，国王也脱掉盛装，穿上了空军制服。9 月 3 日上午 9 时，英国向德国发出了最后通牒，要求德国在上午 11 时前做出停战的保证，否则英国将向德国宣战。正午时分，法国也向德国发出了最后通牒，限定答复时间为下午 5 时前。然而，希特勒完全没把英、法两国的最后通牒放在眼里，就在这一天，英、法两国相继对德国正式宣战。

当天上午，张伯伦在下议院发表演说，他充满悔意地说："今天是让所有人都感到痛心的一天，但是没有哪个人会比我更痛心。在我担任公职的一生中，我所信仰的一切，我为之奋斗的一切，都毁于一旦。现在我能做的唯一的一件事，便是为我们必须付出重大代价才能赢得的胜利而鞠躬尽瘁……"

古德里安等德国军官不想见到的大战终于爆发了，他们将与希特勒一同走向战争，走进自我毁灭的深渊。

波兰战役结束后，9 月 5 日，希特勒突然决定到第 4 集团军来视察，于是，古德里安一行在图霍拉到希维切的公路上恭候他的到来。希特勒看着维斯瓦河上那些被炸毁的桥梁和波兰炮兵团一片狼藉的火炮，问古德里安："这是我们的俯冲轰炸机干的吗？"

“不，是我们的坦克战车干的!”古德里安有些自豪地回答。

接着，希特勒又视察了古德里安的第23步兵师和第2摩托化步兵师，并和古德里安谈及这次作战的经验。古德里安说：“元首，在‘波兰走廊’战争中，我所指挥的4个师大概有150人死亡、700人受伤。”

希特勒听了半信半疑，他曾经参加过“一战”，他所在的巴伐利亚志愿兵团在参战第一天便有2 000人牺牲，4天后，军官几乎全部战死，全团3 900人仅剩600多人。他沉默了一会儿，问道：“伤亡率为什么会这么低?”

古德里安阐述了装甲部队在战争中的优势：“敌人的抵抗很顽强，也很勇敢，但是我军的损失之所以这么小，是因为我们的坦克发挥了极大的威力。坦克实际上也是一种致命的武器，在这次作战中，正是因为有了它，我们的损失才很小，还俘获了几千名战俘，缴获了数百门大炮。敌人损失了两三个步兵师和一个骑兵旅。”

接着，他们的话题转到了技术上，希特勒想知道坦克发展中的成绩与问题。古德里安不失时机地提出想要最新的马克Ⅲ型和马克Ⅳ型坦克，并对坦克的速度、火力等也给出了详细建议。

后来，古德里安在回忆录中说，希特勒的视察极大地鼓舞了士气，但希特勒后来显然脱离了现实，如果他能够在战争后期多与部队接触，战争过程也许会呈现出另外一个样子。

9月6日，第19军军部和所属各师的前卫部队渡过了维斯瓦河，军部设在多拉－芬肯斯坦伯爵那美丽的城堡里，拿破仑曾经两次将这个城堡作为他的司令部，里面的木质地板上还留着他靴子上的马刺所划伤的痕迹。晚上，古德里安就住在拿破仑曾经住过的房间里。

同一天，波兰政府迁往卢布林。战事已经尘埃落定，冯·伏尔曼上校对希特勒说：“接下来就像是打一只兔子了，从军事角度来看，战争已经结束了。”

9月8日，德军向波兰中部及其首都华沙发起了进攻，古德里安所辖各师都已渡过维斯瓦河。晚上，古德里安奉命来到驻阿伦施泰因的集团军群司令部接受新的任务，将第19军配属给库赫勒将军的第3集团军，并在行动中与其右翼保持密切联系，从阿雷西地区出发，经过沃姆扎直趋华沙的东面。

古德里安认为，如果让装甲军与一个步兵军团保持密切合作，将无法发挥装甲部队的全部威力，行动迟缓会使华沙地区的波兰军队有机会向东撤退并沿布格河建立一道新防线，为此，他对集团军群参谋长沙尔穆斯将军说："将军，我所指挥的装甲军还是由集团军群直接控制为好，这样可以从库赫勒集团军的左边前进，经过维兹纳沿着布格河的东岸，向布列斯特－立托夫斯克快速突进。这样就可以使华沙附近的波军无法建立一道新的防线。"

沙尔穆斯和博克都同意古德里安的提议。古德里安所辖的 3 个师中，还保留着 2 个师，即第 3 装甲师和第 20 摩托化步兵师。第 2 摩托化步兵师暂时调离第 19 军，作为集团军群的总预备队。与此同时，集团军群也将原本隶属于第 3 集团军的第 10 装甲师，以及勒岑要塞步兵旅，划归古德里安指挥，以作为平衡。不过，当时这两支部队还在维兹纳附近的纳雷夫河与敌人交战。

古德里安当机立断，首先向原属的 2 个师下达了命令，然后驱车到柯尔曾尼斯特拜访第 21 军军长尼古拉斯 · 冯 · 法尔肯霍斯特[①]将军，了解部队的情况。他将要接管的两支部队现在都由法尔肯霍斯特将军指挥。这时他才知道从正面攻击沃姆扎的计划已经失败，右翼的第 21 军在纳雷夫河的北岸也已丧失了机动性。

9 月 9 日早上 8 时，古德里安抵达维兹纳的第 10 装甲师师部，他经过询问代理师长施通普夫将军，得知该师的步兵已经渡河，并且攻占了控制这个地区的敌方阵地，目前战事仍在继续发展之中。之后，古德里安又去视察了勒岑要塞步兵旅，旅长加尔上校的指挥让他感到满意，给他留下了良好的印象。

因为不放心第 10 装甲师，古德里安又回到第 10 装甲师师部，结果

---

① 尼古拉斯 · 冯 · 法尔肯霍斯特（1885—1968）：德国国防军大将，挪威的占领者。1946 年被英国军事法庭判处死刑，后减刑为 20 年监禁。后因健康原因，于 1953 年获释。

发现早上关于该师步兵攻击成功的报告纯属谎报军情。该师步兵虽然渡过了河，但并没有发现敌人的坚固工事，也没有进行侦察搜索工作，一点也不清楚敌人的情况。很显然，这个代理师长是不称职的，但事已至此，说什么都晚了。古德里安决定亲自过河去见见那位步兵团团长，但是他不仅没有找到团指挥所，连营指挥所也没有看见。这让他十分生气，他一直跑到最前线也没有见到一辆坦克，经过仔细查问，才知道这个团现在还在河的北岸，根本就没有过河。时间紧迫，古德里安只得派自己的副官回去，命令他们立即渡河。

第 10 装甲师的前线简直是糟糕透顶，连队正在换防，一点也感受不到紧张的战争气氛，因为他们根本没有接到过攻击命令。更令人恼恨的是，一个重炮兵的观测所居然和步兵分队混在一起，对自身的任务茫然无知。古德里安接手后，首先加强了战场管制，让部队各就各位，改善了前线的混乱状况。接着，他命令所有的团营长都来见他，并命令炮兵观测所向敌方阵地瞄准。很快，步兵团团长也来了，古德里安立刻带他一起来到前线，并命令道："就从这里向敌人发起进攻！"

古德里安回到纳雷夫河边，发现坦克团仍在北岸没有动弹，于是命令该团迅速渡河。但是，河上没有桥梁，坦克只能用船渡河，直到下午 6 时，该师才发动攻击。该师在战斗中受到轻微的损失，算是取得了一定的胜利。

通过这件事，古德里安深刻体会到了一个优秀指挥官的重要性，这件事本来在上午就应该解决，之所以拖到现在，就是因为指挥不力。

事情处理完毕后，古德里安又马不停蹄地叫来工兵部队的指挥官，要求他尽快架好桥梁，以确保第 10 装甲师的后续部队和第 3 装甲师迅速渡河。

然而世事难料，就在古德里安回到军部的这段时间，意外又发生了。9 月 10 日早上 5 时，古德里安发现本来应该在昨天半夜就架好的桥梁仍然没有完工。原来，古德里安下达尽快渡河的命令后，第 20 摩托化步兵师师长让人拆掉了正在架设中的桥梁，然后把相关的物资材料转运到下游去重新架桥，以保障该师渡河。这样一折腾，第 10 装甲师和第3装甲师只能利用渡船过河了，大大影响了前进的速度。究其原因，主要是工兵指挥官没有将古德里安的命令告诉第20摩托化步兵师师长，以致再次出现失误。一直等到下午，新的渡桥架好了，古德里安的装甲师才安全渡河。

由于主力装甲师未能渡河，已经过河的第20摩托化步兵师主力在向努尔推进的过程中，在赞布罗夫附近遭到了波兰军队的阻击，双方发生了一场激烈的战斗。幸好后续渡河的装甲部队进展较为顺利。

由于离军部太远，许多指挥上的问题无法马上解决，这使跟随装甲师前进的古德里安感到了孤身冒进的弊端。9月11日上午，古德里安一直在等待军部人员到达，此时各师在作战过程中只能自行解决出现的问题。这天上午，波军总司令雷兹[①]元帅下令撤退，北部的波兰军队企图从沃姆扎向东南方向撤退，结果在赞布罗夫以南与第20摩托化步兵师迎头碰上。由于不清楚友军的情况，第20摩托化步兵师师长下令绕过波军，向布格河前进，以迂回方式和后续的友军配合，设法将敌人包围歼灭。这时，古德里安仍在等待军部到来，无法指挥其他部队，只好调动第10装甲师的一部分去协助第20摩托化步兵师包围敌人。

第3装甲师正在第10装甲师左翼推进，突然听到消息说古德里安在维索凯被波军围困，于是马上派第3机车步兵营赶去为古德里安“解围”，结果发现是虚惊一场。对于老部下的深厚情谊，古德里安感动不已。当天上午，由于古德里安不能指挥所属各部队的行动，整个队伍显得相当混乱。

9月12日，在第10装甲师的协助下，第20摩托化步兵师在安达尔柴夫地区附近包围了波兰军队。第10装甲师到达马佐夫舍地区维索凯一线，第3装甲师则到达别尔斯克地区。在别尔斯克，古德里安见到了

---

① 雷兹（1886—1941）：即爱德华·雷兹－希米格维，波兰元帅，“二战”初期波兰军队的总指挥。1935年后成为波兰第二共和国实际独裁者，与德国一起瓜分捷克斯洛伐克，又依靠英、法反对苏联和德国，最终在两强夹击下一败涂地，不到三个星期就亡国。1941年死于波兰抵抗军的秘密营地内。

自己的小儿子库尔特，在紧张的战斗间隙见到亲人，使他内心多少有点欣慰。

坦克部队的冲杀

由于部队不断推进，古德里安的军部随后转移到了别尔斯克。这时，作为集团军预备队的第 2 摩托化步兵师再度划归古德里安指挥。古德里安命令这个师沿着沃姆扎 – 别尔斯克前进，与本军的其他各部会合。他在命令中所说的一句话，鲜明地体现了他的指挥风格：“师长应该在师的先头前进。”

第 2 摩托化步兵师师长巴德尔将军也严格遵守命令。9 月 13 日上午，他因为走得太靠前而远离了部队，身边只有一辆无线电通信车，结果遇到了一队波兰溃兵，对方自然不会放过这个孤军深入的敌人，双方马上交上了火。巴德尔将军见自己势单力孤有被生擒的危险，连忙用无线电求救，后续的德军才把他接应出来。

同一天，在安达尔柴夫被围的波军投降了，波军第 18 师师长被俘。古德里安第 10 装甲师的先头侦察部队抵达了布列斯特 – 立托夫斯克地区。

古德里安在别尔斯克宿营过夜，并下达了进攻布列斯特 – 立托夫斯克要塞的命令。布列斯特 – 立托夫斯克要塞是一座百年要塞，东西横跨在布格河上，位于西面的卫城较小，要塞的大部分位于河东，河的东西两岸之间有桥相连。

此时波军已经到达了著名的比亚沃韦扎森林地区。古德里安不想在森林里作战，因为装甲摩托化部队在森林里难以发挥自身优势，会被牵制住大部分兵力。而且，这与古德里安的主要作战目标——占领布列斯特 – 立托夫斯克要塞的目标相背离。所以，他决定只留下一小部分兵力在森林边缘进行监视。

9 月 14 日，古德里安的第 10 装甲师的部分兵力，即侦察营和第 8 装甲团，突破了布列斯特 – 立托夫斯克各外围防线。古德里安立即下令全军以最快速度向布列斯特推进，以求扩大这次奇袭的战果。

9 月 15 日，古德里安在布格河东岸完成了对布列斯特卫城的合围。但是，波军用一辆旧“雷诺”式坦克堵住城门，使古德里安以坦克突破该城的企图遭到了失败。

无奈之下，古德里安的军部又移到了卡明尼克－立托夫斯克一线。9 月 16 日，古德里安的第 20 摩托化步兵师和第 10 装甲师对布列斯特卫城发起了进攻，由于步兵与炮兵之间协同不密切，而且波军利用有利地形进行了顽强防守，最后进攻失败了。第 10 装甲师的步兵团虽然接到了在炮兵弹幕掩护下立即前进的命令，但并没有严格按命令执行，最后攻上去时已经太迟且队形混乱，所以遭受了重大损失，没有达到目的。更令古德里安难过的是，他的副官布劳巴赫中校在这次战斗中受了重伤，几天后因心脏衰竭而去世。他的死对古德里安来说是一个巨大的损失。

眼看要塞难以攻克，古德里安的第 3 装甲师只好从东侧绕过布列斯特，向南面的弗沃达瓦推进；第 2 摩托化步兵师紧随其后，向东面的科布林推进；军部则暂留原地。

9 月 17 日，正值波军节节败退之际，波兰政府的官员们竟然置国家的生死存亡于不顾，逃往罗马尼亚。波军顿时陷入群龙无首的尴尬局面。当天清晨，波兰守军正打算从西面经过未破坏的桥梁撤出布列斯特，但戈尔尼克上校指挥的德军第 76 步兵团已经在昨天夜里渡过布格河，攻下了要塞的卫城，布列斯特陷落了。

古德里安的军部随即迁到了布列斯特，这时，苏联红军也从东线开始进攻波兰。此前苏联本想寻求与英、法结盟，但没有成功，为了保护自身利益，它与德国走到了一起。德、波战争爆发后，德国希望苏联出兵相助，以壮大声势，但遭到了苏联的拒绝，说需要找一个适当的时机。现在苏联出兵，是因为波兰国家和政府已经不存在了，这样一来，《苏波条约》也失去了效用，而且苏联还要保护波兰境内的乌克兰和白俄罗斯同胞。

9 月 17 日凌晨 5 时 40 分，苏联派大概 40 个师越过边境，进入波兰东部，然后向西推进。苏联快速兵团在 8 个航空兵群的支援下，迅速突破了波兰的边境防御，几乎没有遇到任何抵抗，一直推进到了寇松线。当时波兰在边境只有 25 个边防营，而且几近崩溃，必然无法承受苏军的背后一击。德国和苏联最后确定以维斯瓦河、纳雷夫河和桑河为两国边界，完全与《苏德互不侵犯条约》的秘密附加协议一致。

这个时候，古德里安的部队正沿着布格河面向西方，呈攻击态势。第 19 军由第 2 摩托化步兵师担任后卫，在科布林附近虽然时有战斗发生，但到那时为止还没有更大的战斗行动。古德里安的侦察部队最远已经到达鲁波尔地区。克鲁格将军的第 4 集团军追上古德里安的部队后，古德里安再度归克鲁格指挥。勒岑要塞的步兵旅一直是古德里安部队的左翼，最后也一起划归第 4 集团军指挥。转变指挥关系后，克鲁格命令第 19 军继续向前推进，一个师向南，一个师向东，向科布林成钳形攻击前进。古德里安的另一个师则向东北方的比亚韦斯托克推进。

古德里安对于第 19 军的任务划分并不满意，因为这样他就无法对全军进行统一指挥。让他感到庆幸的是，苏联红军的出现，使得德军无法继续向前推进，计划作废了，这让他避免了一场与上司之间的争论。

当时，一位德国青年军官坐在装甲侦察车里，作为苏联军队的前导，通知古德里安说：“布列斯特已经划给苏联人，布格河就是分界线。”并要求古德里安必须在 9 月 22 日以前撤回分界线以西。时间十分仓促，要把全部伤兵和所有受损的装甲车辆往后方送都有点来不及，但抱怨归抱怨，他还是得遵照执行。

交接那天，苏联装甲部队指挥官克里沃舍因少将前来与古德里安接洽。因为外交部没有下达明确指示，古德里安以协商的方式办理了移交手续。德军带走了自己的所有装备，但缴获的波兰物资无法运走，只好全部移交给苏军。

9 月 22 日，德国第 8 集团军实现了对维斯瓦河的突破，并对莫德林和华沙的波军实现了完全分割。9 月 27 日，莫德林停止抵抗，3 万名波兰军人被俘。9 月 28 日，在水电遭到破坏，食品、药品断绝，完全丧失抵抗力的情况下，华沙无条件投降，守城的 12 万波军被俘。

10 月 1 日，波兰的最后一个抵抗中心——海尔半岛陷落。

10 月 6 日，在登布林以东的科茨克附近，约有 2 个师的波兰军队缴械投降。至此，波兰军队全军覆没，德、波战争以德国的彻底胜利而宣告结束。

此战，波兰军队阵亡 6.63 万人，受伤 13.3 万人，被俘 69.4 万人；德军阵亡 1.1 万人，受伤 3 万人，失踪 3 400 人。

对于这场毫无悬念的战争，后世的史学家都冠之以“闪击战”的称号。在作战过程中，德军以大批装甲部队、摩托化部队等快速兵团突破波军的防线，迅速插入波军后方并将其包围歼灭，以较小的代价取得了巨大的胜利。究其原因，主要是德军成功运用了闪击战术。它使人们深刻认识到了坦克兵团在航空兵协同下实施大纵深快速突击的威力，使得地空协同首次以强大的突击力量的形式出现在战场上，对军事学的发展产生了深远影响。

当然，我们也不能忽略波兰军队英勇抵抗德军的努力，只可惜他们的战术思想过于落伍，注定要失败。与此同时，英、法两国作为波兰的盟友，迟迟不采取行动，也是最终导致波兰溃败的原因。

从 1939 年 9 月 3 日至 1940 年 5 月长达几个月的时间里，位于西线的法国军队一直没有接到进攻的命令，他们待在钢筋水泥构筑的工事背后，消磨着无聊而漫长的时光。法国政府每天发布“西线无战事”的战报，新闻机构不断渲染希特勒垂涎乌克兰，说德国将进攻苏联。

为安抚军心，法国政府甚至给部队增加酒类配给，并购买大量足球送到前线，经常组织体育比赛。结果，西线毫无战时的紧张气氛，一片和平景象。

英国也类似，报纸天天报道令人乐观和振奋的消息，使人们被眼前的平静局面迷惑。直到这个时候，英、法最高当局还不愿放弃绥靖政策。经历过“一战”的法国，刚刚从创伤中恢复，很害怕在新的战争中丧失现有的舒适生活环境，而且对德国的武器和空中优势怀有很深的恐惧心理。而英国也不愿意为别的国家做出牺牲。到 1939 年 10 月，英国只派出了 4 个师的远征军。相对于德国，英国更担心来自苏联的威胁。在这种情况下，就出现了“静坐战”这种奇怪的战争现象。英国军事史家富勒说：“面对 26 个德国师，世界上最强大的法国陆军只是静静地躲在钢筋水泥的工事后面，眼看着一个堂吉诃德式的英勇盟国被德国消灭。”英、法两国消极的态度，最终给自己引来了祸水，使希特勒有时间做好进攻西线的准备。

对于英、法联军在西线的表现，德国陆军总参谋长哈尔德认为，法国“多半不会”采取行动，而会继续采取守势。后来，德国将领们在纽伦堡法庭上一致认为，西方国家在波兰战争期间没有在西线发动进攻，真是错失良机。实际上，正如英国首相丘吉尔所说：“这场战争早在几年前就已经输掉了。”1938 年在慕尼黑的时候，1936 年在德国进军莱茵兰的时候，以及在 1935 年希特勒不顾《凡尔赛和约》悍然宣布实行征兵制的时候，就输掉了。盟国的畏缩惧战，最终付出了高昂的代价，然而最高当局似乎认为这样静坐不动就可以把那笔债躲过去。

英国军事理论家利德尔·哈特在总结波兰战役时说：“1939 年的战事结局，可以用两句话来总结：在东方，一支陈旧得不可救药的军队，被一支应用新技术的小坦克部队加上占优势的空军所击溃；在西方，一支动作迟缓的军队，迟迟无法施展任何有效的压力。”

成为希特勒新宠

通过波兰战役，古德里安亲自检验了自己一手建立的摩托化部队的战斗力，感到自己多年的努力总算没有白费。

10 月 9 日，古德里安接到了把军部迁回柏林的命令。途经东普鲁士时，他去看望了那些留在东普鲁士的亲戚，并到自己的出生地库尔姆凭吊了祖辈住过的房子，这是他最后一次回到原籍，以后他再也没有回去过，直至德国战败。

回到柏林后，古德里安见到了大儿子海因茨·冈特，并高兴地得知他因参加对华沙的围攻而获得一级和二级铁十字勋章。

10 月 27 日，古德里安又接到了去总理府受勋的命令。此次受勋的德国军官一共 24 人，他们都将获得铁十字骑士勋章。古德里安对于获得这难得的殊荣感到十分兴奋，因为这足以证明他长期坚持、历尽波折与艰辛创建新型装甲兵的行动是正确的，而且对坦克战的理论研究更是他一生中最值得提及的事情。古德里安认为，他接受这个勋章是实至名归，因为这次战争之所以进展如此神速且伤亡甚微，并不是几十个普通步兵师的功劳，而是依赖装甲兵的迅猛突击，这是任何人都无法否认的。

希特勒显然也意识到了这一点，对于一个能为自己的侵略扩张做出重要贡献的人，他当然会予以重视。在授勋典礼之后的欢庆宴会上，古德里安被安排坐在希特勒的右侧。席间，希特勒投其所好，与古德里安谈论了装甲兵的发展及在战争中所取得的经验教训，言语间不断鼓励他日后加倍努力。

快吃完饭的时候，希特勒突然冒出了一句和欢庆宴会完全无关的问题。他问古德里安："将军，我想知道普通民众和军人对于我新近签订的《苏德互不侵犯条约》的反应，你有什么看法吗？"

古德里安一时弄不清希特勒葫芦里到底卖的什么药，但又不能不回答，他想了想，坦率地说："元首，当我们在 8 月底听到条约签字的消息后，都不由得松了一口气。因为条约的签订，让我们对未来有了一种安全感，这样我们就不会像第一次世界大战时那样腹背受敌了。"

希特勒默默地听着，以一种怪异的眼神注视着古德里安。古德里安感到希特勒并不满意自己的回答，不由得如坐针毡，心里七上八下的，幸好希特勒没有继续讨论这个话题，把话转开了。

这件事使古德里安感到十分困扰，后来才明白希特勒非常仇恨苏联，他当时提出这个问题，只不过是想让古德里安知道他对于敌人的这种惊人之举是多么富于智慧，可惜古德里安的回答让他失望了。

受勋结束后不久，古德里安得到了一次短暂的假期。他利用这个短暂的假期，赶到岳父家办理了岳母的丧事，随后就接到了新的命令，再次离家。

1939 年 11 月中旬，古德里安的军部转移到了科布伦茨。按照统帅部的安排，古德里安划归 A 集团军群总司令龙德施泰特[1]上将指挥。龙德施泰特是骑兵出身，他的家族有着 850 年的连续从军史，而且他为人正直、忠心耿耿、敢于言事，希特勒很尊重和信任他。

德波战争爆发之初，希特勒考虑到现实条件的不利，继续装模作样地与英、法两国谈判，尽管他在谈判中得到了最有利的条件，但他再次大耍两面派的伎俩，暗中命令武装部队做好实施“黄色方案”，攻打法国的准备。因为他现在占领的土地至少需要 50 年的治理，才能完成希姆莱制订的增强东方日耳曼血统的强行定居计划，因此，他于 1939 年 10 月 6 日在国会发表演说时声称，“德国对西方没有领土的野心”，建议在德国胜利的基础上，与英、法举行和谈。但英、法不愿承认德国侵略扩张的事实，拒绝了希特勒和谈的建议。10 月 12 日晚上，希特勒叫来戈林、艾尔哈德·米尔希[2]等人，命令他们尽快恢复生产炸弹，“一定要把对英、法的战争继续进行下去”。

希特勒认为，此时德国在军事上正处于巅峰状态，战胜波兰后，官兵们士气正旺，一旦停下脚步，他们的战斗意志必然会下降。因此，他催促军队尽快做好准备，早日投入对英、法的战争中，全力攻打西线。当然，他也很担心东方，因为他与苏联签订的条约只是暂时的，一旦时机成熟，苏联必然会撕毁条约，到那时，德国将面临腹背受敌的危险。考虑到以上因素，希特勒决心利用英军的“惰性”和法军的“呆板”，依靠德国的装甲车和机械化兵团的横冲直撞与速战速决，在苏联还没有准备好之前，迅速击败法国。他坚信，一旦法国败亡，英国也会乖乖就范。

---

① 龙德施泰特（1875—1953）：“一战”后历任骑兵第 3 师参谋长、第 2 集团军参谋长、骑兵第 2 师师长、步兵第 3 师师长、第 3 军区司令。1932 年晋升为步兵上将，担任第 1 集团军司令。1940 年晋升为德国陆军元帅。他是纳粹军官中资历最老的军事指挥官之一，一生对政治都缺乏兴趣和了解。

② 艾尔哈德·米尔希（1892—1972）：纳粹德国空军元帅，犹太人。他对“一战”后德国重建空军立下了很大功劳，“二战”期间以其良好的工作效率著称并始终活跃于后方战线，管理德国空军飞机生产，对研制 V－1 和 V－2 导弹发挥了积极的作用。“二战”后被判处终身监禁，但在 1954 年 1 月获释。

至于攻打法国的时间，希特勒表示："只要条件基本实现，应当在这个秋季发起进攻。"他认为不必顾忌比利时的中立地位，这样就可以绕过马其诺防线，同时也可以预防英、法联军通过比利时来进攻德国的鲁尔工业区。

但是，陆军总部坚决反对在西线开战。包括陆军总司令布劳希奇、总参谋长哈尔德在内的一些高级将领，认为英、法部队训练有素，而且规模庞大，德国虽然拥有军事技术优势，但是物资储备和资源都不足，根本无法支撑一场大规模的战争，一旦开战，德国必亡。

希特勒严厉斥责布劳希奇等人胆小怕事，并命令他们无条件服从他的主张。这使哈尔德等人产生了推翻希特勒的念头，但他们对于武装政变毫无信心，最后也就不了了之了。

为了适应即将到来的世界大战，希特勒在进行军事准备的同时，也在积极地进行思想上的准备。纳粹政治家戈培尔、希特勒的亲信戈林等要人，在德国首都柏林对高级将领们发表了一系列的讲话，目的是加强对军官的政治灌输，统一将军们的思想，强调对希特勒侵略扩张政策的绝对服从和支持。11 月 23 日"政治洗脑"结束的时候，希特勒又亲自训话。由于长期以来对陆军参谋本部军官的怨恨，希特勒狠狠地打击了他们的自负心理："空军将领们在戈林的领导之下，是绝对可靠的；海军将领也可以信任，但是党对于陆军的将领不敢有这样的信任。"

陆军军官们对此深为不满，觉得希特勒抹杀了他们的"汗马功劳"。自认为在波兰战役中立了首功的古德里安，内心更是不满。他回到科布伦茨后，马上就找到集团军参谋长曼施坦因将军表达了自己的看法，并商讨下一步应该怎么做。

曼施坦因表示他早已跟陆军总司令布劳希奇谈过这个问题，但布劳希奇为人软弱，不愿意也没有能力领导陆军提出抗议。最后，曼施坦因建议古德里安去跟集团军总司令龙德施泰特谈一谈，看能否说动他带头抗议。古德里安马上去见龙德施泰特，龙德施泰特也很清楚这件事，但他只是委婉地说，他可以去跟布劳希奇谈一谈。

古德里安见大家都不愿意出头，于是直言不讳地说："元首所指责的对象主要是陆军总司令本人，动员他去抗议有些不妥。最好换一个人去跟元首解释，要求他撤回这种不公平的指责。”

然而，龙德施泰特为了自保，也不愿意出头，并拒绝参与此事。古德里安无奈，只好又去找一些高级将领，希望大家能够采取行动，改善陆军在希特勒心目中的地位。但是，这些陆军军官心里都明白，即便采取行动，最后还是得做一个执行希特勒扩张政策的“顺民”，因此没有一个人愿意掺和。

古德里安知道赖歇瑙上将跟希特勒及纳粹党的关系一向不错，便想让对方帮忙在希特勒面前说几句好话。出乎他意料的是，当他说明自己的来意后，赖歇瑙上将明确表示：“将军，因为这件事我已经和元首发生过激烈的冲突，现在我不可能再去跟元首谈论这件事。当然，我也认为应该让元首明白陆军将领的感情，你不妨亲自去和元首谈一谈。”

“可是，我自己去的话不太合适，我是军长里资历最浅的一个，面对那么多老将军，我怎敢代表全体陆军将领说话呢？”

赖歇瑙说：“将军，这是为大家着想，没有人会认为你不合适的。”说着，赖歇瑙往总理官邸打了个电话，说古德里安有事禀报，请求元首接见他。

第二天，古德里安接到了前往柏林面见希特勒的命令。这一次，希特勒单独接见了古德里安，古德里安滔滔不绝地讲了 20 多分钟，希特勒静静地听着，中间没有打断他的话。古德里安甚至将自己在柏林听到的三篇演讲词的内容也简要叙述了一下，并直接指出这些演讲都是针对陆军将领而发的。他抱怨道：“我曾经和许多将官谈论过这个问题，他们都觉得政府首脑人物说出这样的话，实在让人感到惊异和不平。事实上，最近发生的战事就很好地证明了陆军军官的忠诚，他们在波兰战役中是冒着生命危险来报效国家的，是他们的忠诚勇敢成就了这场战争，使这场战争在 3 个多星期里就胜利结束。”

说到这里，古德里安话锋一转：“现在我们对西方国家的恶战还没有开始，将来还会有更大的战事，我们认为军队的最高领导层中绝不能产生裂痕。”

随后，古德里安又向希特勒解释说，他作为一个资历很浅的将领，跑来提出这个问题十分不妥，他也曾经请求那些老前辈来向元首解释，但他们都不愿意来。他还表白道：“我这样做并不是想让元首您以后说：‘我曾经当面向那些陆军将领说，我不相信他们，他们就接受了我的不信任，没有任何人提出抗议。’今天我之所以来晋见您，是想让您知道，我们对这种说法提出了抗议，因为它对我们不但不公平，而且是一种极大的侮辱。我想最多不过是个人的问题，如果您不信任某个将领，可以直接将他免职。”

最后，古德里安恳切地说：“未来的战争一定是一个漫长的过程。我们在军事领导上绝不可以产生裂痕，相互之间一定要信任。我们绝不能再像‘一战’时兴登堡和鲁登道夫尚未接任最高统帅前那样一团糟。那一次是错失良机，等到他们两人上台已经来不及了，根本无法扭转战争形势。从我们的事业出发，这一次我们的最高领导层一定不要再重蹈覆辙了。”

希特勒专心地听着，等古德里安停下来后，他直接回答道：“那不过是陆军总司令一个人的问题。”

古德里安不假思索地回道：“如果您对现任陆军总司令不信任，应该直接免除他的职务，换一个您完全信任的人。”

古德里安的回答，恰好落入了老谋深算的希特勒的圈套，他马上提出了一个让古德里安感到为难的问题：“那你认为谁能接替他的职务？”

古德里安一时愣住了，他迅速地在脑海中搜索能够担任这一职务的人员，并一一进行了推荐。从古德里安首先提出的赖歇瑙上将开始，希特勒一个个地进行了否定。奇怪的是，希特勒当时的表情显得十分愉快，这让古德里安更加不知所措。不过，他通过希特勒的反应，确定赖歇瑙没有说谎，让希特勒不满意的陆军高层领导并不只有一个人。想到这里，他闭上了嘴巴。

而希特勒也在这时打开紧闭已久的话匣子，滔滔不绝地讲述了他不信任陆军军官的原因：

第一，当他开始重新武装德国的时候，弗里奇和贝克就一直跟他作大的设想唱反调，他希望成立 36 个师，但他们却找出种种理由来证明只能成立 21 个师。

第二，在莱茵非军事区的问题上，陆军的将军们不仅反对他重占莱茵河流域以重振德国的计划，而且他们还抱着一旦法国采取行动就马上转身开溜的想法，正是他的外交胜利，才使德国不至于再次受到“侮辱”。

第三，他所信赖的勃洛姆堡元帅的行为，让他深深地感到失望。

对于弗里奇事件，希特勒丝毫没有自责，还反咬一口，说陆军将军的行为给他造成了极为不利的影响。接着，希特勒又谈到了捷克危机发生后，贝克极力反对他的领导，他迫不得已才将其免职。而现任陆军总司令能力不够，对于重整军备毫无真知灼见，比如轻型野战火炮的产量很少，少得简直可怜。另外，在不久前结束的波兰战役中，他和陆军将军们之间也产生了很多不同的意见。

希特勒说，正是基于上述原因，在未来的西方战役上，他不敢相信陆军总司令能与他保持一致。

希特勒毕竟是希特勒，不会错过任何拉拢部下的机会，他在宣泄完自己的不满后，并没有忘记宽慰一下他的马前卒：“我的将军，你能处处为统帅部着想，我感到非常高兴，也非常感谢你，谢谢你的坦诚相告。”

谈话就这样结束了，前后历经一个多小时，古德里安没有得到自己想要的答复，反而被希特勒不温不火地教训了一顿。本来雄赳赳气昂昂的他，现在就像一个泄了气的皮球，只得垂头丧气地回去了。

第四章　进攻西线

曼施坦因计划

尽管德国陆军总部反对进攻西方，但是希特勒毫不在乎，很快便与他的最高统帅部自行商定了陆军的作战类型和作战时间。1939 年 10 月 19 日，德军最高统帅部出台了进攻法国的“黄色方案”，决定把西线的德军整编为 3 个集团军群：B 集团军群主攻荷兰和比利时，然后沿海岸线攻击；A 集团军群在 B 集团军群的南面侧翼支援；C 集团军群在马其诺防线正面保持防御态势。这个方案的核心是以强大的右翼击败在比利时的英、法联军，用左翼掩护并牵制马其诺防线的英、法联军。

希特勒认为，这个方案可能会导致静态消耗战，应该向英、法联军的中心发起进攻。随后，最高统帅部对方案又作了几次修改，但希特勒都不太满意。这时，因为低地国家持续的恶劣天气，进攻计划一拖再拖，从秋天一直拖到了冬天，希特勒干脆决定给部队放圣诞假，在 1940 年以前不采取任何行动。

古德里安按照自己的思路，反复研究了“黄色方案”，渐渐地对这个计划产生了反感。这个计划沿海岸布置了强大的右翼，与“一战”期间“左翼牵制，右翼包抄，攻克巴黎”的施利芬计划①没有什么区

---

① 施利芬计划：第一次世界大战前，由德国元帅阿尔弗雷德·冯·施利芬担任总参谋长期间提出，德军总参谋部制定的一套作战方法。其主要目标为在未来的战争中，应付来自德国东西两面的两个敌国——俄国与法国（英、法联军）的夹击。该计划可以看成是日后的“闪击战”的雏形，也可以说，施利芬元帅就是“闪击战”的初步提出者。他认为在战场上用炮火掩护步兵冲锋的做法可以迅速打击敌人，这个计划的提出使德军在“一战”前期迅速攻入法国。

别。当时，无论是德军最高统帅部还是盟军最高统帅部，似乎都认为德军只有这一个进攻方案，因为阿登山脉易守难攻，步兵尚且难以通过，更别提让机械化部队从这里发起主攻了。但是，复制以前的行动虽然组织起来简单一点，却没有任何新意。在这一点上，曼施坦因与古德里安抱着同样的想法。

当时曼施坦因担任龙德施泰特集团军的参谋长，是德国国防军中最负盛名的指挥官之一。在第二次世界大战中，曼施坦因的表现可圈可点，被认为是德国陆军中最优秀的将领，他有着极高的战争策划天赋，擅长组织进攻战。曼施坦因认为，战争必须出奇制胜。如果敌人对你的作战计划了如指掌，势必在你的主攻方向重点设防，这就将导致一场胜负难分的持久战。实际上，曼施坦因脑海中已经有了一个大胆的方案，那就是把主攻方向转到阿登山脉，因为这里是最出人意料的地方。他的基本设想是：派出强大的坦克部队，经比利时南部和卢森堡，直抵色当，突破该区内的马其诺延长防线，直插大西洋海岸而将法国一分为二。

1939 年 11 月，曼施坦因找到古德里安，请他从坦克专家的角度判断这个计划是否可行。古德里安仔细研究了地图，并回忆了自己参加第一次世界大战时在该地区的地形印象，对这个计划表示了认同，认为大规模的坦克集群能够顺利通过阿登山口。但是，参与攻击的装甲部队和摩托化部队必须足够多，最好将全部装甲部队都投进去。

古德里安后来回忆道："曼施坦因向我询问坦克能否从阿登向色当运动，我知道那里的地形，在地图上研究一番后，我给出了肯定的回答。"开战后，这一计划的最终效果远远超出了他们当初的设想。

确定坦克部队可以执行这一任务后，曼施坦因说服了龙德施泰特，并向陆军总部递送了一份经龙德施泰特批准和签署的备忘录。然而，曼施坦因平日为人尖刻，在陆军总部树敌颇多，陆军总司令布劳希奇和陆军总参谋长哈尔德都拒绝采纳他的主张。因为这件事，曼施坦因与陆军总部发生了激烈的争执，最后被调任第 38 步兵军军长。

12 月中旬，国防军最高统帅部指挥参谋部副部长瓦尔特 · 瓦尔利蒙特[1]将军与曼施坦因交谈后，认为曼施坦因的主张很可行，于是向最高统帅部作战处处长阿尔弗雷德·约德尔[2]报告了此事。随后，曼施坦因的计划被上报到了希特勒那里，但希特勒并没有马上采纳，仅把它作为预备方案之一。

1940 年 1 月 10 日，德军第 7 空降师的作战科长从明斯特飞往波恩，由于天气恶劣，他在莱茵河上空迷失了方向，错误地把飞机降落在比利时境内，结果，德军第 1 空军集团军的作战命令落入了比利时人手中。当天，比利时国王和荷兰女王通了电话，进行了一番长谈。这个消息使敌对双方都紧张起来，德国不知道比利时到底掌握了这份计划的多少内容，盟军也不敢确定这份计划的真伪。

消息传到柏林后，空军司令戈林暴跳如雷，立即向希特勒作了报告，出人意料的是，希特勒的反应极为冷静，原来他想起了不久前看过的“曼施坦因计划”。

随后，希特勒召见了曼施坦因。曼施坦因详细说明了自己的计划，希特勒理解得很快，当即表示他个人完全同意曼施坦因的见解。第二天，希特勒召见了陆军总司令布劳希奇和总参谋长哈尔德，命令他们以曼施坦因的建议为基础，马上制订一个新的作战计划。

布劳希奇和哈尔德认为，曼施坦因所谓的“秘密通过”不过是一种疯狂的假设，它可能使德国装甲部队面临法军的侧翼攻击，最终导致全军覆没，但他们不得不服从希特勒的命令。哈尔德虽然思想保守，但做事却极为干练，最后完成的方案在细节上几乎无可挑剔。

2 月 7 日，为了验证曼施坦因计划的可行性，A 集团军群在科布伦茨举行了演习。进行图上作业的时候，古德里安建议在发起进攻的第五

---

① 瓦尔特·瓦尔利蒙特（1894—1977）：历任第 26 炮兵团团长、国防军最高统帅部指挥参谋部副部长。“二战”爆发后，他的主要任务是坐在办公室里收集整理前线的作战报告并出席每天在大本营的形势报告会。尽管他的军衔晋升得很快，但充其量只能算是一个传令兵。1948 年被军事法庭判处无期徒刑，后获得减刑，刑期缩短为 18 年。

② 阿尔弗雷德·约德尔（1890—1946）：纳粹德国陆军大将，德军最高统帅部作战处处长。负责制订“二战”期间德国的许多军事行动计划。在纽伦堡审判中被判为战犯，判处绞刑，但在行刑 6 年后又被宣判无罪。

天，以强大的装甲部队在色当附近渡过默兹河，突破法军的防线，然后向亚眠进发。哈尔德却认为，即使坦克部队渡过默兹河并建立了桥头堡，也需要等步兵赶上来再继续推进。古德里安不以为然地说，只有充分利用装甲兵的优势，对关键地点实施奇袭，才能最大限度地扩大战果。

一个星期后，第 12 集团军又举行了一次图上演习。这次大家继续讨论了强渡默兹河的问题，总的来说，德军高层对于机械化部队在阿登地区能否顺利展开行动仍然心存疑虑。但是不管怎样，在经过了充分的论证和几次演习之后，“曼施坦因计划”终于得到了确认。

1940 年 2 月 24 日，德军发布了新的对英、法作战的“黄色方案”，这一方案就是“曼施坦因计划”。

可以说，这次飞行意外成就了希特勒。假如德军按原定计划行动，将与英、法联军主力相遇，而且前进的道路上有着许多障碍，如河流、运河和大城市。更为幸运的是，盟军似乎没有料到德军会调整计划，11 月中旬，法军总参谋长甘末林制订的“D 计划”得到了通过，即把主力部署在法国与比利时的边界北端及法国北部各省，如果德军重点进攻比利时，则盟军协同作战，共同抵抗德军；其余部队主要部署在南部的马其诺防线上，如果德军向马其诺防线实施正面进攻，则依托坚固的工事进行抵抗；而在中段，考虑到有阿登山和默兹河，盟军仅派战斗力较弱的部队防守。盟军万万没有想到，德军主力正是从最不可能的阿登山发起进攻，正面只是佯攻，巧妙地绕过了盟军自以为万无一失的马其诺防线。法国陷落的命运就这样注定了。

此前在准备实施“黄色方案”的过程中，关于装甲部队的指挥问题曾经引起很大的争议。当“曼施坦因计划”确定后，这个问题也迎刃而解，德军决定成立一个装甲兵团，由古德里安的第 19 军和维特斯海姆将军的第 14 军组成，埃瓦尔德 · 冯 · 克莱斯特①将军担任兵团司

---

① 埃瓦尔德 · 冯 · 克莱斯特（1881—1954）：德国陆军元帅，参加过“一战”和“二战”，历任第 1 装甲军军长、A 集团军群的装甲集群司令、A 集团军群司令、南乌克兰集团军群司令。1944 年春因弃守克里米亚，败于南布格河，并与希特勒发生分歧，被解职并退役。“二战”结束时为盟军所俘。

令，之后考虑到古德里安在装甲兵指挥方面表现突出，又决定让古德里安的装甲军作为进军阿登山地区的前锋。恩斯特·布施[①]将军的第 16 集团军负责掩护古德里安的左翼。

明确了自己的任务后，古德里安赶紧回去训练自己的部队。现在他指挥的部队包括第 1、第 2、第 10 装甲师，一个大德意志步兵团，以及一个迫击炮营等军直属部队。大德意志步兵团的前身是 1921 年成立的柏林卫戍团及由卫戍团改组而成的总部卫戍部队，希特勒上台后改称大德意志步兵团，官兵均是德军现役部队的优秀军人，是德军精锐中的精锐。全团下辖 5 个营，包括 1 个重装备营和 1 个训练营。

除了大德意志步兵团，其他部队都是古德里安亲自培养、训练并参加过战争的。为了顺利完成对阿登山区的突破任务，古德里安整天不辞劳苦地指挥训练，因劳累过度，他不得不在 3 月下旬请了一个短假休息。

3 月，在古德里安休假之前，A 集团军群的高级将领被召到总理府，向希特勒汇报作战准备情况及相关内容。古德里安是最后一个发言的。因为他承担着最重要的突破任务，希特勒非常关注他将要采取的行动。

古德里安说："元首，根据作战命令规定，在发起进攻当天，我率领的第 19 军要越过卢森堡的国界，经过比利时南部，一直突击到色当，强渡默兹河，并在对岸建立一个桥头阵地，以掩护后续的步兵军渡河。在对卢森堡和比利时发动进攻的时候，我将把部队分为三个纵队前进。我争取在进攻第一天到达并突破比利时边境，第二天到达讷沙托，第三天到达布永，并渡过瑟穆瓦河。这样，在进攻的第四天就可以到达默兹河，第五天就可以渡河了。如果不出意外，到第五天下午我就可以建立

---

① 恩斯特·布施（1885—1945）：德国陆军元帅，"二战"期间历任第 8 军军长、第 16 集团军司令、中央集团军群总司令，以作战手段顽强（也可以说是残酷）而著称。1944 年 6 月 28 日被希特勒免去职务，次年 3 月底重新出任防守北海沿岸和石勒苏益格 – 荷尔斯泰因的集群司令。5 月 7 日在弗伦斯堡附近一个小村庄里奉命投降。后在战俘营中死于心脏病。

一个桥头阵地。”

希特勒听到这里，不动声色地反问了一句：“那么以后你又准备做什么呢?”

这个问题来得很突然，古德里安从来没有考虑过，他沉思片刻，巧妙地回答道：“除非我接到了其他命令，否则我在渡河后会继续向西推进。最高统帅应该决定我的最终目标是亚眠还是巴黎。按照我个人的看法，正确的路线是应该通过亚眠，直接突向英吉利海峡。”

希特勒满意地点了点头，没有再说什么。突然，有人故意高声挑衅道：“我就不相信你能渡过默兹河!”

这句话无形中也触动了希特勒的神经，也许这也正是他一直担心的问题，因此，他脸上不自觉地显露出紧张的神情，眼睛盯着古德里安，似乎期待古德里安能够给出一个有力的回答。这时，古德里安淡淡地说了一句：“无论如何，我的任务总不会需要由你来代劳吧!”

飞渡默兹河

希特勒虽然提到了渡过默兹河以后的问题，但直到战争爆发，古德里安也没有得到德军最高统帅部关于他在默兹河上获得桥头阵地后应该如何行动的指示。德军最高统帅部是不相信古德里安能顺利地突破防线，还是觉得没有必要太早研究这个问题，抑或是德军上层内部产生了纷争？古德里安不得而知，唯一可以确定的是，在他到达大西洋海岸之前，德军最高统帅部对此始终没有定论。

战前，为了更好地协调陆军与空军的合作，德军最高统帅部特意做了一些安排。古德里邀请空军人员参加了自己组织的演习，同时他也去参加空军的演习，以熟悉彼此的战术。双方还反复商讨了强渡默兹河的问题，最终确定由空军实施不间断的轰炸，使敌军的炮兵无法连续攻击渡河的部队。

1940 年 5 月 9 日下午 1 时 30 分，古德里安接到了进攻的命令。下午4时，古德里安率领他的部队从科布伦茨起程，当天就到达了索能霍夫的军部。这时，进攻部队已奉命在菲安登与埃希特纳赫之间完成部署，集中在边境一线，只等一声号令便越过国境线，扑向对方。古德里安认真察看了当地的地理情况，并做了进一步的研究。

为了迅速突破卢森堡与比利时两国边境上的防线，古德里安命令3个装甲师一字排开：占据中央部位的吉尔希纳将军指挥的第1装甲师担任主要攻击任务，军部和高射炮兵部队的主力跟随其后；右翼是法伊尔将军指挥的第2装甲师；左翼是由夏尔将军指挥的第10装甲师和大德意志步兵团。这3个师长都是古德里安的老部下，他们都赞同古德里安的想法，一致认为只要装甲兵发动了攻势，就应该勇往直前，直到把敌人彻底击垮为止。

当天清晨5时30分，战斗打响了。戈林的空军首先发起了进攻，疯狂地对荷兰和比利时的几十个机场进行突然袭击。在德军强大的攻势面前，荷兰和比利时毫无还手之力。它们的机场被摧毁了，三四百架飞机瞬间成了一堆废铁。在随后的两个星期里，德军拥有了很大的空中优势。紧接着，在B集团军群的猛烈攻势下，英国和法国开始调集大量军队进入比利时，但这样做恰恰中了德国的圈套，一直在等待他们进入圈套的希特勒兴奋不已，狂叫着：“我简直高兴得要哭了！他们正好掉进了我的陷阱，太好了！”

与此同时，勒布①将军的C集团军群也摆开了架势，准备对马其诺防线正面实施进攻。面对这种情况，法军一时无法决定是否要从南部撤回部队，从而增强其他方向的防御。等法军终于下定决心撤回部队时，已经太晚了，德国空军早已将他们的铁路线破坏殆尽。

现在，在英、法联军的防线中，阿登山区成了最空虚的地方，而马其诺防线的西端与英军的防线之间是由战斗力较差的几个师负责防御，

---

① 勒布（1876—1956）：德国陆军元帅，德国战史上著名的防守战略家，参加过进攻法国的行动和苏、德战争。1942年因不满希特勒和党卫军的所作所为，最终被解除职务，隐居于霍恩施旺高。1945年被美国宪兵逮捕。

德国A集团军群可谓天时、地利、人和都拥有了，为顺利实施进攻创造了有利条件。第4集团军和赫尔曼·霍特[①]的坦克军首先突破了比利时的骑兵和阿登山区的阵地，进而突破乌尔特河阵地。到5月13日，各坦克兵团向前线派出的先头分队便在迪南以北进抵默兹河，比利时军仓皇退到默兹河对岸那穆尔和列日之间的地域。

此时，由于对德政策的失败，英、法两国除了军事上的完全失策，还出现了政治危机。

1940年5月9日，由于战事不顺，一直提倡绥靖政策的英国首相张伯伦被迫辞职。丘吉尔应英王乔治六世[②]的要求，负责组建新一届政府，并担任联合政府的首相兼国防部部长。

同一天在巴黎，新上任不到2个月的法国总理保罗·雷诺[③]与国防部部长达拉第、总司令甘末林在内阁会议上发生争执。雷诺用将近2小时读完了对甘末林的指控书，谴责他此前对德军入侵挪威没有采取任何有效措施，并要求任命一位新的总司令。面对雷诺的要求，全体内阁成员都沉默不语，纷纷望向手握军权的前总理达拉第，他是甘末林的保护人。达拉第表示甘末林没有责任，反对撤换他。对于法、德战线，他认为“现在不要开火”是法国政府的“意愿”。雷诺要求其他内阁成员发表意见，但是没有一个人说话，雷诺气得当即宣布政府内阁成员辞职。当天下午，甘末林也写好了辞呈。

5月10日凌晨1时，甘末林得到了消息：德国军队正在向西进军。然而这个时候，英国没有政府内阁，法国既没有政府内阁，也没有军队总司令。

---

① 赫尔曼·霍特（1885—1971）：纳粹德国陆军一级上将。1938年任第15装甲军军长，次年参加入侵波兰的战役。1942年任第4装甲集团军司令，在南方前线参与斯大林格勒会战以及次年的库尔斯克会战，1943年11月被解职。战后被纽伦堡法庭判处15年监禁，6年后获释，此后一直在家乡从事军事历史写作。

② 乔治六世（1895—1952）：英国国王，乔治五世次子，退位的爱德华八世之弟，英国女王伊丽莎白二世之父。因长期吸烟患有严重的肺癌。他是最后一位印度皇帝、最后一位爱尔兰国王，以及唯一一位印度自治领国王。

③ 保罗·雷诺（1878—1966）：法国政治家，曾任财政部部长、法国总理。

当天清晨5时35分，作为第12集团军前卫的古德里安和第1装甲师一起，从瓦伦多夫附近越过卢森堡的边境，向马特朗日挺进，第一天就摧毁了卢森堡军在边境构筑的障碍。下午，第1装甲师的前卫部队已经突入比利时的边境线，与大德意志步兵团的伞兵取得了联系。由于公路在德军轰炸机和比利时军队的破坏下已经无法使用，古德里安只得命令第1装甲师暂时停止进攻，连夜抢修公路。

这时，第10装甲师在经过新阿拜与埃塔勒后，与法军第1骑兵师和第3殖民地步兵师交上了火。

5月11日，德国的滑翔机部队以特殊大胆的行动，成功渡过了艾伯特运河，将一个装甲师插到对方的防线中，从而对比利时的防御工事构成了合围之势。

当天上午开始，阿登山地区的法国骑兵就不断受到德军俯冲式轰炸机的攻击。当德国A集团军群的两个装甲师开始进攻的时候，另一部分德军正紧张地清理着比利时边境上布雷区内的地雷和其他各种障碍，为装甲部队前进打开一条绿色通道。随即，第1装甲师的坦克战车向一部分从边境上撤退的比利时军和一部分法国骑兵发起了猛烈进攻。比、法两国军队从来没有遇到过庞大的装甲部队的迅猛突击，根本不知道如何抵抗，结果在短暂的交火后，守军阵地便被德国的坦克轻而易举地突破了，紧接着，比利时的讷沙托要塞也失陷了。就这样，德军在作战初期充分运用新战术，以空中火力为支援，借助于装甲部队的有效防护，以较小的伤亡取得了胜利。

之后，古德里安的第1装甲师继续向前进攻，迅速占领了贝尔特里。黄昏时，第1装甲师抵达布永近郊。此时法军也停止了溃退，在布永组织防御，以抵抗德军的进攻。古德里安的另外2个装甲师也在按照预定计划顺利行进，途中仅遭遇了一些轻微的抵抗，第2装甲师还攻占了布拉蒙。令古德里安伤心的是，第10装甲师第69步兵团的团长艾勒曼中校在圣马利附近不幸阵亡，这可以说是古德里安的军队在这一天中最为严重的伤亡。

面对德军的猛烈攻击，法军的任何支援请求都无效了，但在5月

10 日晚上，德军还是虚惊了一场。因为听说有法国骑兵从隆维方向过来，装甲兵团司令克莱斯特马上命令自己左翼的第 10 师变更方向，向隆维方向前进，以防法军可能对德军侧翼发起的攻击。古德里安则认为现在法军正忙着进行有效的防御，根本没有时间组织反击，所以没有必要调整兵力部署，否则反而会削弱德军的进攻实力，甚至给整个装甲作战集群的行动造成严重影响。兵团司令部经过认真分析，认为古德里安的意见是可以变通的。于是，在保证可以防御法国骑兵突击的前提下，古德里安的第 10 装甲师改为沿着另一条路线去执行警戒任务。因为是在一条平行的路线上，随时可以两者兼顾，所以古德里安的装甲军主力还是照常行进。正如古德里安所料，法国骑兵根本就没有出现，而古德里安部队的攻势却受到了一定的削弱。

5 月 12 日清晨 5 时，古德里安率领他的幕僚来到布永前线，监督第 1 步兵团执行任务。古德里安一向主张不断向前进攻，所以，他刚来到第 1 步兵团，就命令团长赫尔曼・巴尔克[①]中校组织部队向布永展开全面攻击。巴尔克中校接到命令后，不敢有丝毫怠慢，马上率部向布永发起进攻。法国士兵情绪低落、人心涣散，面对德军的强大攻势，他们根本无心抵抗。7 时 45 分，德军轻而易举地攻占了布永。

然而，法军在撤离时破坏了瑟穆瓦河上的桥梁，幸好河水不是很深，古德里安在附近找到一处稍浅的渡河点，使坦克战车顺利过了河。他本人也随着坦克战车的钢铁洪流涉水过河，向色当方向前进。当他们到达前线的时候，第 10 装甲师的前锋侦察营正向敌人的阵地进行攻击，步兵紧随其后向前推进。师长夏尔和旅长费希尔也学着古德里安的样子，亲自走在部队前面，带领部队前进。在德军连续不断的攻击下，森林里的英、法联军防御阵地很快便崩溃了。之后，第 10 装甲师经过拉沙佩勒，向巴齐内斯 - 巴南继续前进。

5 月 12 日夜幕降临前，古德里安的第 1、第 10 装甲师都占领了默

---

① 赫尔曼・巴尔克（1893—1982）：纳粹德国陆军二级上将。“二战”期间，他的军衔从中校到二级上将，指挥的部队从一个团到集团军，可以说是德军中最优秀的装甲师长。战后被美军俘虏。

兹河的北岸，并攻下了历史名城色当；莱因哈特的第 41 装甲军接近了蒙提尔米；埃尔温·隆美尔[①]的第 7 装甲师则靠近了霍克斯。这样一来，德军的装甲部队就成功越过了阿登山区，把阿登山区抛在后面，同时也将在阿登山区组织防御的比利时军队抛在了后面。不过，在进攻的过程中，各快速兵团之间的距离拉得太大，后卫及随后跟进的各摩托化师还在莱茵河附近，而前卫部队已经到了默兹河。由于敌人的防御阵地十分坚固，加上德军没有预先进行周密的侦察，所以短时间内没有收拢兵力

隆美尔画像

并做好各种准备，又得不到炮兵的支援，德军上层开始犹豫是否要在 5

① 埃尔温·隆美尔（1891—1944）：德国陆军元帅，世界军事史上著名军事家、战术家、理论家，绰号“沙漠之狐”“帝国之鹰”，与曼施坦因、古德里安并称为“二战”期间纳粹德国三大名将。由于被卷入密谋推翻希特勒的计划中，被迫服毒自尽。

月 13 日强渡默兹河。经过认真商讨，最后决定各部在空军的支援下抢时机，于 5 月 13 日下午 4 时强渡默兹河。

古德里安分析了各部所处的态势，认为第 1、第 10 装甲师完全可以到达预定位置，只有第 2 装甲师不确定能否在进攻开始前准时赶到，因为它在沿途遇到了各种阻碍。古德里安心里没底，为保证自己的攻击快速有效，他坐飞机来到装甲兵团司令部，向克莱斯特报告了第 2 装甲师的实际情况，并反复说明了兵力强弱对进攻的影响，希望克莱斯特能够考虑他的实际情况，让他在拥有较多兵力的情况下进行攻击部署。但克莱斯特始终不愿改变主意，决定按原计划发起进攻。

古德里安见装甲兵团司令部也不能帮自己解决问题，只得带着满腹怨气返回自己的军部，做下一步的行动安排。在回程中，他又遭遇了一场惊险。当时新更换的飞行员不知是因为紧张还是什么原因，始终找不到原先起飞时的跑道，只得驾驶着这架没有武装的飞机在法军的阵地上空飞来飞去，古德里安的心都提到了嗓子眼。幸好没有出什么乱子，他们在法军的头顶上兜了一回风，最后安全地回到了军部。

时间紧急，古德里安赶紧安排参谋长撰写作战命令。参谋人员从档案中取出以前在科布伦茨演习时的命令，第 1、第 10 装甲师也照葫芦画瓢，改了一下时间，便发给所属各单位遵照执行，总算完成了任务。

5 月 13 日上午 8 时 15 分，古德里安正式发布命令，所属的 3 个师在当天下午 4 时发起进攻。具体部署为：第 2 装甲师从栋什里两侧地区渡河，渡河后迅速占领栋什里南侧地域，再转而向西，越过阿登运河，以便沿着默兹河横扫敌方阵地；第 1 装甲师在格莱尔和托尔赛之间强渡默兹河，在扫荡默兹河弯内的敌军后，前进到马尔费森林；第 10 装甲师则在色当与巴泽耶地区渡河，与第 1 装甲师一起扫荡默兹河弯内的敌军，然后占领毛吉斯点附近的高地。

古德里安的部队都在忙着进行渡河准备，军直属炮兵和装甲兵团炮兵也加入其中，进入阵地。在大德意志步兵团中，军直属炮兵及第 1 装甲师两翼的师属炮兵营都属于增援部队，将为作为攻击主力的第 1 装甲师提供强有力的支援。

5 月 13 日上午，古德里安首先来到第 1 装甲师，察看他们的准备情况。接着，他又经过地雷尚未完全扫清的德军占领区，冒着法军的冷炮威胁，到沙格尼察看已经抵达法国边境的第 2 装甲师的准备情况。

正午时分，古德里安回到拉沙佩勒的军部。这以后一直到下午 4 时，德国空军的俯冲轰炸机连续不断地攻击默兹河西岸的法军防御阵地，以摧毁法军的炮兵阵地、工事、地堡和机枪的火力点。

其间古德里安放心不下，下午 3 时 30 分，他决定到第 10 装甲师的一个炮兵前进观测所，亲自看一看炮兵射击和飞机轰炸的情况，以便组织有效的进攻。

下午 4 时，德军开始渡河，野炮、战防炮和高射炮都加入了射击的行列，空军也准时开始轰炸。看着轰炸机和俯冲轰炸机在战斗机的掩护下出现在上空，古德里安兴奋不已，暗自庆幸克莱斯特将军终于开窍了，在争吵之后还是按照他的设想，让空军采取了他的战术。装甲部队的渡河行动彻底有了保障，古德里安终于放下了心中的石头。后来，他打电话给罗兹尔将军，才知道他没有接到命令，于是仍按原计划进行了攻击。

由于不必再担心空军的火力问题，古德里安急于去参加步兵分队的渡河战斗。德军分乘数百艘橡皮艇进行了强渡，虽然也有伤亡，但结果还算不错，到下午 5 时 30 分，他们终于在默兹河西岸建立了一个滩头阵地。

随后，古德里安从圣芒日转到佛洛因，来到第 1 装甲师的预定渡河地点。他登上第一艘渡船时，第 1 步兵团团长巴尔克中校及其幕僚来到河对岸迎接他，等他乘坐的船靠近岸边，巴尔克中校喊道：“默兹河里禁止游船!”

古德里安听了，不由得会心一笑。过去在演习中，因为有些青年军官态度不认真，他就常常用这句话间接批评他们，希望他们认真对待演习。现在巴尔克中校提起这句话，其实是为了说明德军战斗顺利。

整体来说，这次渡河行动，初期的战斗有些紧张，但是总体还算顺利。第 1 步兵团和大德意志步兵团的攻击几乎就是日常演习的翻版，完全按计划进行。在德国空军的不断攻击下，在河对岸组织防御的法军炮兵基本上处于瘫痪状态，守军沿着默兹河构筑的混凝土工事大都被德军的战防炮和高射炮所击毁，幸存的机枪火力点也在德军重武器与炮兵的火力压制下抬不起头来。因此，古德里安的装甲兵强渡部队遭受的损失很小。

到晚上 8 时，德军占领了色当以南的马尔费森林，晚上 10 时又占领了栋什里。现在，古德里安已经可以穿透敌方防御阵地的纵深，所以他命令部队夜间不许休息，而是一鼓作气，继续向前进攻。很快，德军又占领了色当以南 13 公里处的谢姆里，到晚上 11 时，古德里安的部队已经抵达法国的主要防线。直到这个时候，古德里安才返回自己的军部，开始研究侧翼的战况报告。

第 2 装甲师参加渡河作战的部队并不多，只有前卫侦察营、摩托步兵营和重炮兵参与了行动，但现在还没有过河。第 1 装甲师的步兵已经全部渡过默兹河，等默兹河上的桥梁架好，坦克战车和炮兵便可以过河。第 10 装甲师进展较快，已全部渡过了默兹河，并在对岸建立了一个小型的桥头堡。不过，这个师把师属炮兵调归第 1 装甲师使用，自身得不到炮兵火力的支持，所以经过一天的苦战才基本完成既定任务。也许在第二天的战斗中，第 2、第 10 装甲师的状况可以大大改善，因为它们可以得到军属重高射炮的支援。

作为先头部队，古德里安所部顺利实现了既定目标，这让他想起了当初讥讽他的人，决定挖苦他们一下。他首先发了一个电报给上次在会议中藐视他的布施将军，说自己已经成功渡河。布施将军的反应大大出乎他的意料，不仅没有因为古德里安的电报而气恼，反而给他回了一个亲热、诚恳的回电，祝贺他所取得的成功。这让古德里安一时有点摸不着头脑，原来布施将军的心胸如此开阔，相比之下，他自己反而显得有些心胸狭窄了，这让他感到有点哭笑不得。

5 月 14 日清晨，心里还有些不是滋味的古德里安接到了第 1 装甲师的报告，说他们在昨天夜里已经通过了谢姆里。得知这个消息，他顿时来了精神，极为振奋，赶紧驱车奔往谢姆里。在途中，他看见默兹河的河岸上集结着成千上万无精打采、垂头丧气的战俘，他们中大多数是法国人。

古德里安高兴地来到谢姆里，结果却遇到了新情况，据通报，有一支强大的法国装甲部队正朝着这个方向开进。第1装甲师师长正命令坦克战车部队朝斯通尼方向进攻，迎头痛击前进中的法军。古德里安冷眼旁观，没有干涉第1装甲师师长对于情况的判断与处置，而是跟着反击部队回到默兹河大桥，命令第2装甲师的第2坦克旅立即跟在第1坦克旅后面渡河，以保证河对岸有足够的装甲兵力对付法军装甲部队的攻击。

很快，法军向德军发起了猛烈进攻，战斗进行得十分激烈。法军的坦克主要是20吨重的索马基本型和30吨重的索马B型坦克，性能都比德军使用的10吨重的马克Ⅱ型和22吨重的马克Ⅳ型坦克要好，但是，法军的进攻最后被古德里安的装甲部队给遏制住了。法军败局已定，在布尔逊损失了20辆坦克，在谢姆里又损失了50辆，再也无法改变战局。

这时，古德里安的大德意志步兵团占领了布尔逊，并以此为出发阵地，向费里尔斯发动了进攻。战斗中，古德里安刚离开谢姆里不久，突然来了一群轰炸机，稀里糊涂地对着德军密集地投下许多炸弹，使古德里安的部队蒙受了极大损失，气得古德里安对空军司令大发了一通脾气。

与此同时，第2装甲师已经在栋什里附近渡过了默兹河，并在河的南岸一路攻击前进。为了了解该师的战斗情况，古德里安又驱车前去视察，他发现第2装甲师的指挥官们还是比较认真的，部队正按计划顺利前进。

当古德里安赶回默兹河时，一场围绕着破坏与保卫唯一一座桥梁的战斗正在激烈进行，那里正遭受着前所未有的猛烈空袭。如果不能在默兹河上切断德军的进攻势头，英、法联军的整个防御体系将有崩溃的危险。因此，英、法两国空军受命破坏德军保持进攻的唯一通道，飞行员们勇敢异常，不顾生命危险，一心想要炸断河上的桥梁。而德军为了保护桥梁，也投入了主要的防空部队。到黄昏时，德军的高射炮已经打下了 100 多架联军的飞机。担任防空任务的高炮团团长希佩尔上校还获得了一枚铁十字骑士勋章。

在激烈的空袭中，第 2 坦克旅的坦克一辆接一辆地通过桥梁渡过了默兹河。中午时分，德国 A 集团军群总司令龙德施泰特上将亲自来到默兹河，视察这里的战斗情况。这让古德里安感到很振奋，他站在桥梁的中央位置，向龙德施泰特汇报了全部战况。此时，英、法联军的空袭还在进行。听了古德里安的汇报，龙德施泰特有些怀疑地问道："这里的情形总是这个样子吗?"古德里安毫不犹豫地回答："是的，将军，敌人的空袭一直没有停过。"

龙德施泰特又深入了解了作战细节，并表扬了古德里安部队的英勇表现，之后就离开了。古德里安回到第 1 装甲师师部，这时上级对他的部队渡过默兹河后的下一步行动并没有做出指示，出于自己的理解，古德里安向师长和参谋长提出了一个问题："现在全师已经渡过了默兹河，下一步是全师一直向西推进，还是在南侧阿登运河的东岸留下一个侧卫部队，其他部队则继续向前开进呢?"

温克师长到底是古德里安的老部下，马上就明白了古德里安的话外之意，他用古德里安常用的一句话回答道："只准集中，不准分散。"

古德里安心领神会，马上给第 1、第 2 装甲师下达了命令，要求他们改变进攻的方向，向西推进，以越过阿登运河、突破法国的防线为攻击目标。

为了保证 2 个装甲师的行动能够协调一致、互相配合，古德里安又赶到第 2 装甲师的师部做好协调工作。一切安排妥当后，他才赶回军部，开始研究第二天的作战行动。

古德里安的正北面是莱因哈特将军指挥的第 41 军，它本来是跟在古德里安后面的，5 月 12 日才来到古德里安的右侧，与古德里安的部队一起向敌人发动进攻。当古德里安在默兹河撕开一条通道的时候，莱因哈特也正准备在劳宗维尔和蒙提尔米两处渡河。第 41 军在劳宗维尔的渡河行动被守军击退后，又在蒙提尔米进行了一场激烈的苦战，终于在5月13日渡过了默兹河，随后一直向西推进。在更北面的迪南特以下不远处的霍克斯，隆美尔在坦克战车火力的掩护下也渡过了河，并建了一座浮桥和一个桥头堡。因为装甲军的任务之一是协同步兵和其他兵种，在默兹河上建立桥头堡，所以，维特斯海姆将军的第14军紧跟在古德里安后面，马上就要到达默兹河了。

5月14日黄昏，古德里安的第1装甲师已经渡过阿登运河，并击败了顽强抵抗的守军，占领了辛格莱和芬德利西。第10装甲师的坦克战车部队也越过了梅松西里－劳科特－弗拉巴斯一线，主力抵达布尔逊－推龙尼以南的高地，在那里还缴获了敌方的40多门大炮。

此时第19军的主要任务是坚守斯通尼附近的高地，以防敌人突破古德里安已经建立的桥头堡，保证后续部队能够安全渡河。为了据守这些高地，古德里安的第10装甲师和大德意志步兵团在5月14日与法军苦战了整整一天。斯通尼这个村庄在双方之间多次易手，到5月15日，法军觉得再纠缠下去已经没有什么意义，于是放弃了这些高地。这使古德里安由3个装甲师组成的装甲军得以继续向默兹河以西挺进，直接冲进法国境内。

扑向英吉利海峡

德军在5月13日和14日的行动，给联军带来了重大影响。克莱斯特的2个装甲军迫使法国骑兵部队在色当与那慕尔之间沿着默兹河后撤之后，很快在色当南面渡过默兹河并建立起了桥头堡，完全冲垮了法国第9集团军的防线。5月14日这天，希特勒下令集中一切可以利用的装甲师和机械化师，从克莱斯特在默兹河对岸建立的桥头堡出发，向西然后向北，迅速朝英吉利海峡进攻。因此，古德里安的3个装甲师渡过默兹河后，马上展开了不停顿的进攻，将战火烧到了法国境内。

5月15日清晨4时，维特斯海姆将军来到古德里安的军部，商讨德军据守的桥头堡的交接事宜，古德里安将占据的桥头堡交给维特斯海姆将军接防。他们还一同来到布尔逊附近的第10装甲师师部，讨论了交接的细节问题。在师参谋长李本斯坦中校的建议下，古德里安和维特斯海姆一致决定，在交接期间第 10 装甲师和大德意志步兵团暂由第 14 军指挥，等他们的部队到齐后再归还建制。这样，古德里安的第 10 装甲师和大德意志步兵团便担任了掩护第 19 军沿阿登运河 - 斯东尼高地 - 默兹河河曲一线南面的侧翼任务。

离开第 10 装甲师师部后，古德里安又赶往位于斯通尼的大德意志步兵团团部，打算强调一下交接时的注意事项和任务。当他赶到的时候，恰逢法军发起攻击，结果没有找到大德意志步兵团的指挥官。直至法军的进攻被击退后，他才把交接的事情交代清楚。

当天早上 7 时 30 分，英国首相丘吉尔接到了法国总理雷诺的电话，雷诺在电话里用英语说："首相阁下，我们已经被打败了！我们已经输掉了这场战役！"丘吉尔还没有回过神来，雷诺又重复了一遍。"不可能！"丘吉尔大声叫道，"不可能这么快！"

雷诺沮丧地说："德军突破了我们在色当的防线，德军的坦克如潮水般涌来。"丘吉尔努力让自己保持镇定，他说："当年我曾听福煦[①]元帅说过，这种进攻过一段时间就会告一段落。……五六天之后，他们必须停下来进行补给，这将是我们反击的大好机会。"雷诺回答道："一切都变了，如今我们面对的是一股钢铁洪流。"

当天晚上，古德里安马不停蹄地回到位于默兹河南岸、萨波涅附近一座小森林里的新军部。这里没有他预想中的那样紧张而有序，而是异常混乱，这使他感到很不满意。原来，古德里安的上级兵团司令克莱斯特突然发出了新的命令，命令所有部队停止前进，不准超出桥头阵地的范围。军部人员一时拿不准该如何处理。

经过了解，古德里安得知荷兰在上午 11 时宣布放弃抵抗，与德国

---

① 福煦（1851—1929）：法国元帅，"一战"后期协约国军总司令，被公认是协约国获胜的最主要领导人。1918 年代表法国在贡比涅森林签订对德停战协定，后又在巴黎和会上发挥重要作用。曾提出"胜利在于意志"的观点，后来认识到军队新装备和机械化程度具有决定性作用，则强调歼灭思想和集中优势兵力原则。著有《战争原理》《战争指南》等。

签订了休战协定。法国第 7 集团军本来正向布里达前进，得知这一消息后，连忙撤回比利时境内。现在，联军整条战线的左翼枢纽已经被彻底打破，再也没有力量重建一条新的防线来阻止德军装甲部队的进攻。政治形势风云变幻，兵团司令克莱斯特不知道上级对下一步作战行动有何想法，于是下令部队原地不动，等候最高统帅部的指示。

古德里安从一个战场指挥官的角度出发，认为现在正是进攻比利时的最佳时机，决不能给敌方以喘息之机。所以，他不赞同这个命令，更不愿意遵照执行。他马上与克莱斯特交涉，坚决要求对方收回成命。双方唇枪舌剑地争论起来，最后，克莱斯特做了一定程度的让步，勉强答应古德里安可以在之后的 24 小时之内发起进攻，24 小时之后就要按照他的要求停止任何行动。

得到暂时的行动自由后，古德里安在 5 月 16 日一早赶往第 1 师师部，他听说昨天夜里在巴维里蒙附近曾发生过激烈的战斗，因此想要了解具体的战斗情况，以便决定下一步的行动。当他赶到第 1 师师部所在的村庄时，发现那里一片狼藉，因战争而引发的大火仍在燃烧。步兵团团长巴尔克中校双眼布满血丝，一副疲惫不堪的样子，他的部队昨天夜里攻占了这个村庄。借此机会，巴尔克不失时机地向古德里安诉苦，说他的部队已经筋疲力尽，自 5 月 9 日以后就没有真正休息过，士兵们有时就熟睡在他们战斗的散兵坑里，而且部队的弹药快用完了，昨天晚上的战斗其实也是勉强进行的，当时士兵们都不愿意再打下去了，后来在巴尔克的威逼下才勉强攻占了这个村庄。

古德里安深切体会到了巴尔克中校的辛苦，于是授予他铁十字骑士勋章，以资鼓励。此时依然能够听到敌方机枪对着村庄街道的扫射声，而战斗已基本上接近尾声。

古德里安担心下属指挥官不能真正理解自己的意图，便把前一天德军截获的法军统帅甘末林将军亲自下的手令给大家讲了一遍，手令上说：“德军坦克的狂潮最后必须加以制止！”他分析认为，这个命令表明法军的抵抗能力已经很弱，无法再进行有效的防御，如果这个时候全力进攻，一定会有意想不到的收获。

古德里安还把士兵们一个连一个连地集合起来，进行战场鼓动。他一方面感谢士兵们这几天的努力战斗，另一方面又要求他们乘胜追击，争取最后的胜利。在他的鼓动下，士兵们又重振了信心，这也使他更加坚定自己的设想是正确的。

做完动员以后，古德里安找到第 2 装甲师的参谋长，说明了第 19 装甲师目前的情况，并命令他继续向蒙科尔内追击。在蒙科尔内，古德里安还见到了第 42 军第 6 装甲师的师长维尔纳・肯普夫①将军，他的部队在渡过默兹河后，与古德里安的部队一起赶到了蒙科尔内。为了保证各个部队能够顺利、快速地向前推进，古德里安决定为 2 个装甲师划定道路，以便大家齐头并进，直到坦克的油料用尽。

就在这天下午 4 时 20 分，丘吉尔赶到了巴黎，与法国总理雷诺、国防部部长达拉第和法军总司令甘末林将军见面。甘末林简单介绍了一下当时的形势：德军已经渡过默兹河，突破了法国东部的色当防线，负责阻击的法军全都失败了。现在，德国的一支坦克大军正全速向东海岸的亚眠和阿拉斯推进。估计德军可能会直奔沿海地区，但也有可能扑向巴黎。甘末林讲完后，大家久久没有说话。最后，丘吉尔问道："那么，战略后备部队在哪里呢？"甘末林摇摇头说："没有战略后备部队。"

丘吉尔后来表示："我想这是我一生中让我感到最意外的事情。法军总司令和政府部长们显然认为一切都无可挽回了，这让我们多少丧失了一些信心。"

不久，甘末林被撤掉了，代之以"一战"时的老将马克西姆・魏

---

① 维尔纳・肯普夫：纳粹德国装甲兵二级上将，历任第 6 装甲师师长、第 48 装甲军军长、肯普夫装甲军团司令。后来被希特勒撤职，转入国防军最高统帅部预备役直到"二战"结束。

刚[①]。当时魏刚已经73岁，思想比甘末林更为保守，尽管他表现出充沛的精力和信心，但战局已经不可挽回了。

5月16日这一天快结束的时候，古德里安的先头部队向前推进了364公里，抵达距色当仅88公里的马尔勒和德尔西。与此同时，古德里安在蒙科尔内的部队搜捕了几百个属于不同部队的法国战俘，从他们脸上那惊奇的表情可以看出，他们对德军的快速行动相当吃惊。其中一个战车连属于戴高乐[②]师，他们本来打算从西南面进入这个镇进行防御，没想到战斗还没开始便成了俘虏。尽管联军在局部地区曾击退过德军的进攻，但终究抵挡不住德军强大的攻势，不得不在当天准备撤离比利时。

古德里安把军部安置在蒙科尔内以东一个叫索伊兹的村庄里，随后与第1、第2装甲师取得了联络，了解了全军的进军情况，又用无线电报告给兵团司令部，表明自己追击顺利以及继续追击的决心，希望在5月17日能够继续前进。

报告发出后，古德里安满心欢喜地等待着消息，心想自己曾在3月份对希特勒说过要以英吉利海峡为目标一直进攻，而希特勒在5月14日也曾下令向海峡前进，基于他和第41军在这一天所取得的胜利，上级肯定不会再坚持停止行动了。然而，古德里安打错了如意算盘。5月17日清晨，兵团司令部命令他立即停止前进，并要求他本人于早上7时向克莱斯特报到。

古德里安非常不解，他寄希望于克莱斯特能够给出一个满意的解释，没想到等来的却是一顿臭骂，质问他为什么不服从命令，还让部队继续追击。古德里安十分气愤地说："将军，既然我不称职，那么就请您将我免职算了！"

---

① 马克西姆·魏刚（1867—1965）：法国陆军上将。"一战"时任法军最高统帅福煦的参谋长，"二战"初期时任法军总司令，后来一度担任维希政府国防部部长、维希政府驻北非总代表和北非法军司令。

② 戴高乐（1890—1970）：法国军事家、政治家、外交家、作家，法兰西第五共和国的创建者。法国人民尊称他为"戴高乐将军"。

克莱斯特听了不免有点慌张，但说出去的话已经收不回来了，他只得点点头，让古德里安把职务交给手下的一个资深部将。两人就这样不欢而散。

倔强的古德里安回到军部后，马上叫来第 2 装甲师师长法伊尔将军，让他暂代自己的职位，然后发电报给集团军总司令部，说他将在正午前办好移交手续，之后飞回总司令部报到。集团军总司令部马上回电，命令古德里安不得离开他的军部。后来，在总司令部代表威廉·李斯特[①]将军的劝解下，古德里安的心情才稍微好转一些。李斯特将军同样认为，不能轻易放弃进军的时机，于是批准古德里安继续做战斗侦察，但是不能移动军部，以便与上级保持联系。

古德里安之所以提出辞职，只是一种以退为进的要挟，现在目的达到了，他也就心满意足了。他向李斯特将军表示了感谢，同时让他代自己转达对克莱斯特的歉意。

实际上，停止进攻的命令不是克莱斯特，更不是最高统帅部下达的。原来，就跟挪威战役时一样，希特勒又开始变得神经质了，为德军迅速取得的成功而莫名其妙地惶恐不安起来。所以，他在 5 月 17 日克莱斯特的装甲部队正欲席卷英吉利海峡的时候出面干涉，要求部队暂时停止前进，目的是等步兵师赶上来，以保护德军进攻时的侧翼安全。陆军总参谋长哈尔德在当天的日记中写道："5 月 17 日实在是令人沮丧的一天。元首的神经紧张到了可怕的程度。他被自己的成功吓坏了，害怕得到任何机会，并尽量控制我们……在这个时候，每一分钟都极为宝贵，但元首与统帅部的看法截然不同，他对德军南面侧翼的安全担忧，大声怪叫着说我们会搞砸整个战役。"

李斯特将军离开后，古德里安马上命令全军出击，同时命令设立前线指挥部，在前线指挥部与军部之间架设一条专用电话线，以免兵团司

① 威廉·李斯特（1880—1971）：德国陆军元帅，参加过"一战""二战"，历任第 4 军区司令、第 12 集团军司令、第 14 集团军司令、驻雅典东南方面军总司令、A 集团军群总司令。曾获二级铁十字勋章、一级铁十字勋章、铁十字骑士勋章。"二战"结束后被判处终身监禁，1952 年因病获释。

令部收听到他和下属之间的无线电通话内容，引起不必要的麻烦。后来他表示："在抵达大西洋海岸前，我再也没有接受过任何命令，所有的决定都出自我本人。最高统帅部只能牵制我的行动。"

这时，德国的装甲部队已经逼近圣康坦，威胁到了法国第 1、第 7 集团军和英国远征军的后方交通线，法军防线的缺口达到了 97 公里。古德里安的军部虽然停了下来，但他的部队并未停止行动。5 月 17 日早上，第 1 装甲师攻下了利贝蒙和克雷西；第 10 装甲师的前卫部队从色当以南向前推进，也到达了弗内利考。到当天黄昏，古德里安部在莫伊附近越过瓦兹河，并建立了一个牢固的桥头堡。

5 月 18 日上午 9 时，第 2 装甲师抵达圣康坦。它左边的第 1 装甲师渡过了瓦兹河，正向佩罗讷推进。

5 月 19 日清晨，第 1 装甲师强渡索姆河，建立了一个桥头堡。由于德军的推进速度很快，导致几个到前线观察的法国参谋军官躲避不及，惨遭俘虏。古德里安的前进指挥所随后移到了维莱勒塞克。

此时德军进攻的前锋已经抵达法国北部运河一带。法军总司令刚刚由魏刚将军接任，法军的组织仍然十分混乱，被德第 9 集团军撕开的防线缺口得不到充分补救，侧面攻击也无法拦截直达索姆河流域和英吉利海峡的克莱斯特的 5 个装甲师。至此，法军败局已定。

很快，隆美尔的第 7 装甲师到达了马尔昆，在其两侧的第 6、第 8 装甲师也来到了因齐和包梅兹以东地区；第 5 装甲师保护着第 7 装甲师的外侧；古德里安的第 2 装甲师到达孔布勒以东，第 1 装甲师到达皮隆尼，第 10 装甲师保护着第 1 装甲师的翼侧。

就在这时，法第 7 集团军的指挥官亨利・吉罗①将军在侦察前进的过程中，贸然闯进了一个德军的前哨阵地，不幸成为开战以来法军第一

① 亨利・吉罗（1879—1949）：法国陆军上将。"二战"爆发后，先后担任第 7、第 9 集团军司令，1940 年在比利时境内被德军俘虏，囚于萨克森。次年越狱成功，逃到里昂，随即参加抵抗运动。达尔朗遇刺后，出任北非民政和军事最高指挥官，但在依赖大国的政策上与戴高乐发生矛盾。1943 年与戴高乐共同出任法兰西民族解放委员会主席，在委员会中属少数派，7 月底辞职。战后曾任法国最高防务委员会副主席。著有《我的脱逃》《胜利，阿尔及尔 1942—1944》等。

位被俘的高级将领。

古德里安的部队还在沿埃纳河、塞尔河和索姆河的北岸前进，这些河流恰好对其左翼构成了天然的掩护。这一天，古德里安的部队经过了“一战”时的索姆河战场。

从5月16日开始，戴高乐率领法军第4装甲师也在这个地区活动，并不断地袭扰古德里安的部队。法国的坦克在数量和性能上都优于德国的同类武器，只可惜法军将这些重型的进攻性武器按计划分配到了战线的各个部分，导致这些装备无法构成机动兵团。即便是投入战斗也是被分散使用。所以，法军第1装甲师于5月16日在那慕尔西侧发起反击时，反而被德军包围歼灭了。同一天，法军第2装甲师乘火车前往希尔逊，结果在下车的时候也被德军消灭了。法军第3装甲师刚抵达色当以南，便被分配到各营中，结果也被逐个消灭了。

5月17日，戴高乐率领第4装甲师进攻蒙科尔内，企图占领这个要点城镇。5月19日，有少量法国坦克突入了古德里安部队的防区，最近时离古德里安的前进指挥所不到2公里，前进指挥所里的人一个个都把心提到了嗓子眼，做好了抗击法军的准备。幸运的是，法国坦克向前推进不久，便掉头往其他方向去了，使古德里安的前进指挥所躲过一劫。

当时巴黎地区集结着一个法国预备军团，拥有8个师的兵力，但是，德军对法军的作战思想研究得十分透彻，知道只要时刻让部队处于运动之中，这就令以僵化作战原则指导的法军搞不清战场态势到底如何，因而不会贸然采取行动。这样古德里安的部队就可以大胆地继续向前推进了。

到5月19日黄昏，德第19军推进到了康布雷－佩罗讷－阿姆一线。第10装甲师代替第1装甲师，负责掩护古德里安所部越来越长的左翼。第1装甲师的先头部队由古德里安手下的悍将巴尔克中校率领。巴尔克立功心切，担心走得太迟会赶不上攻打亚眠，因此他不等接防的第10装甲师到位，就匆忙向前进发了。第10装甲师的指挥官为此大发雷霆，一直告到了古德里安那里。还算巴尔克幸运，他率部离开防区时，法军没有乘虚进攻。后来古德里安在前往亚眠途中，还特意去了一趟佩罗讷，查看两师的接防情况。

尽管德军很快放弃了停止前进的命令，但直到这天，古德里安才真正接到可以继续向前推进的命令。5 月 19 日夜，古德里安把军部转移到马尔利维尔，第 10 装甲师负责掩护左翼即从科尔比到亚眠以东地区，其原有防御地带由第 29 摩托化步兵师接替。同时，第 1 装甲师直趋亚眠，迅速在索姆河南岸建立了一个桥头堡。至此为止，从斯卡尔皮河到索姆河之间的广大地区都已落入德军手中，英军的交通线被切断了，德军到海峡港口的道路已经打开。在这 11 天中，德军整整前进了 355 公里，堪称神速。

第 2 装甲师的任务是：经阿尔贝向阿布维尔进攻，在那里渡过索姆河后建立另一个桥头堡，并肃清该地区的残敌。古德里安初步估计了一下，第 1 装甲师在上午 9 时应该可以向亚眠发起进攻，所以他在清晨 5 时就赶到前线，亲自参与了这次具有历史意义的战斗。

为了守住埃纳河与索姆河之间的新防线，法军匆忙从各地抽调兵力，勉强拼凑了 3 个新的集团军。其中，第 6 集团军部署在阿提格尼与索松斯之间的埃纳河上；第 7 集团军由被俘的吉罗将军的一部分老部队加上新司令弗利里将军的部队构成，部署在索松斯与皮隆尼之间的瓦兹河上；第 10 集团军部署在索姆河上的皮隆尼到海岸线之间。

5 月 20 日上午 8 时 45 分，当古德里安到达亚眠外围的时候，第 1 装甲师正在猛攻守军的阵地，战事进展还算顺利，不到中午就攻克了亚眠，并在城外构建了一个桥头堡，纵深约有 7 公里。古德里安大致看了一下第 1 师新建的桥头堡，对第 1 师的行动进行了表扬。随后，他粗略浏览了一番这个城市的风景，看了看这个以美丽的教堂而驰名的城市，就匆匆返回阿尔贝。

返回的路上，看到无数因战争而流离失所的难民，古德里安虽然心里感到难过，但也知道这是战争的必然现象。急剧发展的战况使联军陷入了混乱之中，也使德军向前推进的部队不屑于俘虏那些零星的敌人。联军的一些车辆居然跟着德军纵队行进，估计是想通过这种浑水摸鱼的手段逃回巴黎。为此，古德里安命令行军纵队检查自己的队伍，清除混进来的联军官兵，很快就抓获了 15 个英国人。

这种现象在当时十分普遍，戴高乐曾经回忆道：“（5 月）16 日那一天……我看见很多士兵把武器丢了。他们都是前一天被德国装甲部队击溃的士兵。他们逃跑时被敌人的机械化分遣队追上了，敌人对他们说：‘我们没有时间俘虏你们，你们赶紧放下武器并离开道路，以免阻碍我们前进。’”

回到阿尔贝后，古德里安看到第 2 装甲师正在处理抓获的俘虏。他们的行进速度大大超出了守军的意料，结果轻松俘获了一个完整的英国炮兵连，加上其他俘虏，市场和附近的街道上挤满了各国的俘虏，显得十分混乱。

古德里安原以为第 2 装甲师的汽油用完了，打算让部队停下来，等待补充油料，但他仔细视察后，发现根本不是这么回事，所谓油料不足，其实只是部队疲倦了想要休息的一个借口。找到原因后，古德里安狠狠地批评了法伊尔，并命令第 2 装甲师于当天晚 7 时以前必须赶到阿布维尔。

这时，古德里安的军部又转移到了凯里约。在这里，他再一次受到了自己人的攻击，德国空军飞机飞抵后不辨目标，竟然向古德里安的军部所在地投下了炸弹。军部防护部队也毫不客气，拿起各种武器向飞机开火，结果高射炮打中了 1 架飞机，2 个驾驶员只得跳伞逃离，当他们降落到地面后，才发现“敌人”竟然是自己人。这件事搞得大家都非常生气，但是今后在作战行动中还需要互相支援，为了息事宁人，古德里安只好屈尊向 2 位年轻的空军军官赔不是。

这一天德军进展神速，第 2 装甲师在空运补给的保障下，一天就推进了 80 公里。到了晚上，第 2 装甲师的斯比塔营也通过了罗也利斯，成为第一支到达大西洋海岸的德军部队。

由于没有接到下一步的行动指示，克莱斯特只好命令已经抵达法国阿布维尔附近大西洋岸边的装甲部队原地休整待命。

这一消息引起了希特勒的极度紧张，直到得知德军的坦克部队已经抵达阿布维尔，从那里可以直扑英吉利海峡，他紧张的神经才终于松弛下来，并乐观地预言道："这一胜利必将雪洗《威斯特伐利亚和约》[1]给伟大的德意志人民所带来的耻辱!"（这个和约是欧洲"30年战争"结束的标志，该和约使法国成为欧洲居于支配地位的国家）

此时法国北部的法国第1兵团、英国远征军和比利时的22个师被彻底包围了，他们三面受敌，背朝大西洋，离他们最近的海港是敦刻尔克。一部分英国装甲部队曾奉英国远征军总司令约翰·戈特[2]之命，企图于5月21日在阿拉斯向南突围，但没有成功。

从上述战斗可以看出，德军之所以能够获胜，一是古德里安不顾陆军高层人员的质疑，坚持在步兵和炮兵没有到位的情况下强渡默兹河，打了法军一个措手不及，使德军轻松取得了突破，从此立于不败之地；二是渡河之后的快速推进，在受到德军高层甚至希特勒本人阻挠的情况下，古德里安宁愿抗命不从，也不肯停下进军的步伐，从而大大缩短了战争的进程。

很快，希特勒把目光投向了更远的地方，即实现他的"红色方案"。根据这个方案，德军将经由索姆河和埃纳河，向塞纳河下游及瑞士边境迅猛南进。

5月21日上午，古德里安接到了继续向北推进，最终占领英吉利海峡各个港口的命令。此时，古德里安所在的A集团军群已经切断了联军南逃的退路，并且在色当到法国西海岸之间构成了一条战线。北面博克的B集团军群在攻占荷兰和比利时东部后，正向西推进。因此，被包围的数十万联军部队，逃生的唯一希望就是从法国北部的几个港口撤

---

① 《威斯特伐利亚和约》：是象征欧洲30年战争结束而签订的一系列和约，签约双方分别是统治西班牙、神圣罗马帝国的奥地利哈布斯堡王朝和法国、瑞典以及神圣罗马帝国内勃兰登堡公国、萨克森选侯国、巴伐利亚等诸侯邦国。它确定了国际关系中应遵守的国家主权、国家领土与国家独立等原则，对近代国际法的发展具有重要的促进作用，该和约的签订被誉为"影响世界的100件大事"之一。

② 约翰·戈特（1886—1946）：英国陆军元帅，人称"老虎戈特"。历任坎伯利参谋学院院长、帝国总参谋长、英国远征军总司令、国民自卫军总监、直布罗陀总督、马耳他总督。1945年继承贵族爵位。

退到英国。为了以最快的速度抢占那几个港口，古德里安马上命令第10装甲师向敦刻尔克推进，第1装甲师向加来推进，第2装甲师向布洛涅推进，希望以装甲部队的快速推进，一举切断联军的退路。

一切已经准备就绪，第10装甲师却突然被总部调走，担任兵团预备队，不再归古德里安指挥。这使古德里安只剩下了2个装甲师，实力被大大削弱。古德里安强烈要求保留原有的3个装甲师，以保证他能迅速占领法国北部各主要港口，但是兵团司令克莱斯特毫无商讨的余地，坚决地拒绝了他的要求。古德里安无奈之余，只得改变原定计划，把第1装甲师的任务改为加强大德意志步兵团，以萨梅尔-代夫勒-加来为作战目标；第2装甲师则沿着海岸向布洛涅推进。

5月22日清早，新的攻势开始了，古德里安的部队向北渡过欧蒂河。为了防守索姆河上的桥头阵地，以及等待第14步兵军接防，古德里安还需要留下一部分人马，因而进攻力量显得有些不足。

下午，在代夫勒、萨梅尔以及布洛涅的南面，古德里安的部队与联军发生了激烈的战斗。这支联军大部分是法国人，还有一些英国、比利时、荷兰等国家被打散的士兵，在地面的防御难以构成一个完整的体系，不过，他们投入了大量空军来支援地面作战。联军空军向古德里安的部队发动了多轮攻击，给德军的进攻造成了一定影响。由于地面部队的迅速推进，德国空军已经无法提供全面的支援，古德里安只好冒着联军飞机的投弹和扫射，艰难地向前推进。

所幸，克莱斯特很快便将第10装甲师交还给古德里安，于是，古德里安把已经推进到离加来不远的第1装甲师调往敦刻尔克方向，其原定的作战任务由第10装甲师接手；第2装甲师则独立攻击布洛涅城。

5月23日上午，第1装甲师在俗称“坟墓线”的地方遇到了联军的顽强抵抗，第2装甲师也在布洛涅的周围和城里进行着激烈的战斗。布洛涅城的城墙异常坚固，炮兵和坦克的炮弹打在城墙上毫无作用，最后只好用88毫米口径的高射炮直接轰击城墙，这才使步兵得以用梯子爬进城去，突入城区。

希特勒的反常

5 月 24 日，古德里安的第 1 装甲师越过海岸与荷尔奎之间的阿运河，并在运河对面占据了几个桥头堡；第 2 装甲师则继续扫荡布洛涅的残敌；第 10 装甲师到达了代夫勒 - 萨梅尔一线。

为了加速联军的最后崩溃，德国 A 集团军群又把党卫军的“希特勒近卫师”调拨给古德里安。古德里安命令该师朝瓦唐方向进攻，协助第 1 装甲师进攻敦刻尔克；第 2 装甲师留下少量兵力占领布洛涅，其余人马全部增援瓦唐方向；第 10 装甲师目前已经包围了加来，正准备对这个古老的海上要塞发起进攻。第二天，布洛涅方向的军属重炮兵部队赶往敦刻尔克进行增援。

胜利的天平倒向了德军一边，胜利之神似乎已经在向他们招手了。在摩托化步兵师的支援下，古德里安的装甲军已经抵达英吉利海峡，并切断了英国远征军以及与英军协同作战的法、比部队向南延伸的交通线。联军在北方的几支部队被隔绝在英吉利海峡沿岸格拉夫林和纽波特之间以敦刻尔克为中心的不断缩小的三角地带。法军和英国远征军的防御彻底被打破了，部队陷入分散混乱之中，一旦敦刻尔克失守，联军将被全部包围，那么德军剩下的工作就是歼灭联军的部队了。

此时古德里安第 19 军的主力已经到达距敦刻尔克 16 公里的格拉夫林。莱因哈特的第 41 装甲师也已渡过阿运河，抵达艾尔 - 圣奥梅尔 - 格拉夫林运河一线，并在圣奥梅尔建立了桥头堡。

德军占据了绝对优势，前线的官兵都急于想在合围联军的最后一战中有所表现。然而，就在这一天，希特勒突然下达了一道莫名其妙的命令——部队停止向前推进。这样一来，左翼的部队全部停在阿运河一线，禁止渡过运河。而这条运河离敦刻尔克海港最近处仅 16 公里。

希特勒为什么会下达这样的命令呢？原来，在 5 月 23 日下午 6 时，龙德施泰特曾命令第 4 集团军霍特的装甲师和克莱斯特的装甲兵团原地待命，以等待战场情况的明朗化。龙德施泰特行事一向谨慎，可以向希特勒提供冷静客观的判断，而这正是希特勒所欠缺的。这次他的判断对于德国取胜却是弊大于利。5 月 24 日上午 11 时，希特勒视察了龙德施泰特的 A 集团军群，龙德施泰特建议在离敦刻尔克不远的运河一线，装甲部队应停止前进，等待更多的步兵部队前来。希特勒同意了这一建议，决定改由 B 集团军群向南压迫联军，压向龙德施泰特的部队，然后再加以歼灭。与此同时，希特勒坚决主张应保留装甲兵力，以供未来作战使用。希特勒离开后，龙德施泰特马上下达了命令："根据元首的命令，不应越过朗斯 – 贝顿 – 艾尔 – 圣奥梅尔 – 格拉夫林一线。"

正所谓"机不可失，时不再来"，时机对于战争极为重要。希特勒在关键时刻下达这样的命令，实在令人不解。如果继续向前推进，联军将瞬间瓦解。大家都在猜测希特勒喊停的原因：也许是德国的装甲师太累了，需要休息和补给。克莱斯特就曾经说过他的装甲兵团的坦克战车有一半已经无法作战，霍特也说他的坦克战车损伤了 30% 。又或许是法军在埃纳河和索姆河以南的主力部队并没有被歼灭，保存得相当完整，而德军的战线拉得过长且侧翼完全暴露，因此有停下来的必要。抑或德国当局与英国海陆军部的看法差不多，认为从海峡滩头进行大规模的撤退根本就不可能。

陆军总参谋长哈尔德对希特勒的做法极为不满，5 月 24 日晚上，他在日记中写道："左翼由装甲部队和摩托化部队组成，前面没有敌人，但在元首的直接命令下，将就地停止前进。歼灭被围之敌的任务被要求留给空军。"

古德里安接到的命令是："敦刻尔克完全留给空军去对付。如果在攻占加来的过程中感到力不从心的话，也可以将任务交给空军去执行。"这简直把空军说得太神乎其神了！古德里安十分不懈，但希特勒根本不向他们解释停止进军的理由，也不给他们表达想法的机会，只是命令他们无条件执行命令。各指挥官只好将命令传达下去：坚守目前的阵地，部队休整待命。前线军人对此都感到十分痛惜，眼看马上就要完成合围了，任何犹豫与拖延都将严重影响整个战局，给德军带来无可挽回的损失。

5 月 25 日上午，情绪低落的古德里安来到瓦唐视察党卫军的“希特勒近卫师”，看看他们是否已经接到停止进攻的命令。当他抵达该师防区的时候，发现部队正在紧张而忙碌地渡河。渡河地点的对面是瓦唐山，只有 771 米高，但它在这个平原地区却是极为重要的制高点，对周围地区有着控制全局的作用。几经周折，古德里安终于在一座古炮台的废墟旁找到了“希特勒近卫师”师长迪特里希，问他为何不停止行动。迪特里希表示联军据守的这个山头控制着河岸，使对面河岸上的德军无法进行防御，因此，他只能渡河将这座山攻下来。古德里安本来就对停止进军的命令极为不满，现在部下有了行动的理由，他又怎么会不支持呢？他马上批准了迪特里希的行动，同时还以支援该师的名义，命令第 2 装甲师立即向前推进，支援党卫军。

这时，一些地区的战斗仍然在激烈地进行着。古德里安的部队肃清了布洛涅的联军，彻底占领了布洛涅；包围加来的第 10 装甲师正在加来的卫城以外作战，逐渐压缩对守军的包围。古德里安曾想劝降守城的英军，但遭到了拒绝，只得继续强攻。

5 月 26 日中午，为了“落实”上级的命令，古德里安来到第 10 装甲师师部，询问该师师长：“要不要把加来留给空军去解决？”

第 10 装甲师师长一听顿时拉长了脸，觉得古德里安在怀疑他们的战斗力，如果这个时候撤出，岂不是让他人白白捡了个大便宜？因此，他不高兴地反驳道：“将军，您认为空军的炸弹能炸毁那厚厚的城墙和古老要塞的地下室吗？我反对这个提议！而且，如果让空军去轰炸，那么我军就要组织撤退，这反而增加了行动的复杂程度。我们绝对能够攻克这座城市，用不着留给他们！”

古德里安自然同意第 10 装甲师师长的想法，还派第 2 装甲师跟进支援。当德军向守城英军发出最后通牒时，英军守将尼克逊说：“英国陆军的责任是要打得和德国陆军一样好。”随后，第 10 装甲师发起了猛烈的进攻，到下午 4 时 45 分，英军终于支持不住了，只得宣布投降。加来终于被攻克了。

这一仗，古德里安的部队又俘获了 2 万联军官兵，其中只有三四千是英国人，其余的法国、比利时和荷兰士兵是在他们被关押的地方遭到俘虏的，因为他们产生了厌战情绪，英军担心他们会制造麻烦，于是就把他们锁在地下室里。

敦刻尔克的遗憾

攻克加来以后，克莱斯特将军特意前来表扬了古德里安所取得的成绩。这是他第一次表扬古德里安的部队。

5 月 26 日，古德里安终于等到了希特勒命令他们继续向敦刻尔克进攻的指示。他后来在回忆录中写道："一切都太迟了。如果最高统帅部当初没有制止第 19 军的推进，敦刻尔克早就被攻克了，战果也远非现在可比。假如我们当时能够俘虏全部英国远征军，未来的战局发展也许将是另一个模样。不幸的是，希特勒的神经质导致这个大好机会被白白浪费掉了。"

接到命令后，古德里安当晚就发动了一次攻势。他以第 20 摩托化步兵师、党卫军"希特勒近卫师"和大德意志步兵团为主力，在重炮的掩护下，向沃尔穆特发起了进攻。与此同时，他命令第 1 装甲师在左翼一同向前推进。大德意志步兵团因为得到了第 10 装甲师的第 4 坦克旅的有力支援，很快就占领了克洛奇高地；第 1 装甲师的装甲侦察营也占领了布罗克尔克。此时敦刻尔克到处都是联军的运输船只。可以说，希特勒的一个错误决定，使得本来密不透风的墙，硬生生地被英国人钻开了一个洞。

5 月 27 日，古德里安正准备向敦刻尔克发起进攻，结果新的命令又来了，他不得不在一眼就可以望见敦刻尔克的地方停止前进。

德军的反常举止实在令人费解。5 月 25 日早上，希特勒还授权龙德施泰特可以让部队越过运河，但龙德施泰特没有采取任何行动；5 月 29 日，该军又接到命令说撤回后方，由第 14 军接替他们的防区任务。希特勒的反复，给英国政府创造一个很好的撤退机会。

当德国 A 集团军群暂停前进、B 集团军群在 5 月 25 日突破里斯河防线后，英国远征军的戈特勋爵就放弃了反攻的念头，命令所属的第5师和第15师改变原定任务，堵住被德国B集团军群打开的缺口，这一举措对英军成功撤退起到了至关重要的作用。

5月28日，比利时的黑暗时期开始了。比利时国王利奥波德三世①见盟军无力支援，不顾比利时内阁的强烈反对，率领军队投降了。比利时的投降发生在荷兰屈服于德国闪击战的无情炮火之后两个星期。5月14日，荷军总司令亨利·捷哈德·温克尔要求部下放下武器，避免进一步的流血牺牲。

与此同时，戈特开始着手制订撤出英国远征军的“发电机计划”。为了更快地撤回远征军，英国政府除了要求海军部出动大量船只，还发动老百姓积极救援自己的军队。前线的败退使英国人民纷纷指责政府的无能，但军队是人民的子弟兵，因此，英国人民奋不顾身地参加了营救行动。这就使通往敦刻尔克的航道上出现了这样一幅奇怪的画面：船队中不仅有军舰、政府征用的大型商船，还有数不清的民间船只。这些民间船只既没有接到过政府的通知，也没有进行过登记，它们之所以参与营救行动，只是因为听说军队被困在敦刻尔克。这些船只由于没有组织，只能凭借先辈征服海洋的精神，蜂拥着朝炮声隆隆的岸边驶去。

此时30多万联军官兵唯一的生路，就是敦刻尔克及其附近40公里海岸线。5月26日晚，即实施“发电机计划”的第一个晚上，首批1 312人，主要是后勤部队，顺利离开敦刻尔克回到英国。

5月27日，德国空军第2、第3航空队对敦刻尔克港区和海滩进行了猛烈轰炸，总共投下1.5万枚高爆炸弹和3万枚燃烧弹，敦刻尔克几乎被夷为平地。为了掩护海滩上的登船点和执行运输任务的船只，英国空军从本土起飞200架次战斗机，竭尽全力地阻击德机。英国海军也全力以赴，抽调了1艘巡洋舰、8艘驱逐舰和26艘其他舰艇参与撤退行动，海军官兵凭借高超的技术，全速通过巨浪滔天、弹如雨下的英吉利

① 利奥波德三世（1901—1983）：比利时国王，即位后奉行独立的外交政策。“二战”期间任比利时军队最高统帅。德军入侵比利时后，下令被围困部队投降。1945年后因复位问题引起争议和叛乱，被迫让位于儿子博杜安。

海峡。这一天撤出了 7 669 人。

当天晚上，德国海军潜艇、鱼雷艇和扫雷艇从荷兰、比利时的港口出发，企图凭借夜色的掩护攻击参与撤退的英国船只。希特勒也取消了装甲部队停止前进的命令，使装甲师再度投入了战斗。地面上，德国陆军步兵利用比利时投降的机会，从比军防区直扑敦刻尔克。

5 月 28 日上午，敦刻尔克大雾弥漫，德国空军出动了 2 个轰炸机大队，但在到达敦刻尔克后因能见度太差，被迫带弹返航。英军利用这一时机，抓紧组织撤退。当天下午，德军不时出动三五架飞机对敦刻尔克实施空袭，企图干扰英军撤退。但他们投下的大部分炸弹都落在了海里和空旷地带，即使是在英军集结地点附近爆炸，柔软的沙滩也吸收了爆炸的绝大部分能量。这一天，一共有 17 804 人撤离，比前一天多了 1 万多人。

1940 年法国敦刻尔克海滩上的盟军官兵等待撤退

5 月 29 日，英军吸取三天来的经验，采取了很多措施来加快登船速度。下午天气开始转晴，德国空军大举出动，以大型船只为目标进行集中攻击，德军的地面炮火也打到了海滩、东堤和航道上。尽管损失惨重，但因为有大量民船加入撤退行动，这一天一共撤走 47 310 人。

一直到6月4日下午2时23分，除了没来得及撤出的法国第1集团军的4万人外，一共有338 226人撤出了敦刻尔克，其中包括21.5万名英国人、12.3万名法国人和比利时人，这些人中有5万人是由法国海军救出的。在撤退的过程中，被击沉的各种船只一共243艘，其中英国226艘、法国和比利时17艘。英国远征军丢下了1 200门火炮、1 250门高射炮和反坦克炮、6 400支反坦克枪、2.1万挺机枪、7.5万辆摩托车和700辆坦克。这次撤退回到英国的官兵，绝大部分成了日后反攻德国的骨干力量。

联军的这次撤退行动，被誉为“敦刻尔克奇迹”。撤退工作结束后，英国首相丘吉尔在下议院发表了演讲，他说：“我们必须非常谨慎，不要把这次撤退视为一种胜利，战争不是靠撤退来取胜的。……德军拼命想击沉海面上数千艘满载战士的船只，但他们被击退了，他们遭到了挫败，而我们撤出了远征军！……”

他还表示英国将战斗到底：“欧洲大片的土地和许多古老著名的国家，即使已经陷入或可能陷入秘密警察和纳粹统治的种种罪恶机关的魔掌，我们也毫不动摇，毫不气馁。我们将战斗到底。我们将在法国作战，我们将在海洋中作战，我们将以越来越大的信心和越来越强的力量在空中作战，我们将不惜一切代价保卫本土，我们将在海滩作战，我们将在敌人的登陆点作战，我们将在田野和街头作战，我们将在山区作战。我们绝不投降，即使我们这个岛屿或这个岛屿的大部分被征服并陷于饥饿之中——我从来不相信会发生这种情况——我们在海外的帝国臣民，在英国舰队的武装和保护下也会继续战斗，直到新世界在上帝认为适当的时候，拿出它全部的力量来拯救和解放这个旧世界……”

敦刻尔克大撤退并不是一次战役，甚至可以说是在德军穷追猛打下被逼无奈的逃亡之举，但不管怎样，这次撤退是成功的，经过丘吉尔的正确处理和加工，这次撤退一方面增强了英国人民的士气，向全世界人民表明，英国有继续战斗下去的决心和勇气；另一方面也打破了德军“铁军”的神话，增强了各国抵抗纳粹德国的信心。

当然，我们也不能忽略英军为掩护撤退而进行的顽强防守及对德军的骚扰行动。5 月 27 日，党卫军“希特勒近卫师”的师长迪特里希从前线驾车回来的路上，突然遭到躲在房子里的英国士兵的袭击，机枪正好命中他的指挥车，车体顿时燃烧起来。迪特里希有些措手不及，匆忙跳出车外，通过后面的无线电通信车发出求救信号才得以脱身。

与此同时，法军发起的夺取索姆河桥头堡的行动，也掩护了英国远征军的安全撤离。5 月 28 日下午 6 时，戴高乐指挥第 4 装甲师，加上配属第 22 殖民地步兵团和第 2 骑兵师的炮兵，对索姆河上高伯山附近的德军防线发起了进攻。尽管他们没有夺回阿布维尔的桥头堡，但是在三天的流动攻击中也擒获了几百名俘虏和获得大量的军事物资，在一定程度上为英国远征军的撤退赢得了时间。

古德里安认为，如果不是最高统帅部突然喊停，英国远征军就不可能成功出逃，即便不能全歼敌军，至少胜利的成果会大得多。一旦全歼英国远征军，德国在外交谈判中就多了一个重要筹码。陆军总参谋长哈尔德也认为，当时德国装甲部队已经到了英军的背后，但是希特勒将其撤回，结果使英军得以逃出。也有人分析说，希特勒之所以暂停进攻，并不是出于军事上的考虑，他认为英国人是仅次于日耳曼民族的优秀人种，所以希望给英军留条退路，以便和英国联手统治世界。

希特勒本人在 6 月初由 B 集团军群司令博克将军召集的高级军官会议上，这样解释他在敦刻尔克暂停前进的决定：“先生们，你们也许会感到惊讶，为什么我要将装甲师停在敦刻尔克的外面，事实是，我浪费不起我们的军事力量。我担心敌人从索姆河上发起进攻，那样会消灭我们第 4 集团军薄弱的装甲部队……这样的军事挫败……可能对外交政策产生无法预计的后果……”

古德里安对于希特勒的说辞不置可否，木已成舟，现在说什么都晚了，对他来说，唯一的安慰是可以经常收到儿子的消息。他的长子海因茨・冈特在弗兰德平原作战的时候受伤了，幸好伤势不重，没有生命危险；他的小儿子库尔特在进军法国的作战过程中，因军功荣获第一、第二两级的铁十字勋章，而且库尔特因为在装甲侦察营服役，所以一直没有受过伤。

6 月 2 日晚上，就在希特勒为“敦刻尔克大撤退”如坐针毡的时候，电话铃响了，陆军总司令布劳希奇兴奋地报告说：“元首阁下，第一阶段的作战结束了，德军只受到了轻微的损失，但法军遭到了惨败，他们不仅损失了 1/3 的兵力，而且剩余的部队也相当薄弱。面对德意志军队的强大武力，法军已经无力再抵抗了。现在，拥有 136 个师的德国陆军将以二比一的优势对抗法军的 66 个师，是开始实施‘红色方案’的时候了，德军将彻底打败法国。”希特勒听了，情绪才稍微有些好转。

组建装甲兵团

早在 5 月 28 日，希特勒就曾命令古德里安组建一个新的“古德里安装甲兵团”，由古德里安亲自指挥。接到命令后，古德里安马上开始了新兵团的组建工作。6 月 1 日，古德里安把他的装甲兵团司令部迁到西格尼，并着手准备下一次的作战。这个新装甲兵团的司令部，是在第 19 军的基础上建立起来的，人员主要来自这个装甲军，参谋长还是深受古德里安信任的瓦尔特・内林①上校。在编制上，这个兵团辖有施密特将军指挥的第 39 军，下辖第 1、第 2 装甲师和第 29 摩托化步兵师；莱因哈特将军指挥的第 41 军，下辖第 6、第 8 装甲师和第 20 摩托化步兵师。除此之外，“古德里安装甲兵团”还拥有通信、炮兵、工兵、医疗等直属单位。在指挥关系上，这个兵团归 A 集团军群李斯特上将的第 12 集团军管辖。

下一步古德里安需要做的是把这些部队调到新集中的地区，这是一个严峻的考验，因为第 1、第 2 两个装甲师现在远在海峡沿岸，与集中地相隔 240 公里左右。这 240 公里的路程上，桥梁和道路损毁严重，而且部队在前一阶段的战斗中消耗很大，车辆损坏了不少，官兵们也极度疲惫，按时集结对他们来说非常困难。

---

① 瓦尔特・内林：德国陆军装甲兵上将，历任第 5 装甲团团长、第 19 集团军参谋长、古德里安装甲兵团参谋长、第 18 装甲师师长、德国非洲军军长、德国突尼斯驻军司令、第 24 装甲军军长、第 1 装甲军军长。

正在古德里安为此事犯愁之际，德军向法军发起了最后一战，他刚组建的装甲兵团根据战况又有了新的作战任务。首先是在沿着索姆河的右翼发起的。博克集团军于 6 月 5 日开始了对法军的进攻，而沿塞尔河和埃纳河中部的龙德施泰特集团军则一直等到 6 月 9 日才开始行动。

在龙德施泰特集团军的战区里，第 12 集团军的任务是在渡过埃纳河后继续向南推进。首先由步兵负责在 8 个渡河点先行渡河，并开始架桥工作，等河对岸建立的桥头阵地稳固、桥梁架好后，古德里安的装甲师才能越过步兵阵地，向前发动进攻。根据当时的态势，古德里安装甲兵团的任务是以巴黎、朗格勒或凡尔登为作战目标，但最终选择哪个目标，还要等渡河后根据当时的情况再确定。

为了尽快实现自己的目标，古德里安要求第 12 集团军把渡河点划出一部分给装甲师，以便其能够独立作战，避免受到步兵行动的影响。他内心还是不太相信步兵的攻击能力，而且庞大的后勤供应队伍会阻塞道路，从而影响装甲部队的前进速度；混乱的局面还会影响到正常的指挥。但李斯特拒绝了他的要求，认为装甲兵应该留在最后使用，所以古德里安的各个装甲师只能跟在步兵的后方。

现在，古德里安唯一的希望就是步兵能够迅速地渡过河，然后在河对岸建立稳固的桥头阵地，这是他的作战计划成功的先决条件。为了观察步兵的行动，同时也为了方便指挥装甲部队渡河后的行动，6 月 8 日，古德里安决定把兵团司令部移到贝格尼。

6 月 9 日是第 12 集团军发动攻击的第一天，古德里安在前一天就派出观察员到 8 个渡河点，并亲自跑到勒泰勒东北面的一个观察所去观察那些步兵渡河，以便准确掌握步兵分队的行动，保证自己的部队及时渡过河去。因为进攻通常是在黎明时分发起，所以他去得很早，但不知为何，负责进攻的步兵部队迟迟没有发起进攻。从清晨 5 时一直等到 10 时，古德里安在观察所里没有收到任何关于行动的情报，他实在忍不住了，就命令自己的传令官到其他渡河点去看看步兵是否已经渡过了埃纳河。

果然不出古德里安预料，中午 12 时，传令官带回来了不好的消息："步兵在8个渡河地点的进攻基本上都失败了，只有第3步兵军强渡成功，建立了一个桥头阵地。但是这个桥头阵地的横向宽度不过1.5公里，纵深不过2.5公里，只能勉强立住脚而已。"古德里安越听越生气，手"啪"的一下拍在桌子上："这是步兵在渡河，还是蜗牛在爬啊！"

古德里安心急如焚，他知道去找集团军司令李斯特协商不会有什么结果，突然，他想到了自己的朋友——第12集团军的参谋长马肯森将军。古德里安找到马肯森将军，私下里与他达成了共识，并请他出面向李斯特请示，希望李斯特同意自己的建议，利用黑夜让装甲兵通过这座唯一的桥梁冲过河去，完成部署后，争取第二天一早便向敌人发起进攻，突破敌人的防御阵地。

在请示没有得到答复之前，古德里安也不想浪费太多的时间，他又到波尔西安堡去了一趟，了解那里的情况。其间，他与波尔西安堡桥头堡所属的第3步兵军军长仔细讨论了装甲兵越过步兵阵地的一些细节问题，并与幕僚人员察看了桥头阵地，而后回到第39军军部，和第39军军长施密特将军、第1装甲师师长吉尔希纳将军，一起研究如何让第1装甲师在黑夜中顺利渡河的各种方法。

渡河的事总算落实了，古德里安在兵团司令部稍事休息，又回到波尔西安堡桥头阵地，亲自指挥坦克战车渡河。他在前线一直停留到午夜1时。

在渡河与稳固桥头堡的过程中，法军与德军进行了多次激烈的战斗。德军的坦克部队和搜索部队都遭受了一定的损失，不断有伤兵运回。为了进一步鼓舞士气，古德里安亲自慰问了受伤的官兵，对他们的英勇表达了敬意，同时感谢他们的英勇战斗所取得的成绩。随后，他向所属各部发出了准备进攻的命令。

战斗进行到下午，德军终于在波尔西安堡的东西两侧建立了两个纵深有限的桥头阵地。这样一来，古德里安的第1、第2装甲师的后续部队都能迅速渡河投入战斗了。这不但增强了装甲部队的进攻力量，也大大增强了古德里安取胜的信心。

6 月 10 日上午 6 时 30 分，古德里安的坦克战车开始行动了。战斗开始后，古德里安一直留在前线，亲自组织协调部队的行动，并督促落后的步兵加速前进，以便与其他部队保持同步。出乎意料的是，当时与坦克部队协同的第 55 步兵团，竟然还记得当时同驻维尔茨堡并担任第 2 装甲师师长的古德里安，这次在战场上重逢，大家都很高兴，在彼此信任的基础上，古德里安组织运用了步车协同作战的方式。在双方的密切协作下，古德里安进展神速，迅速突进到了适合坦克高速前进的开阔地带。之后，古德里安的装甲部队几乎没有遇到什么抵抗。

原来，法军采取了新的防御战术，集中力量去防守森林和村落孤立点，而放弃开阔地带，任由德军的坦克自由活动。这也是法军基于自身条件而不得不采取的对策。因为在前一阶段的作战中，法军自知无力抵抗德军的坦克进攻，只好寄希望于利用森林和村落等不利于坦克进攻的地点来进行防御。但这样一来，法军在不自觉中将自己的步兵分散了，给德军创造了各个击破的机会。因此，尽管德军的步兵在每一个村落都会遭到法军的激烈抵抗，但德军的坦克部队仍在继续向前推进，一直前进到了利托恩河。

这时，古德里安的第 1 装甲师继续沿着河流的两岸向前推进，第 1 坦克旅在河的南面推进，巴尔克的步兵团则在河的北面推进。6 月 10 日下午，第 1 装甲师到达瑞尼维尔附近，在那里遭到了法军装甲兵的反攻。双方在瑞尼维尔南面发生了持续近 2 个小时的大规模坦克战，最终德军取得了胜利，占领了瑞尼维尔。

不过，在这次战斗中，德军也遭受了相当大的损失，因为法军的坦克质量比较好。古德里安曾想利用一门缴获的法军 47 毫米口径的高射炮，去击毁法军的坦克，结果炮弹打到坦克身上后竟然弹了回来，没有造成任何损伤。而古德里安的装甲部队所装备的 37 毫米、30 毫米口径的火炮，面对这种坦克束手无策。所幸，德军在战术方面高法军一筹，因而战胜了法军。

黄昏的时候，在瑞尼维尔北面，德、法双方又发生了一场激烈的坦克战。法军一直在努力反攻，但始终未能成功，最终被德军击退了。法军预备队几次对德军侧翼实施反冲击，尽管没有对德军造成多大伤害，但还是在 10 日、11 日暂时阻止了德军的攻势。

随后不久，古德里安的第 2 装甲师在波尔西安堡西面渡过了埃纳河，并向南推进。莱因哈特将军的第 41 军因为没有渡河点，仍留在河的北岸。因此，古德里安的一部分兵力只能跟在第 1 装甲师的后面前进。此时瑞尼维尔已经攻下，勒泰勒的法军无法再抵抗了，所以，古德里安相信莱因哈特的部队不久就可以渡河，向南推进。

现在，古德里安的兵团司令部设在埃纳河的西维格尼。由于持续的忙碌，古德里安感到十分疲惫，直到部队的进攻行动正常化后，他才稍微松了一口气。一回到兵团司令部，他连军服都没脱，便倒在一堆稻草上睡着了。他的副官李布尔中校为他挂了一个帐幕，并派一名卫兵守在那里，以便他安心地睡上一觉。

6 月 11 日清晨，古德里安赶到拉纳维尔，亲自监督第 1 装甲师的进攻行动。同一天，第 2 装甲师推进到了埃波纳，第 29 摩托化步兵师推进到了埃波纳村西南面的森林地带。莱因哈特的第 41 军则在第 39 军的东面，击溃了法军第 3 机械化师和第 3 装甲师的翼侧，而后继续向南推进。

战事发展到现在，法军已经无法再组织任何有效的防御或积极的攻击，这使德军得以按部就班地对法军实施各个击破。

6 月 12 日，德军继续进攻，第 39、第 41 军已是齐头并进。在胜利的最后关头，德军各个部队都在努力向前冲，步兵和装甲兵都想在最后时刻抓获更多的俘虏，为自己的战绩再添一笔。所以，德军步兵和装甲兵暗中较劲，不惜昼夜行军，努力向前推进，以便早日接敌。

战场并没有什么意外变化，但是一个个地攻克法军守卫的村庄，迟滞了装甲部队的进攻速度，所以，步兵在渡过埃纳河后很快就追上了装甲部队。大家挤在一起，行动很不方便，各师之间的作战分界也不是很清楚，更使得各个兵种、部队交错在一起，指挥也受到了影响。面对这一混乱的局面，古德里安建议集团军指挥部尽快采取措施制止这种混乱的情形，但集团军指挥部不愿费神梳理此事，因而没有做出明确的答复。

当天上午，德军来到了“一战”时德军曾于1917年秋天到过的香槟高地。古德里安重返此地，感慨万分，也颇有几分自豪，因为正是他的努力使德军重获机动性，没有重复“一战”时的胶着战，从而又一次站在这块熟悉的土地上。这一次是古德里安的第29摩托化步兵师在这里执行作战任务，这个师是第一次上前线，但指挥官所表现出来的素质让古德里安很满意，因此，他没有在此地停留多久，就又去了位于沙隆的第2装甲师师部。

相对于第29摩托化步兵师，多次参战的第2装甲师表现不是很好。古德里安来到沙隆的时候，这个地方刚被攻克不久，先头侦察部队已经夺取了马恩河上的桥梁，但是他们过于疏忽大意，没有按要求检查桥梁是否埋有炸药。结果，部队正过桥的时候，法军预埋的炸药爆炸了，造成了一些不必要的伤亡。古德里安十分生气，但事已至此，再多的责备也无济于事，他只得提醒第2装甲师的法伊尔将军注意，保证不再发生类似事件。

下午，莱因哈特的第41军和从西面反攻的法军发生了一场恶战。这次战斗对德军的行动有着重要影响，对法军来说，这次失利也使他们陷入了更为困难的境地。为了表示对下属的重视与体察，古德里安亲自视察了第41军各部，对官兵们的英勇行为进行了表彰。

黄昏时，第39军的第1装甲师到达了布西，随后就接到了上级的命令，要求他们马上向埃特皮前进。这一天结束时，古德里安的部队占领了索安、塔胡利和马利。

随着战事的顺利发展，德军前线的混乱状况依然没有得到解决，这让下级感到无所适从，胜利冲昏了上级指挥官的头脑，他们根本没有想过要去解决这个问题。所幸古德里安还算清醒，他让施密特将军的第39军仍按计划向南推进，而让第41军服从上头的调度，把这个令人头痛的问题扔给了莱因哈特将军。

6月13日上午，古德里安先去了莱因哈特的军部，随后又来到正与凡尔登和阿戈讷方面的法军作战的第6、第8师，了解战斗进展。黄昏时分，古德里安听到了关于第1装甲师的一些情况，有点担心，于是赶紧驱车前往第1装甲师师部。见到巴尔克中校后，他问道：“已经攻下运河上面的桥梁了吗？”

巴尔克一改往日果敢、大气的作风，略带迟疑地说：“我们……已经攻下了桥梁。”

“那你现在一定在对岸建立了桥头堡吧？”

巴尔克更犹豫了，过了好一会儿才勉强回答：“是的，刚刚建好。”

古德里安很了解巴尔克，觉得他今天的表现实在是反常，一定是出了什么问题。于是，他让巴尔克上车和他一起到桥头去看看具体的战况。巴尔克惴惴不安地上了车。古德里安来到桥头一看，发现桥梁和桥头堡都完好地掌握在德军手中，他高兴得当场就对夺占桥梁和巩固桥头堡的军官们进行了表彰，并给他们颁发了一级铁十字勋章。随后，古德里安追问巴尔克为何不继续冲过河进攻，这才知道第39军军部命令他们停止进攻，并禁止该师越过莱茵－马恩运河。古德里安并不知道这个命令，如果知道的话，他绝对不会批准。他一向认为，装甲部队就应该一直向前，向前，再向前。现在他终于明白巴尔克之前为什么吞吞吐吐，不敢说实话了，因为他所做的事情已经超出了上级命令的范围，担心遭到古德里安的斥责。其实，古德里安高兴还来不及呢，又怎么可能责备他呢！

这一次又和巴维里蒙的情形一样，就在古德里安的部队推进顺利，胜利唾手可得之际，上面又命令他们停止前进。但古德里安不会允许同样的悲剧再度发生，现在他有了更大的指挥权。当巴尔克报告说运河对岸有一支没有多少炮兵支持、防御火力较弱的法军时，他敏锐地感觉到这正是最好的出击时机，于是马上命令巴尔克直接向圣迪济耶前进。他对巴尔克勇于向前的行为给予了赞扬，而巴尔克本人也因自己能够领会古德里安的真正意图而感到高兴。

紧接着，古德里安回到了第1装甲师师部，下令全师跟着巴尔克向前推进。当天夜里，第1装甲师到达了圣迪济耶。

荣升一级上将

早在6月7日，法军总参谋长魏刚将军就建议法国政府立即要求休战，不可继续拖延。第二天，他向内阁表示，索姆河之战已经输了。然而，法国政府仍然不愿屈服，决定撤出巴黎，最后迁到图尔。法国总理雷诺走投无路，只得向美国总统罗斯福求救，他在电报中说："我们将在巴黎的前面战斗，我们将在巴黎的后面战斗，我们将在某一省内据险而守，即使我们被逐出法国，我们也将前往北非继续战斗……"

6月10日，意大利趁火打劫，正式向法国宣战。可惜意军的战斗力实在是惨不忍睹，面对虚弱的法军，依然遭到了失败。

6月14日上午，德军开始进入"不设防城市"巴黎。这意味着德军已经完全将法国苦心经营的马其诺防线抛在了身后。此时，古德里安的第39军其余各部在西面渡过了莱茵－马恩运河，在埃特皮以东的第41军也来到了雷维尼附近。

正午时分，古德里安进入了圣迪济耶。他没想到在城里见到的第一个指挥官就是他所赏识的下属——巴尔克中校。当时巴尔克大大咧咧地斜坐在市场中的一把椅子上睡着了。这几天他实在是累坏了，但是在如此关键的时刻，古德里安不允许他有更多的休息时间，因为这个时候前进得越快，胜利的成果就越大。所以，巴尔克很快便接到了立即向朗格勒挺进的命令。第1装甲师的其他部队也尾随其后，向前推进。与此同时，古德里安还命令第29摩托化步兵师由瓦西向瑞泽讷库尔进攻，第2装甲师由蒙捷昂代尔向奥布河畔的巴尔进攻，莱因哈特将军的第41军也奉命向南移动。

正如古德里安所想的那样，谁前进得越快，谁的收获就越大。他分派给第1装甲师的任务，到当天夜间便宣告完成。第二天清早，德军便完全占领了朗格勒这个古老的要塞，并抓获了3 000名战俘。

6月15日中午，古德里安来到朗格勒，命令第1装甲师向索恩河上的格赖和贝桑松一线进攻，第29摩托化步兵师向格赖的西南面进攻，

1940 年，德军征服法国后，沿巴黎香榭丽舍大道向凯旋门行进

第 2 装甲师向蒂勒沙泰勒方向推进，第 41 军保持原来的进攻路线不变。

下午 1 时，第 1 装甲师出发后，古德里安的工作总算告一段落了。他带着几个参谋人员到法军原来的军官食堂里面休息。然而风景再好，视野再开阔，他仍然无法静下心来休息，心思很快又回到了当前的作战态势上。现在他的右翼是克莱斯特兵团的第 16 军，正向着第戎方向前进，他倒不担心这个方向的安全问题，反而不放心自己的左翼。随着德军的快速前进，侧翼拉得越来越长，暴露的弱点也越来越多。即便法军的攻击行动很少，一旦他们发起攻击，后果也不堪设想。据最新情报显示，法军正从东面向这个地区进攻。想到这里，古德里安更加担心了。

幸运的是，下午的时候，魏克托林将军的第 20 摩托化步兵师到达朗格勒后，及时向沃苏勒推进，这就使古德里安的左翼得到了一定的掩护。到黄昏时，德军攻克了巴尔、格赖等地，完成了既定的任务。

古德里安把兵团司令部转移到了朗格勒，现在他已经完成了总部下达的任务，但是下一步该如何行动，他还没有得到明确的指示，也许是总部根本没料到他进军会如此神速。但是，一旦部队停止不动，就会使敌人得到喘息的机会，重演敦刻尔克的悲剧。考虑到这一点，古德里安只好请陆军总部的联络军官坐飞机回去请示，提议继续向瑞士边境推进。这一次很幸运，他的建议得到了批准。

6 月 16 日，第 1 装甲师在索恩河上距格赖不远的地方，抢占了一座完好无损的桥梁，这座桥加上他们正在架设的桥，足以保障部队渡河。但是令古德里安气愤的是，德国空军不辨目标狂轰滥炸，竟然把他们正在架设中的桥炸毁了，耽误了古德里安的进攻部署。轰炸的飞机是勒布集团军派来的，不属于古德里安装甲兵团管辖，所以古德里安无法与他们取得联络，只能把苦水往肚子里咽。所幸当时飞机的轰炸精确度不是很高，只适合面积轰炸，对点目标的破坏能力有限，所以造成的损失不算太大。

当天下午，第 39 军到达贝桑松，第 41 军的 3 个师也分别到达了沃苏勒、波尔特和波旁。

6 月 17 日，古德里安接到了第 29 摩托化步兵师已经到达瑞士边境的报告，这个消息令他感到异常高兴，因为这意味着对法国的战斗马上就要结束了。他马上赶到前线，亲自向勇敢的部属表示祝贺。

在蓬塔利耶前线，古德里安和第 29 摩托化步兵师师长朗格曼将军视察了许多部队。德军官兵得知已经到达瑞士边境，战争很快就会结束，自己很快就能回家了，一个个都神采奕奕，一扫往日的疲惫，纷纷向古德里安欢呼致意。

这一天也是古德里安的生日，这是他在战场上度过的第一个生日，他接受了参谋长内林上校暨全体幕僚的祝贺，心里既高兴又感动。

随后，古德里安向最高统帅部报告了他们到达瑞士边境的消息，说自己已经到达了蓬塔利耶。但是，希特勒看到电文后，还以为这不是真的，立即回电询问：“你们的通信地址一定有误，我认为你所说的一定是索恩河上的潘塔利，而不是真正的蓬塔利耶。”

古德里安当即回电说：“元首，绝对无误，我们已经到达瑞士边境。我现在就在瑞士边境上的蓬塔利耶待命。”

德军最高统帅部万万没有料到德军会这么快就到达瑞士边境，自然很高兴，表扬了古德里安所取得的战绩。

瑞士是中立国，德军与法军都不能进入。古德里安慰问了到达边境的侦察营官兵后，开始考虑下一步的行动——如何尽快完成对法军的分割围歼。他在蓬塔利耶用无线电通知第 39 军各师改变行动方向，向边境线东北面推进；第 41 军也奉命从原地向左推进，以埃皮纳勒和沙尔姆为目的地，和上阿尔萨斯的第 7 集团军会合，切断留在阿尔萨斯、洛林两州内的法军的退路，防止他们与其他法军部队会合。

对于一支大部队来说，将战斗队形由纵向改为横向前进是有一定困难的，必须拥有极为有效的组织指挥才能做到。在这方面，古德里安做得很好，他向全军下达改变行动方向的命令不久，装甲兵团便完成了部署。

就在这一天傍晚，古德里安接到了勒布集团军的通知，说他已经归属于勒布集团军指挥，现在应马上向贝尔福－埃皮纳勒一线推进。接到命令后，古德里安立即回电："此命令已开始执行，我部正向预定目标前进!"

勒布将军简直不敢相信古德里安能如此快速地改变作战部署，认为这是不可能办到的事情。6 年后，当他和古德里安都被盟军关在监狱里时，他还特意问过此事。

可以说，古德里安在军事素养上的优势，正是他致力于发展装甲部队、成就盛名的资本。但也正是因为这一点，使他有了更多的自主能力，多次违逆希特勒的旨意，与上级发生冲突与争执，成了名副其实的"刺儿头"。

这一天，古德里安还意外地见到了自己的小儿子库尔特，库尔特被调到了希特勒近卫营，这次他借着传达命令的机会，来为父亲祝贺生日。

眼下法国已经无法组织防御了，军队在不断溃退。有鉴于此，法国政府在 6 月 17 日通过西班牙向德国求和，投降派的贝当还通过广播向法国全体军民发出号召，希望全国"停止战斗"。一直在顽强抵抗的法国军民为此沮丧万分，奈何回天乏术。

由于法国政府已经集体辞职，年事已高的贝当元帅组建了新内阁，并在6月16日开始与德国进行休战谈判。贝当的这一行动受到了纳粹的欢迎，法西斯的喉舌《人民观察家报》还大力颂扬了贝当的投降行为，说他是“一贯正确的老战士，当今唯一还能给法国人民带来慰藉的人”。

尽管法国有意谈判，但在协议没有最后签订之前，德军仍然要对法军进行力所能及的打击，同时充分利用法国军事上已停止抵抗这一机会加速进攻，以增加谈判的筹码。古德里安的任务是与弗雷德里希·多尔曼[①]将军的第7集团军联手，完成对阿尔萨斯、洛林两州的法军残部的包围。

古德里安的第29摩托化步兵师一路势如破竹，经过汝拉后，直奔罗蒙特和普伦楚特之间的地区；第2装甲师到达了摩泽尔河上游的普鲁特和勒米尔蒙，第6装甲师占领了埃皮纳勒。最令人兴奋的是，古德里安的一个师在法军溃败时，仅在埃皮纳勒就俘获4万多人。在古德里安兵团进军的同时，第4集团军也不甘人后，其前卫部队突进到了上阿尔萨斯。

6月19日，在拉沙佩勒地区，古德里安的装甲兵团与第7集团军胜利会师，这标志着对法军的包围圈正式形成。德军由外向内，对已经不成体系的法军展开了攻杀比赛，由于法军的指挥系统混乱不堪，8个军共50万人瞬间溃散。6月20日，科尔尼蒙被占领，21日孚日山脉的比桑陷落。古德里安的第2装甲师到达了圣阿米和托里，第29摩托化步兵师到达了代勒和贝尔福。

此次古德里安装甲兵团为包围法军做出了突出贡献，一共俘获了15万名俘虏。从渡过埃纳河进攻联军以来，古德里安兵团大约俘获了25万敌军，各种装备更是不计其数。

6月22日，与法军进行了6个多星期的战斗彻底结束了，法军惨遭

---

① 弗雷德里希·多尔曼（1882—1944）：德国陆军大将，曾任第7集团军司令。1944年因瑟堡过早丢失而遭到希特勒的责备，他担心受到惩罚，于是服毒自杀。

失败，法国政府不得不同意“休战”。

为了尽情地羞辱法国人，希特勒故意让人将陈列在博物馆的 22 年前福煦元帅迫使德国签署停战协议时所用的福煦车厢搬出来，摆在 1918 年停放的位置上，在 22 年后，他终于率领德军一雪前耻。以希特勒为首的第三帝国的所有头目，都来参加了法国的投降签字仪式。6 月 22 日下午 6 时 50 分，法国第 2 集团军司令亨齐格将军代表法国政府在停战协议上签字，凯特尔代表德国政府签字。随后，法、意双方代表在停战协议上签字。6 个小时后，协议正式生效。

根据该协议规定，法国政府在本土以及殖民地、保护国、委任统治国等，一律停止对德国的军事行动，法国武装力量人员全部解除武装并复员。纳粹德国占领了法国大部分领土，包括法国北部最发达、最富饶的地区及沿大西洋地带。在被占领的地区内，一切权力归德军指挥部。法国政府必须承担德国占领军的费用。

这一“大快人心”的消息，不仅令希特勒非常满意，也使德国人民异常开心，他们终于摆脱了“一战”以来失败的心理阴影，可以在法国人面前扬眉吐气了。

古德里安在 6 月 23 日借拜访多尔曼将军的机会，又一次重游故地科尔马，往事一幕幕浮现在他的眼前。对法战争结束后，德军中所有人都在思考将来会如何发展，古德里安也不例外。

6 月 27 日黄昏，古德里安率军驻扎在贝桑松，他的老朋友、第 19 步兵团的荣誉团长艾普将军借着到前线视察部队的机会，顺道来看望他。艾普将军和古德里安相识多年，两人非常谈得来，视对方为知己，这一次，他们对法国投降后的发展进行了一番长谈。

这一期间，古德里安还去里昂看望了大儿子海因茨・冈特。因为在战争中立下战功，海因茨・冈特获得了提前晋升的机会，古德里安对此深感欣慰。

7 月初，古德里安装甲兵团被正式解散，有些师被调回德国，有些师则开往巴黎地区。兵团司令部的参谋人员也随古德里安的调动来到了巴黎。

古德里安在巴黎游览了凡尔赛宫和枫丹白露，并意外得到了希特勒的提拔。

7 月 19 日，古德里安和许多高级将领奉命来到柏林，出席德国国会的开会典礼。在会上，希特勒当众宣布古德里安晋升为一级上将。这次晋升使古德里安达到了其军事生涯的顶峰，他自认为对这次晋升当之无愧，但不少德国军官颇有微词。不过从那以后，他再也没有受到过希特勒这样的青睐。

会上，希特勒宣布西线战事正式结束。为了表示对军官们的感谢，他任命了 12 名陆军元帅和 1 名海军元帅。在德国，元帅是一种很高的荣誉，除了威廉二世任命的几位元帅外，其余获得元帅军衔的军官都立下过很大的战功。这次希特勒任命的元帅，除了组织指挥过两次战役的陆军总司令外，竟然还有最高统帅部里既不是指挥官，又不是参谋长的主管空军司令部的副部长。曼施坦因为此还抱怨说，这样授予元帅荣誉，其实是对元帅的一种贬低。

古德里安得到最高荣誉后并没有在巴黎停留太久，很快就被调回柏林。他在柏林度过了一段相对平静的日子，主要负责整编和训练装甲部队。工作之余，他也常常想到整个时局，思考如何彻底结束德国的对外战争。但他不过是希特勒发动战争时冲锋打头阵的一个马前卒，既不能发表自己的意见，更无缘参与纳粹的“军国大事”，所有的一切仅限于想想而已。此时，国际形势也在悄然发生变化，新的战争又在酝酿之中。

第五章　可怕的“巴巴罗萨”

波澜不断

法国缴械投降，使希特勒成了德国有史以来最伟大的征服者，也使他开始自我膨胀，认为只要他向英国提出具有足够吸引力的条件，英国政府就会与他达成一个妥协的和平协议。因此，他在法国战役末期曾向德军将领暗示战争已经结束了。出乎他意料的是，英国拒绝了他提出的“和平建议”，为此，他决定正式准备对英作战。

1940 年 7 月 5 日，军备军需部部长弗里茨·托德①博士来到古德里安的部队，想要征集前线军人的意见。古德里安表示，要么完全解除法国的武装，占领法国全国，并接收他们的舰队和殖民地；要么以维持法国领土完整和主权独立的名义，强迫法国和德国绑在一起，全力对付英国。他甚至认为，要想迫使英国讲和，仅靠希特勒在国会中的讲演是不行的，既然外交手段失败了，应当立即采取军事手段。德军仓促制订的“海狮”计划显然很难实现，应该有一个更有效的方法使英国不得不接受德国施予的和平。总之，无论采取什么手段，都要使德国能够在有利的条件下来结束整个战争。

古德里安之所以讲这么多，无非是想通过托德之口，间接向希特勒提出建议，以获得希特勒的赏识。然而，他对时局的看法显然不如在装

---

① 弗里茨·托德（1891—1942）：“二战”期间德国军备军需部部长，曾主持修筑“大西洋壁垒”和法国北海岸潜艇基地。1941 年兼任德国公路、水路和动力总监，并负责在占领区修筑公路。1942 年死于空难。

甲部队发展方面那么合希特勒的胃口。希特勒对他的意见并不怎么感兴趣。

当时，德国在法国的部队已经开始为入侵英国做准备。希特勒下令必须在8月中旬以前完成方案，这个方案被命名为“海狮”计划。

“海狮”计划最初的设想是让德国海军和空军配合，空军主要负责掩护，海军负责主攻。然而，德国的海军起步较晚，远远无法与英国海军相比，而且海上气候多变，将增加海军攻击的难度。基于以上因素，希特勒认为“海狮”计划并不可行，应该将海军抽离，全力依靠空军，以闪击战来打败英国。经过“充分论证”，证明新方案确实是可行的。

德国空军元帅戈林狂妄地对陆军总司令布劳希奇说：“要想彻底摧毁英国空军，需要2 ~4 周时间，仅靠空军就能使英国乖乖投降。”

很快，戈林便集结了德国空军主力3个航空队的2 669架飞机，其中战斗机和轰炸机各占一半。当时英国只有700架战斗机、500架轰炸机，德国空军明显占有优势。但因为德国飞机飞行距离较长，而英国飞机则以本土为基地，可以在德机往返期间出击数次，所以双方实力基本相当。

7月16日，不列颠空战开始了。德国空军对英国南岸港口进行了骚扰性攻击，企图诱出英国战斗机加以歼灭。但英国空军根本就不上当，每次抓住机会以少量飞机出击，结果一个月不到，德军就损失了296架飞机，而英军仅损失战斗机148架。

8月13日至9月6日，德国空军开始大规模地轰炸英军的机场、雷达站、飞机工厂和补给设施，并寻求与英国飞机进行空中决战。从8月24日起，德军每天都出动1 000多架次飞机，英国上空整天马达轰鸣，火光闪闪。英国也派出81架轰炸机对德国本土发起了反击，把炸弹投到德国的首都柏林，德国举国震惊。

9月7日至次年5月，德军开始对英国伦敦和其他主要工业城市实施“恐怖轰炸”，企图摧毁英国的工业生产及英国军民的抵抗意志。然而，英勇的英国人民没有被吓倒，他们沉着应战，毫不退缩。德国空军遭受了重大损失，也没有打垮英国空军。“海狮”计划最终失败，这是希特勒发动世界大战后第一个没有达到目的的计划。

“海狮”计划失败后，英国问题在希特勒心目中的地位暂时降了下来，现在如何解决东方的敌人——苏联，成了他的头等大事。征服苏联并使之成为德国的殖民地，一直是他这个“奥国小班长”的梦想，更是他扩张“生存空间”的目标。希特勒一直梦想着有朝一日，由他来控制苏联丰富的小麦、石油、锰及其他资源，并将俄罗斯平原作为德意志民族的定居地，那将是多么伟大的一件事情。况且在此之前，苏联还做了几件让他十分恼火的事情。

1939 年 5 月 3 日，莫洛托夫取代李维诺夫[①]出任苏联外交部部长，这个说话极像小学校长的粗壮男人，在与德国商谈“互不侵犯条约”时发挥了极其重要的作用。之后，莫洛托夫到德国访问，使希特勒完全没有了后顾之忧，可以放心大胆地攻打波兰。正是莫洛托夫，在同年 9 月 18 日发表了苏联正式向波兰宣战的声明，帮助了正与波兰军队苦战的德军。9 月 29 日，德国与苏联又签订了《友好与贸易协定》，使德国不必担心腹背受敌，大胆地实施自己的扩张计划。

实际上，苏联与德国签订所谓的友好条约也是迫不得已，因为它已经没有办法依靠英、法，当然这也是为了国家和民族的利益着想。1939 年 11 月 30 日，在德国发动欧洲战争时，苏联对芬兰采取了军事行动，占领了波罗的海三国——立陶宛、爱沙尼亚、拉脱维亚。之后，苏联又趁德国身陷战事、无暇东顾之机，要求罗马尼亚归还第一次世界大战后得到的原属于俄国的领土——比萨拉比亚，并且要求把北布科维纳割让给苏联作为补偿。罗马尼亚迫于压力同意了，苏联军队立即从空中和地面开进了这个地区。希特勒得知此事后暴跳如雷，大骂苏联是个大骗子、强盗，背信弃义。当时由于英国海军的海上封锁，德国的海外补给线已经被切断，罗马尼亚的油田成了德国唯一的石油来源。

---

① 李维诺夫（1876—1951）：犹太人，苏联革命家、外交家，苏联历史上第三位外交部部长，为美苏和解、推动集体安全、遏制希特勒坐大而费尽心血。在斯大林决心与德国合作后被撤换。苏德战争爆发后出任驻美大使，使租借法案适用于苏联。

为了牵制苏联的进一步行动，希特勒在1940年8月30日宣布要全力以赴地支持罗马尼亚独立，无形之中，德国与苏联开始杠上了。

“二战”爆发之前，英、法等国都想借德国之手消灭苏联，没想到却自食其果，先于苏联遭到德军的沉重打击。而苏联虽然成功将祸水引向西方，为自己赢得了一定的准备时间，但也没能避免与德国开战。被扩张欲望冲昏了头脑的希特勒，早在1940年7月就狂妄地对他的将军们大放厥词：“我认为苏联不足以与德军相抗衡，只要一次突击就可以了。”他还向陆军总司令布劳希奇下令：“你现在就着手研讨对苏联的作战计划。我的直觉告诉我，我们用4～6周的时间就可以完成攻打苏联的准备。”

“打败它或者尽可能多地夺取必要的土地，就可以保护大德意志的首都及西里西亚工业区不受敌人的空袭。最好要进入苏联的腹地，用我们强大的空军去破坏那里最为重要的地区。”

12月18日，希特勒终于下定决心，于1941年5月15日开始执行“巴巴罗萨”计划。他在计划的开头强调：“德国武装部队必须准备在结束对英国的战争以前，以一次快速的战役击溃苏联。”

“巴巴罗萨”计划的作战目标是：“用装甲部队纵深楔入的大胆作战，摧毁苏联西部的苏联陆军主力，并防止有战斗准备的苏军完好无损地撤退到苏联的广阔地区去。这次作战行动的最后目的，是要建立一道从伏尔加河到阿尔汉格尔的防线，以对付苏联的亚洲部分。”

尽管有着狂妄的野心，但希特勒心里也明白，苏联绝不是好啃的骨头，所以在对付苏联以前，他要确保对苏联的“巴巴罗萨”计划能够顺利实施，不受任何干扰。而这就要保证巴尔干翼侧的安全。很快，在希特勒的威逼利诱之下，保加利亚、匈牙利和罗马尼亚都被拉入了轴心国集团之中。

就在德国苦心准备对苏联作战之际，意大利已经把战火烧到了巴尔干、地中海和北非。

原来，1940年春夏之交，英、法联军被德国的装甲部队打得难以招架，意大利见状也想趁火打劫捞一把，于是派32个师进攻法国南方，谁知却被法军6个师挡在阿尔卑斯山下，无法前进一步，这让墨索里尼很没面子，也使意大利在轴心国中彻底沦为配角。

一直以来，意大利就很眼红法国在利比亚以西、以南的广大殖民地，既然无法在欧洲扩张，那就在非洲谋发展好了。但是，德、法停战协议给墨索里尼当头浇了一盆冷水：经德国同意，法国维希政府不但保住了法国南方40%的领土，而且海外殖民地寸土未失。希特勒之所以如此宽宏大量，并不是没有原因的。当时法国仍然拥有强大的海外力量和海军，尽管本土作战已经宣告失败，但如果法军在其他地方继续抵抗下去，对德国也不是什么好事。现在给急于求和的法国一点面子，自己还能捞到大便宜，可以说再合适不过了。于是，德国只将法国北方和西部沿海地区据为己有，其他地方仍留给法国。在这种情况下，意大利想打法国海外殖民地的主意，恐怕是不可能了。

但墨索里尼并不死心，他想来想去，把目光转向了利比亚东面的埃及。埃及是英国的殖民地，具有重要的战略地位：这里拥有苏伊士运河，是欧洲前往印度和远东的必经之路，也是通往中东的门户。设备齐全的亚历山大港，还是英国皇家海军占有地中海东部的关键所在。当时意大利在经济上严重依赖进口，90%的进口物资都来自地中海沿岸地区。如果能够得到埃及，就能加强意大利对地中海沿岸的控制，还能打通前往苏丹的道路，将北非意占区和东非意大利殖民地连成一片，可谓一举两得。

开战之初，意大利在利比亚拥有军队25万人、1 800挺机枪、350辆轻型坦克和8 000辆卡车，以及150架飞机。而英国在埃及仅部署了2个师，约3.6万人。不过，意军刚与英军打几次仗，就摆出了防守的架势。英军趁势转入反攻，很快便收复了东非的失地，并在北非重创意军，俘敌13万。

墨索里尼无奈，只得向希特勒求援。希特勒虽然很恼火，但为了保障德国南部和意大利本土的安全，并且控制苏伊士运河，只得任命隆美尔组建并指挥非洲军团，前往北非拯救意军于水火之中。不过，隆美尔得到的兵力极为有限，只有1个装甲师、1个轻步兵师和150辆坦克。

1941 年 2 月，隆美尔率德国非洲军团进入北非。在德、意联军的联合攻击下，英军开始从利比亚败退。1942 年 7 月，德、意联军自利比亚突入埃及，来到距开罗仅 350 公里的阿拉曼地区。由于盟军控制了地中海的制空、制海权，隆美尔的非洲军团因兵力及后勤补给跟不上，被迫转入战略防御。

这个时候，墨索里尼仍不闲着，简直快把希特勒气疯了。为了全力对付苏联，希特勒做了好多工作，要求意大利绝不能发起战争，使他的侧翼出现麻烦。墨索里尼也说过他的主要任务是对英作战，并不准备对南斯拉夫和希腊采取军事行动，只打算夺取埃及。但是，墨索里尼因为错误判断了形势和政治，结果吃了哑巴亏。为了重新树立自己的威望，在北非用兵的同时，墨索里尼于 1940 年 10 月又把枪口对准了希腊。他心里打的如意算盘是同时拿下埃及和希腊，这样一来，他就可以称霸非洲，并且成为地中海的统治者。

1940 年 10 月 28 日，在希特勒的提议下，法西斯国家首脑会议在佛罗伦萨举行。当希特勒走出火车时，墨索里尼高兴地迎上去说："元首，我们在进军，今天黎明意军已经越过了阿尔巴尼亚和希腊的边界。"希特勒十分气愤，事后大骂墨索里尼忘恩负义，是个靠不住的家伙。

意军总参谋长巴多格里奥也曾极力劝阻墨索里尼不要做无谓的冒险，希望他放弃攻打希腊，但墨索里尼无动于衷。巴多格里奥问他："元首，我们这样行动是不是要向我们的盟友德国通报一下呢?"墨索里尼一听，立马极为愤懑和尖刻地吼道："德国人向我通报过挪威战役吗？他们在向西线发动进攻前征询过我们的意见吗？他们就当我们不存在一样。现在还要我向他们通报吗?"

意大利对希腊的战争就这样仓促地开始了，由于军事保障不够充分，这场战争在历经 4 个星期的冒险后，以意大利的彻底失败而告终。1941 年春天，顽强的希腊人将意军赶到了阿尔巴尼亚。

在古德里安看来，考虑到德、意两国的共同利益，意大利对希腊的战争是不必要的，意大利应该把重点放在北非战场上。但墨索里尼不但没有这样做，而且在攻打希腊失败后，也没有冷静地分析战败的原因，而是暴跳如雷地大骂意大利将军们指挥不力。

1940 年 11 月 4 日，为了扭转局面，希特勒决定介入希腊战事。4 天前，英军已经进驻克里特岛及米科诺斯岛，取得了可以轰炸罗马尼亚的空军基地的优势，而罗马尼亚的油田对德国意义重大。同时，希特勒也担心英军会再次在萨洛尼卡或色雷斯南岸登陆，威胁入侵苏联的南路德军的侧翼。因此，他下令制订一个经罗马尼亚和保加利亚入侵希腊北部的行动计划，以彻底瓦解英国在地中海的势力。11 月 12 日，德军最高统帅部下令在 1941 年 1 月进攻直布罗陀及希腊。

11 月中旬，墨索里尼的军队又吃了一次败仗；12 月 10 日，意军在北非巴拉尼附近也失败了，而且伤亡惨重。墨索里尼的草率行动激怒了意大利的将军们，他们对墨索里尼表示了极大的不满，但墨索里尼一意孤行，竟然迁怒于巴多格里奥，认为他是敌人和卖国贼。巴多格里奥万般无奈，只得提出辞职。之后，乌戈·卡瓦莱罗①接替了巴多格里奥的职位。然而，这个人事变动并没有使墨索里尼改变自己的错误做法，意大利因此深陷泥潭。

德国本来在巴尔干问题上已经平息了纷争，现在因为墨索里尼擅自行动，局势进一步恶化，战争又朝着一个新的方向发展了。这是希特勒最不愿看到的，也最不合时宜的行动。他一肚子怒火无处发泄，但又不得不面对现实。意大利的所作所为不仅大大推迟了希特勒对苏联的作战计划，还使老奸巨猾的西班牙独裁者弗朗西斯科·佛朗哥②认为轴心国靠不住，决定退出联盟，不再与轴心国合作。希特勒损失了一个合作伙伴，同时，德国在欧洲南部的军事行动也被限于进攻希腊。

---

① 乌戈·卡瓦莱罗（1880—1943）：意大利元帅，“二战”时期任意军总参谋长，致力于提高和重建意军的战斗力。任职期间一度参与指挥侵略希腊的战争，并力图加强意、德两国的军事合作，极力协调意、德两军在北非的作战计划。1943 年的黎波里失陷后被解除职务。墨索里尼下台后被巴多格里奥政府逮捕。

② 弗朗西斯科·佛朗哥（1892—1975）：西班牙内战期间推翻民主共和国的民族主义军队领袖，西班牙国家元首、大元帅、首相，西班牙长枪党党魁。1936 年发动西班牙内战，1939—1975 年独裁统治西班牙长达 30 多年。

12 月 13 日，德军最高统帅部宣布实施“马莉塔计划”，计划在 1941 年 3 月攻占爱琴海北部海岸，如有需要则攻占整个希腊。

就在德军准备发起进攻之际，1941 年 3 月 27 日，南斯拉夫政府突发政变，亲德的摄政王保罗亲王[①]被推翻，上台的是亲西方的杜尚·西莫维奇[②]将军。这样一来，李斯特兵团的侧翼便受到了威胁。希特勒连忙召集参谋人员开会，下令紧急制订进攻南斯拉夫的行动计划，同时对进攻希腊的计划做出修改。

4 月 6 日，李斯特的第 12 集团军共计 15 个师（其中有 4 个装甲师），同时向希腊和南斯拉夫发起进攻。在德军的强大攻势下，希腊军队很快便抵挡不住了，于 4 月 23 日向德军投降。英国从利比亚抽调了 4 个师约 5.3 万人前来支援，也很快溃败，只好由海上退到克里特岛。

为了攻占克里特岛，5 月 20 日，德军出动伞兵进行大规模空降入侵，经过 7 天的激烈战斗，盟军退出了克里特岛。不过，德军在克里特岛赢得的只是一场得不偿失的胜利，正如陆军总参谋部所写：“英国在克里特岛的地面部队采用种种办法，非常仔细地对岛上的作战区域做了防守准备，所有的防御工事都进行了巧妙的伪装……由于情报不足，没有正确估计敌情，第 11 空军集团军在进攻时伤亡惨重。”也正是由于德军第 7 伞兵师付出了惨重的代价，希特勒禁止以后进行任何空降作战。戈林所鼓吹的“英雄空降师”彻底告别了历史舞台，以后再也没有以任何形式出现过。对此，克特·司徒登[③]将军表示，克里特岛是德军伞兵的坟墓。

一些历史学家认为，德国在希腊的军事行动对第二次世界大战的进程有着决定性的影响，它使希特勒推迟实施“巴巴罗萨”计划，以致

① 保罗亲王：南斯拉夫末代国王彼得二世的叔父。由于亚历山大一世 1934 年遇刺时，彼得二世尚未成年，于是由保罗亲王摄政，中央政府则由首相斯维特科夫主导。

② 杜尚·西莫维奇（1882—1962）：历任南斯拉夫空军总司令、南斯拉夫皇家陆军参谋长、南斯拉夫总理。

③ 克特·司徒登（1890—1978）：德国空军一级上将、德军伞兵的首创者。“一战”时任战斗机飞行员，“二战”期间任德国某伞兵部队司令。

“二战”中，德军向克里特岛空投大量伞兵

德军未能在冬季到来之前进入莫斯科，并使德军的人员和装备也受到了一些影响。不过，曼施坦因、哈尔德等人却认为，即使没有巴尔干战役，进攻时间也会因那一年东欧的恶劣天气而不得不推迟，实际上，进攻苏联的德军主力并没有受到巴尔干战役的影响。

启动“巴巴罗萨”计划

国际形势风云变幻，使古德里安难免有些担心，但是他从来没想过德国会对苏联开战。德国地处中欧，按理应当尽力避免两线作战，希特勒在这个时候对苏联发动战争显然不是明智之举。

战争爆发之前，德国与苏联之间的关系是既合作又互相存有严重戒心，本来就已经很紧张了，而意大利在南欧的举动以及德军的介入，又加剧了两国之间的敌对情绪。对苏联红军来说，希特勒和戈林就是“纳粹九头蛇”和杂食性的“法西斯鲨鱼”，苏联号召参加过芬兰战争的老战士和红军一起“反对德国和意大利法西斯主义，创建一个不再有剥削的苏维埃欧洲”。

为了改善两国之间的关系，德国也采取了一些措施，比如邀请莫洛托夫到柏林访问。莫洛托夫见到希特勒后，提出了以下 4 项要求：

（1）承认芬兰划归苏联的势力范围。

（2）关于波兰的前途，应另外拟订一个协定。

（3）承认苏联在罗马尼亚和匈牙利的利益。

（4）承认苏联在达达尼尔海峡地带的利益。

以上要求使希特勒很不高兴。莫洛托夫回到莫斯科后，再次以书面形式向德国提交了这 4 项要求，这一举动更加激怒了希特勒，他感到对苏联的战争已经无法避免。不过，海军总司令雷德尔坚决反对进攻苏联，认为苏联 1937 年的大清洗造成的损失不可能在短期内得到弥补，苏芬战争也充分暴露了苏联中下级军官严重缺乏战术训练，苏军要想在训练中将新的作战理论消化吸收需要一定的时间，只要德国不去进攻苏联，苏联就不会对德国构成威胁。现在英国还没有被击垮，若轻易对苏联开战，会使德国处于两面作战的困境中。雷德尔认为，尽管登陆英伦三岛、解决英国问题存在较大难度，但若能夺取英国的生命线，即地中海沿岸地区的直布罗陀、埃及和巴勒斯坦，不仅可以使英国丧失海外势力，而且可以把它赶出地中海和中东，这样英国就会孤立无援、必败无疑了。

希特勒并不认同雷德尔的看法，他认为自己曾经在27天内征服波兰，1天内攻占丹麦，23天内攻占挪威，5天内攻占荷兰，18天内攻占比利时，39天内攻占法国，12天内攻占南斯拉夫，21天内攻占希腊，11天内攻占克里特岛；反观苏联，它拥有发达的工业、众多的人口和无尽的资源，却用了100多天才勉强使芬兰人屈服。所以，希特勒狂妄地认为，对苏联的战争充其量也就是几个月，现在正好利用德军处于极佳状态的优势给苏联以致命一击，之后再转过头来收拾英国也不迟。

就这样，希特勒不顾手下反对，做出了可怕的、无可挽回的决策，实施“巴巴罗萨”计划。

1940年年底，古德里安的新任参谋长李本斯坦中校和作战处处长拜尔莱因少校，奉陆军总参谋长哈尔德的命令，出席了一次极其重要的会议。他们在会上第一次听到了所谓的“巴巴罗萨”作战计划。当他们把一张苏联地图铺在古德里安面前，向他报告会议内容时，古德里安简直不敢相信自己的眼睛，眼下他还在尽心尽力地为战胜英国而出谋划策，结果希特勒的心思已经转向了东方，这实在是匪夷所思。

“难道这是真的吗？德国一向要避免的情况要变成事实吗？想当初，我们的元首是多么痛恨1914年决定德国命运的领袖们。他也曾明确指出他们未能避免两线作战，从而对德国造成了伤害。现在他自己却要进行两线作战。我们对英国的战争还没有结束，他为何出尔反尔，突然想起在苏联开辟第二战场呢？所有军人都一再劝告元首不要重犯两线作战的错误，我也这样做过。现在真的是无法理解元首的决定。”古德里安并不擅长战争筹划，但是他实在无法掩饰自己对希特勒的不满和失望。

李本斯坦中校和拜尔莱因少校两人在参谋部会议上已经被陆军总参谋长哈尔德所说服，对未来的战争充满了信心，现在面对古德里安的激烈言论，他们不免感到惊讶，于是开始做古德里安的工作：“将军，总参谋长哈尔德对所有因素都进行了充分的考虑。通过对敌我力量和其他情况的分析对比，可以肯定，只要8~10个星期就可以击败苏联。到那时，我们还可以继续进行我们的对英作战行动。在此期间，英国不会有什么作为的，我军也不会处于两线作战的境地。”

之后，他们又向古德里安汇报了对苏作战的详细计划。根据计划，侵苏德军将编成南方、中央和北方 3 个集团军群，其中 2 个集团军群的主要作战目标是普里佩特沼泽地以北地区，1 个集团军群将经过波罗的海国家，向列宁格勒（今圣彼得堡）推进；南面的另一个集团军群将经过白俄罗斯东进，然后挥戈北上，与第一个集团军群会师，包围从波罗的海退却的苏军残余部队。希特勒规定，到了这一步才对莫斯科发动攻势。第三个集团军群将在沼泽以南通过乌克兰向基辅进攻，包围和消灭第聂伯河以西的苏联军队。再往南，罗马尼亚部队将掩护主要作战行动的侧翼，并向敖德萨推进，再从那里沿黑海推进，在此之后，将占领集中了苏联 60% 工业制造能力的顿涅茨盆地。同时，罗马尼亚和芬兰的任务是分别充当德军的极南翼和极北翼的进攻出击基地，并提供军队援助。

古德里安听完，心中不免产生了许多疑问：“这 3 个集团军群实力大致相等，分别向各自的目标进攻，整个计划似乎没有明确规定它们各自或共同的战略目标。从战略的角度来看，这个计划的目标不明确，力量使用又不集中，它到底是想要干什么呢?”

古德里安认为，这个计划不符合军事常规，他让李本斯坦中校将意见转呈陆军总部，但是始终没有得到回应。

古德里安自此不再像对英国作战那么积极了，现在希特勒已经不是他心目中“英明”的元首了，在野心的驱使下，希特勒的眼中只剩下狂妄。

不过，作为一名军人，尽管心不甘情不愿，古德里安也只能和希特勒的战车绑在一起，与纳粹德国融为一体，为希特勒卖命。他心里明白，这场战争直接关系到他个人的命运。未来的战争将是极其沉重和艰辛的，因此，他要集中精力训练和装备他的部下，使他们更好地适应这场战争，表现出良好的军事才能和素质。

他非常明确地告诉自己的部下：“德国的将士们，这场即将进行的战争是你们所遇到的最为严酷的战争，你们将要遭遇极其困难的局面，其艰难程度比波兰战役、西线战役不知要高出多少倍，你们要加紧训练、努力训练，为未来做好充分的准备。”

无论古德里安及其他德国军官是多么希望在对苏战争中占有绝对的优势，德军的准备仍然不够充分。法国战争结束后，希特勒又扩充了许多装甲师和摩托化师，但德国的坦克生产能力不足，无法满足极速膨胀的要求，因此，那些被补充到德军中的坦克大多是缴获的法国货。这些坦克比较适应西欧的作战环境，但放到东欧战场就不太合适了。

古德里安负责整编和训练的就是这些装甲部队。这是他的老本行，但是目前的坦克不但数量有限，质量和人员素质也实在太差，根本不能胜任未来的战斗。更令他头疼的是，对苏作战需要的装甲师数量增加了一倍，但坦克的数量却没有增加，装甲师的坦克数量只有标准的一半，算上那些缴获的质量不好的坦克，也只有 3 200 辆左右。

希特勒根据西线战役的经验，曾经下令每个月生产 800 ~ 1 000 辆坦克，但是军备军需部部长托德对整个生产计划计算的结果是：如果每个月生产 800 ~ 1 000 辆坦克，就要耗费 20 亿德国马克，动员 10 万个技术工人和专家。这在当时的德国根本无法做到，希特勒只得打消这个念头。陆军要新建 11 个装甲师并加强炮兵的火力，提出坦克的平均产量应从 1940 年 9 月的 121 辆提高到每月 380 辆，但德国生产部门也无法满足这个要求，即使到了 1941 年，德国军工企业的年生产能力也只有 1 490辆，平均每月约 124 辆。

如此一来，坦克的数量根本无法保证，希特勒决定在火力上做文章，把马克Ⅳ型坦克上的 37 毫米火炮改成 50 毫米火炮。但是，由于实施上的困难，兵工署在背地里竟然用 L42 号 50 毫米火炮代替了 L60 号 50 毫米火炮，这样不仅炮管短了，而且威力也大大减小，后来直接影响到了装甲部队的作战能力。

所幸陆军的坦克现在全部都是马克Ⅲ型和马克Ⅳ型，多少可以弥补一些坦克的不足，这也是唯一使古德里安感到欣慰的地方。

这时发生了一个小插曲，又使古德里安的心提了起来。德、苏开战之前，两国的经贸关系和军事合作仍正常进行。1941 年春，苏联的一个军事代表团来参观德军的坦克学校和工厂，希特勒要求德国的坦克工厂和坦克兵培训学校将所有的先进武器装备都展示出来，但苏联军事代表团并不相信德军的 T－4 型坦克就是他们的最新坦克，坚持说德国故意把最新式的坦克藏起来了。苏联军事代表团咄咄逼人的态度，无意中暴露了苏联已经拥有了更好、更重的坦克。古德里安曾经在 1933 年参观过苏联的一个兵工厂，那个时候苏联一天就能生产 22 辆坦克。

事实正是如此，1941 年 7 月底苏联的 T－34 型坦克出现在东线战场上，就证明当时苏联的坦克不但装备比德国的先进，而且数量也在德国之上。

为了对苏作战，德军把投入的部队分成了 7 个集团军、146 个师，其中包括 4 个装甲兵团和 3 支航空队，配备了 3 580 辆装甲车辆、60 万辆运输车、7 180 门大炮、1 830 架作战飞机和 75 万匹战马。但这些部队还不包括胁从国罗马尼亚准备参战的军队。

古德里安奉命指挥第 2 装甲兵团，他的北面是霍特将军的第 3 装甲兵团。这 2 个装甲兵团同属中部集团军群。

在第 2 装甲兵团中，古德里安为司令官，李本斯坦任兵团参谋长，下辖 3 个装甲军：

由施韦彭堡二级上将指挥的第 24 装甲军，包括瓦尔特·莫德尔①中将指挥的第 3 装甲师、朗格曼少将指挥的第 4 装甲师、罗普尔少将指挥的第 10 摩托化步兵师及费尔德中将指挥的第 1 骑兵师。

由维京霍夫二级上将指挥的第 46 装甲军，包括夏尔中将指挥的第 10 装甲师、保罗·豪赛尔②中将指挥的党卫军“帝国”摩托化步兵师及斯托克豪森少将指挥的大德意志步兵团。

---

① 瓦尔特·莫德尔（1891—1945）：德国陆军元帅，因擅长防御作战，被称为“防守大师”“希特勒的救火队员”。作为一名后起之秀，他在德国最后时刻表现出非凡的军事才华，被希特勒称为“东线的救星”。1945 年因鲁尔战役失败而自杀。

② 保罗·豪赛尔（1880—1972）：党卫队全国总指挥兼武装党卫军大将，历任党卫军特别机动师师长、党卫军“德意志”师师长、党卫军“帝国”师师长、党卫军装甲军军长、党卫军第 2 装甲军军长、第 7 集团军总司令、上莱因河集团军群（后改称 G 集团军群）总司令、西南方司令部总参谋长。

由李美尔逊二级上将指挥的第 47 装甲军，包括汉斯－于尔根·冯·阿尼姆[①]少将指挥的第 17 装甲师、内林少将指挥的第 18 装甲师和波顿斯坦少将指挥的第 29 摩托化步兵师。

装甲兵团司令部的直属部队有维比格少将率领的空军支援部队、阿斯克海尔姆少将率领的“戈林”高射炮兵团、海尼曼将军指挥的炮兵部队、贝克尔将军指挥的工兵部队、普劳恩上校指挥的通信兵部队和巴瑟维希中校指挥的侦察机分队。

战斗中，对装甲部队进行掩护的战斗机部队由穆德尔斯上校负责指挥。

针对德军的作战方案，古德里安的任务是在发动攻势的第一天，从布列斯特－立托夫斯克的两侧渡过布格河。在突破苏联的防御阵地后尽快扩大战果，一直向罗斯拉夫尔—叶利尼亚—斯摩棱斯克地区前进。目的是阻止苏军重新收集残部，再构成一条新的防线，为 1941 年的战役奠定胜利的基础。实现这一目标后，古德里安将重新接受新的命令，确定之后的行动方向。

布格河是德、苏两国新的分界线，布列斯特—立托夫斯克要塞分布在河的两岸，东岸的卫城属于苏联，西岸古老的城堡则属于德国。这个要塞虽然已经过时，但它四周河流纵横，使得坦克部队行动不便，而且现在也不存在奇袭的可能。古德里安决定兵分两路，分别从要塞的两边渡过布格河，绕过要塞向前进攻。进攻要塞的任务则由跟在古德里安装甲兵团左翼和后方的第 4 集团军的一个军负责。古德里安争取到了这个军在开战时的指挥权，作为交换，他自愿接受第 4 集团军司令克鲁格的节制。克鲁格为人刚愎自用，古德里安一向与他不和，但为大局考虑，他做出了牺牲。

为了隐蔽在东线的进攻，德军一面制造准备对直布罗陀、北非和英

---

① 汉斯－于尔根·冯·阿尼姆（1889—1962）：德国陆军一级上将，“二战”爆发后出任第 17 装甲师师长。1941 年率第 39 装甲军入侵苏联。1942 年年底调往北非，指挥第 4 装甲军团，奉命固守突尼斯。1943 年在隆美尔因伤病回国后，出任北非轴心国军司令，同年被盟军俘虏。曾获骑士铁十字勋章。

国采取行动的假象，散布到东部地区躲避西方空袭等谣言；一面尽快在东部集结重兵，并对东线部队的集结进行周密的计划。1941 年 2 月到 6 月，根据 1941 年 1 月 31 日德国陆军总司令部关于《“巴巴罗萨”作战预令——附件 2》的规定，侵苏德军的基本兵力分 5 个梯队前进到苏联边境附近集结待命。

奔向明斯克

1941 年 6 月初，对苏联作战的德国部队陆续开到苏联边境，集结隐蔽起来。6 月 14 日，希特勒在对下属训话时，曾经问过古德里安：“你要用多长时间才能到达明斯克?”古德里安当时满怀信心地回答道：“五六天时间就可以了。”

话虽如此，古德里安还是放心不下，因为他的对手是苏联而不是西方国家，这个对手的实力究竟怎样，他无从得知。即使是在和平时期，苏联的保密制度也相当严格，德国搜集的关于苏联的情报，都是十分零散，用一般的经验方法所获得的。古德里安面对仅凭一些初步的、零碎的资料得出的结论，更加不敢掉以轻心。

很明显，古德里安的感觉是正确的，苏联军队的规模十分庞大。然而，德军中不乏狂妄之徒，7 月 4 日，负责记录最高统帅部作战日记的格雷纳狂妄地断言：“苏联损失了这么多飞机和 4 600 辆坦克，现在一定没剩下多少了。”但到 7 月末，德军虽已俘获或毁坏苏军 1.2 万辆坦克，但苏军的坦克战车仍源源不断地在战场上出现，德军的嚣张气焰顿时被打了下去。希特勒在 8 月 4 日走访中央集团军的时候，曾郁郁寡欢地向古德里安承认：“如果在战前就知道苏联有这么多坦克，我会重新考虑是否对苏联开战。”话语中丝毫没有开战之初取胜时的狂喜。

希特勒的训话结束后第二天，古德里安飞往幕僚们所在地华沙，进行自己所能想到、做到的一切准备。直到 6 月 22 日战争开始之前，他一直忙于视察部队，检查阵地部署，同时努力协调与邻近单位的关系，以保证战斗中各部队之间的密切合作。毕竟是自己亲自训练或组建起来的部队，看到它们为战争所做的最后准备，他总算有点信心了。

6 月 17 日夜间，古德里安来到前线，视察即将渡过的布格河两岸形势。周围一派宁静、祥和的景象，除了水声、风声、鸟鸣声，风吹过岸边几棵大小不一的树发出的声音，丝毫感受不到大战即将来临的预兆。对岸的苏军对德军的行动似乎一无所知。透过望远镜，他还可以望见布列斯特－立托夫斯克卫城内的灯光广场，一些苏联士兵正和着军乐队的演奏在那里演练，苏军沿着布格河的工事也没有士兵把守。看着眼前的一切，古德里安不禁陷入了沉思。天渐渐亮了起来，布格河上弥漫着淡淡的雾气，静静的水面上反射着粼粼波光。“该走了，否则容易被苏军发现。”参谋提醒他道。古德里安在心里宽慰自己，无论结果怎样，这场战争注定要打了，想那么多有什么用呢？他心事重重地离开了观察所。

6 月 19 日，古德里安访问了兵团右邻由马肯森将军指挥的第 3 军，再次敲定了协同计划，以确保作战时的协同配合。6 月 20 日、21 日，古德里安又跑到前线，检查所属部队的准备情况。

6 月 21 日晚上 10 时，希特勒那富有煽动性的声音传到了东线 200 多万德军官兵的耳朵里：

数月来，重重的忧虑压得我透不过气来，现在我终于可以向你们——我的士兵们公开说明了。苏联把大约 160 个师部署在我国边境。几个星期来，我国边界不断遭到侵犯，许多苏联巡逻队侵入了帝国的疆域。

东线的士兵们，军事集结此刻正在进行着，其规模之大、数量之多，在历史上都是空前的。我们和芬兰军队结成联盟，我们的同胞正和纳尔维克（1939 年的第一次纳尔维克战役，德军取得胜利，英军战败）的胜利者们并肩驻守在北极的海上。你们正驻守在罗马尼亚，驻守在普鲁特河畔，驻守在多瑙河至黑海一线，德国和罗马尼亚军队肩并肩地屹立着。如果要在这条历史上最漫长的战线上采取行动，目的不但是为了创造最后结束这场伟大战争所必需的条件，或是保卫受到威胁的各国，而且也是为了拯救整个欧洲的文明和文化。

德国的士兵们，你们即将参加战斗，参加一场艰苦卓绝、事关生死存亡的战斗，欧洲的命运、德意志帝国的未来、我们民族的生存，现在完全掌握在你们手中。愿上帝在这场战争中保佑我们！

开战前，德军最高统帅部还下发了一份文件，规定如果德国军人在苏联境内处置平民和战俘时行为失当，不必交付军事法庭，可以由各部队长官酌情处理。陆军总部转发这份文件时，认为它不利于维持军纪，于是在上面加了一句：执行这份文件以不损害军纪为原则。古德里安认为，照这个文件处理肯定会影响军纪。因此，他没有将文件向下传达，并向集团军群司令部作了报告。他的这一举动使他后来免于承担非人道主义的战争罪名，对战后纽伦堡法庭判他无罪起了一定的作用。

决定命运的一天终于到来了，古德里安一切准备就绪，他心里很明白这场战争的意义，英国现在对德国构不成多大的威胁，但是苏联无疑是德国最为强大的对手，如果能够战胜苏联，德国将在欧洲乃至全世界确立牢固的地位；当然，如果不幸失败，德国的一切也将化为乌有。无论怎样，他的命运已经和德军紧紧地连在一起，同生同灭。

6 月 22 日凌晨 2 时 10 分，古德里安来到兵团前进指挥所。为了观察方便，他把兵团指挥所设在波豪卡莱以南、布列斯特 – 立托夫斯克西北方约 15 公里的一个瞭望塔里。

凌晨 3 时 15 分，天还没有亮，加上是星期天，苏军比往常更为松懈一些，德国炮兵在前线排列了 7 000 多门各种口径的火炮，开始向东方发出轰鸣。面对突然落到头上的高爆炮弹，苏军顿时慌了手脚，无法进行有效的还击。

凌晨 3 时 40 分，德军的俯冲轰炸机又开始对苏军阵地进行第一波攻击，近千架俯冲轰炸机遮天蔽日地扑向苏联腹地的机场、军事指挥中心和交通枢纽。

凌晨 4 时 15 分，德军的炮火向前延伸，古德里安的第 17、第 18 装甲师的前卫部队开始渡河。

凌晨 4 时 45 分，第 18 装甲师的先头坦克开始涉水渡河。为了顺利渡河，他们特意准备了可以渡过深度达 3 米的河水的防水装备，半个小时后，第 18 装甲师的先头坦克渡过了布格河，冲向苏军的防线。

随后，其他部队的坦克也渡过了布格河，一举突破了苏军薄弱的防线。德军的坦克一边开炮，一边朝预定目标明斯克奔去。

德军的进攻比预想的要顺利得多，苏军被打了个措手不及，慌乱中，苏军的一个指挥官用明码向上级发电报说：“我们正在遭受炮击，该怎么办？请指示！”结果遭到了一顿训斥：“你们一定疯了，为什么来电不用密码？”

德军在前线取得了重大突破，早上 6 时 50 分，古德里安带着几名随从在柯罗德诺附近坐着一艘攻击艇，渡过了布格河。之后，2 辆装甲无线电通信车、一些越野车辆和一些通信联络用的摩托车，在早上 8 时 30 分渡过河，与古德里安会合了。接着，古德里安尾随着第 18 装甲师的坦克，从苏军前沿阵地的后方，向苏军的纵深地带驶去。他的移动指挥所一直跟着第 18 装甲师，直到下午 4 时 30 分才回到柯罗德诺的桥头阵地，晚上才回到自己的前进指挥所。

一直向前推进的德军不久就来到了里斯拉河桥。这座桥对德军的前进具有很大价值，而且直接影响到古德里安的第 47 装甲军的前进。他们担心桥梁被苏军破坏，但坦克到达那里后，发现那里只有和往常一样多的苏军哨兵在警戒，他们根本无力抵抗德军的重型装备，很快便被击溃，往其他方向撤退。

古德里安的两个传令兵立功心切，见苏联士兵向后退去，认为他们也像西线的联军那样容易抓获，于是不顾古德里安的警告，穷追不舍。这时，苏联士兵也从最初的惊愕中醒过神来，对未能守住桥梁感到自责，现在看到两个不知死活的德军士兵送上门来，于是马上击毙了他们。古德里安的部队随即和这些苏联士兵缠打起来。

早上 10 时 25 分，德军领头的第一辆坦克战车从桥上跨过里斯拉河，接着就是第 18 装甲师师长内林将军所乘坐的坦克战车。古德里安的部下仍然保持着自身独特的指挥风格，一直跑在部队的最前沿。

古德里安最初的设想是，以装甲兵团对苏军发动突然袭击，通过一

德军进攻苏联的摩托化部队在行军中

次快速行动打败对手。但是，情况很快发生了变化，在布列斯特－立托夫斯克一线的南面，德军的第 24 装甲军完整地夺取了布格河上的桥梁，并在要塞的西北面架设了桥梁，供部队渡河。这时，防守布列斯特－立托夫斯克要塞的苏军，终于从德军最初的奇袭中清醒过来了，德国步兵虽然一度突入，但均遭到苏军的顽强抗击。苏军一直坚守了好几天，直到 6 月 29 日战斗才停止。苏军的抵抗严重影响了古德里安所部的行动，使其无法利用经过布格河、马恰维克河的公路和铁路交通线运送物资及调动部队。

随后，古德里安的装甲兵团又相继在马洛里塔、科布林、布列斯特－立托夫斯克、普鲁扎内等地与苏军发生激烈战斗。黄昏的时候，在普鲁扎内附近，古德里安的第 18 装甲师与苏联的坦克部队首次交战，苏军因仓促应战，完全不是德军的对手，最后双方互有伤亡，德军占领了普鲁扎内。

6月23日，为了了解各部队的作战情况，古德里安于凌晨4时10分离开司令部，先来到第12军的军部，接着赶往第47装甲军的军部，随后又到第17装甲师的师部，所幸大家都久经沙场，报告简洁、利落，所以效率颇高。到上午8时30分，古德里安与第18装甲师师长内林将军见了面，并和第47装甲军的李美尔逊将军进行了商谈，然后又赶回普鲁扎内，现在他的兵团司令部已经移到了这里。

根据计划，这一天第24装甲军应当沿着科布林－别廖扎－卡尔图斯卡公路，向斯卢茨克推进。其下属的第1骑兵师行进在队伍的最右翼，从一条装甲部队和步兵分队都无法通过的沼泽路前进，骑兵师时而骑马，时而步行，时而人马相扶，艰难地通过了沼泽地。途中他们遭到了苏联步兵的阻击，在没有组织有效火力进行掩护的情况下，苏联步兵不顾伤亡，充分利用地形优势，一波又一波地对德军发起冲击。

第1骑兵师边打边走，用了7天的时间才推进480公里，到达科布林和明斯克。古德里安了解情况后，敏锐地觉察到沿着沼泽地北侧边缘前进的第24装甲军，将是整个兵团的右翼，不会有多大危险。但是，第47装甲军将不可避免地与东南方向朝比亚韦斯托克移动的苏军发生遭遇战，而且战斗将极为艰苦。为了有效地指挥部队，古德里安决定第二天跟随第47装甲军前进。

6月24日上午8时25分，古德里安离开司令部，驱车前往斯洛尼姆，第17装甲师也刚刚到达那里。为了在战斗中一直保持与最前线的联系，古德里安忽略了一个高级将领应当注意的安全问题，在从鲁扎内到斯洛尼姆的路上，他的小型移动指挥所冲进了一个苏联步兵阵地，对方正占据着路边的有利地形，袭扰沿着大路行动的德军。所幸第17装甲师的一个炮兵连和装甲机械化团正在向苏军发动攻击，否则古德里安可能性命不保。

古德里安以其独到的眼光观察了周围的形势，断定苏军的战斗力无法应付装甲部队的突击，于是对驾驶员说：“开足马力向敌人冲击!”同时命令指挥车的射手向苏军猛烈扫射。德军见司令官勇猛地向前冲去，也不甘落后，纷纷登上坦克战车向苏军冲击。果然苏军因火力不足，不得不离开防御阵地，向远处退去。

上午 11 时 30 分，古德里安来到第 17 装甲师的司令部，见到了该师师长阿尼姆将军和军长李美尔逊将军。古德里安坐下来一边休息，一边听他们汇报战况，仔细分析目前的形势。突然，后方传来一阵激烈的枪炮声，从斯洛尼姆通向比亚韦斯托克的公路被烟尘所遮盖，路边的一辆卡车着火燃烧起来。古德里安正要派人去了解情况，只见 2 辆坦克从烟尘中冲出来。这是苏联的坦克，因为陷入了德军的包围，它们企图冲进斯洛尼姆镇对德军进行骚扰，结果骚扰不成，只得乘乱逃出。此时坦克上枪炮齐鸣，各种武器响成一片，德军的马克Ⅳ式坦克在后面穷追不舍，向苏军坦克猛烈射击。在混战中，苏军坦克发现前方有一群为数不少的德国高级军官，于是马上集中火力向他们开火。古德里安等人都经历过战场的洗礼，知道如何保护自己，赶紧卧倒在地。随后，苏军坦克受到前后左右各方德军的攻击，很快被击毁了。

这一天是“二战”爆发以来，古德里安经历的最为惊险的一天，似乎所有凶险都围绕着他。虚惊一场后，他又去视察了处于最前线的第 18 装甲师，命令他们朝巴拉诺维奇方向推进。此时第 29 摩托化步兵师也奉命向斯洛尼姆赶来。

就在从斯洛尼姆返回兵团司令部的路上，古德里安又意外地遭遇了苏联的步兵，这些苏联士兵刚从其他地方乘卡车运到达斯洛尼姆近郊，乱哄哄的一片。古德里安的那股狂傲劲头又上来了，他命令司机：“开足马力，不要停顿，从步兵中冲过去!”

司机猛地一踩油门，几辆装甲指挥车向正在下车的苏军冲了过去。苏军毫无防备，见有战车突然冲过来，下意识地向两侧躲避，竟然忘了开枪。等他们回过神来，看清是德军，才赶紧拿起武器射击，但古德里安已经冲了过去。

一直折腾到晚上，古德里安才与司令部会合。他走进办公室，发现桌上堆了厚厚的一叠公文，基本都是有关右翼的战况报告。自 6 月 23 日以来，古德里安的第 53 军已经击败了马洛里塔地区的苏军；但第 24 装甲军和第 47 装甲军之间仅建立起了松散的联系，整个装甲兵团的左翼由于受到从比亚韦斯托克退回的苏军猛烈而不间断的攻击，现在也受到了严重的威胁。为了解除左翼的危机，古德里安迅速将第 29 摩托化步兵师和第 46 装甲军调往该地区。

这个时候，希特勒也是忧心如焚，总担心强大的苏军会从德军的任意一个防线上突破，从而使中央集团军群对苏军的围歼企图落空。因此，他打算让装甲兵团暂缓前进，先回过身来消灭比亚韦斯托克附近的苏军。但是，陆军总司令布劳希奇和总参谋长哈尔德都坚决反对让装甲部队停止进攻，认为应当按原定计划行事，忽略暂时的危险，对明斯克实施纵深包围作战。最终，他们说服了希特勒。于是，古德里安仍然按计划继续向明斯克推进，以期最终完成大包围的作战行动。

事实证明，德国陆军总部的主张是正确的。不久，苏联的维尔拉和科夫罗先后被攻陷，芬兰军队占领了阿兰群岛；德第 1 山地军攻下了皮特沙摩附近的著名产镍地区。在这几次作战中，德军几乎是兵不血刃就取得了胜利。

与此同时，苏联第 4 集团军已经被古德里安所部分割成了几个部分，苏军被迫向普里皮亚特河以北的明斯克和斯卢茨克方向且战且退。战斗才进行了 4 天，德军的坦克兵团就在苏联西方面军的两翼深入苏联领土达 200 公里，使部署在比亚韦斯托克突出部的苏联西方面军主力有被合围的危险，这使希特勒终于放下了那颗悬着的心。

对苏战争可以说是希特勒的一场命运赌博，在实施“黄色方案”时，他一共储备了 48 个师的兵力，但攻打苏联时只储备了 10 ~ 15 个师，这么点兵力完全无法应对战争中出现的意外情况。但是，为了鼓舞追随者的信心，希特勒对所有人隐瞒了自己的筹码。现在首战告捷，他不由得像一个靠欺骗赢了钱的赌徒那样喜不自禁。当德国外长里宾特洛甫在 6 月 27 日向他汇报工作时，他还狂笑着，兴奋不已：“你说我像不像那个骑着马踏过结着薄冰的康斯坦丁湖的骑手，当知道自己脱离危险后竟被吓死了？假如我当初知道一点关于苏军拥有如此巨大实力的信息，我是绝不会做出进攻决定的！”

打开苏联的大门

6 月 25 日上午，古德里安在百忙中抽空到野战医院慰问伤兵，他的司令部在 6 月 24 日那天受到了苏联空军的轰炸，许多士兵受了伤。幸运的是，他当时正在前线，虽然也遇到了一些危险，却躲过了苏军的空袭。看过伤员后，他又匆忙查访各军军部，直到下午 4 时 30 分才回到司令部。

这一天，古德里安所部发现了包括坦克装甲部队在内的苏联新部队，这支苏军部队正由比亚韦斯托克向斯洛尼姆发动进攻。幸好古德里安的第 29 摩托化步兵师在这个时候赶到了前线，挡住了苏军向斯洛尼姆的进攻，从而使第 17、第 18 装甲师可以不受干扰地继续向明斯克推进。

6 月 26 日清晨，古德里安早早就来到第 47 装甲军的最前线，想亲自看看自己的部队向巴拉诺维奇和斯托尔布齐推进的战斗实况。此时，苏军已意识到西方面军有被合围的危险，指挥官沙波什尼科夫向苏军最高统帅部请示后，迅速将配置在突出部的第 3、第 10 集团军移动到利达－斯洛尼姆－明斯克一线。上午 7 时 50 分，古德里安来到第 17 装甲师所在地，该师正按照他的命令进攻斯托尔布齐，进展还算顺利。上午 9 时，古德里安又到第 18 装甲师的师部，该师也正按计划发起进攻。古德里安用无线电与第 24 装甲师取得了联系，得知该军已经遵循他的命令，正为进攻巴拉诺维奇提供支援。一切都按计划进行着。

中午 12 时 30 分，第 24 装甲军报告说："我军已经占领了斯卢茨克!"得知这个消息后，古德里安十分高兴，占领斯卢茨克意味着德军完成了对苏军合围的重要一步，这对他来说是一个巨大的成功。

正午过后不久，古德里安又接到了第 3 装甲兵团司令霍特的好消息："我部距离明斯克北面 30 公里远。"好消息接连不断地传来，看来德军胜利在望了。很快，第 46 装甲军的前卫部队到达了塔尔塔克附近的阵地，接替第 24 装甲军和第 47 装甲军中间空隙的防护任务，第 24

装甲军则全力向博布鲁伊斯克推进。北面友邻集团军的第8装甲师也已经占领了都拉堡和地维拉河上的桥梁。下午，古德里安又根据上级命令将主力转向北方，与霍特的部队合力攻打苏联的重要城市——明斯克。

6月27日，古德里安的第17装甲师到达明斯克南郊，与前一天进入明斯克的第3装甲兵团建立起了联系。明斯克城虽然遭到了苏军的破坏，而且对德军也没有什么价值，但是占领明斯克意味着对苏联西方军合围的战略最终完成。比亚韦斯托克地区的所有苏军，在德军占领明斯克后便放弃了突破德军钳形包围的打算，纷纷缴械投降。德军第一阶段的作战任务圆满完成，通往莫斯科的大门已经敞开了。

苏联军队在战争初期被德军的闪击战打得一败涂地，从表面上看是苏联西方面军司令巴甫洛夫[①]将军犯了致命的错误，擅自扣压关于撤退的命令，直到6月25日才将撤退命令下达给第3、第10集团军，可惜为时已晚，而更深层的原因是苏军的战争思想已经落伍了。尽管他们拥有T-34这样先进的坦克，但是大部分高级指挥员对现代战争的特点和规律缺乏认识，无法理解德军运用装甲部队在时间和空间上发生的变化具有划时代的意义。加上苏联红军在1937—1938年的大清洗中一共损失了3位元帅、13个集团军司令、57个军长、111个师长和220个旅长，这一事件所造成的创伤尤其是军事指挥人才的损失，短时间内是难以恢复的。准备不足、大清洗后遗症等，在很大程度上制约了苏军的战斗力。

德军合围了苏军20多个师后，对于如何歼灭被合围的苏军，如何实施下一步作战，古德里安认为，歼灭处于袋形地区以内的苏军的任务，应尽量少用装甲兵力，主要让后续的步兵负责，以便腾出装甲机械化、摩托化部队，使其努力发动进攻、勇往直前，达成战役的第一战略目标——攻占斯摩棱斯克-叶利尼亚-罗斯拉夫尔地区。

所以他决定，眼下不要考虑战场上的一切意外和偶然，即使需要冒

---

① 巴甫洛夫（1897—1941）：苏、德战争爆发后任西方面军司令，因指挥重大失误，于1941年7月1日被解职，不久被处决。1956年，苏军总参谋部为他平反。

一定的风险，也应坚定地照原定计划行动。在这一意识的主导下，他于6月28日重新赶到他的主力部队第47装甲军的军部。他认为第47装甲军最易直接受到苏军纵深力量的威胁，所以希望能亲自去指挥它，协助它应对可能出现的各种危机。

在斯夫提兹，古德里安找到了第47装甲军军长，向他说明自己的意图后，又通过司令部命令第29摩托化步兵师向北推进。与此同时，司令部加强了对罗夫格罗地克－明斯克和罗夫格罗地克－巴拉诺维奇－土耳齐克之间公路线的空中侦察。接着，古德里安又去了他认为对前进方向不太明确的第18装甲师，向他们详细地说明了自己的作战意图、作战目的和打算。当然，进攻中也不能忽略防守，古德里安的参谋长李本斯坦将军对各军及其所属各师的作战区进行了明确划分，规定了进攻时的注意事项，以防止苏军沿柯达罗夫－排西齐拉－何罗德齐－波龙卡一线的侧面实施突破。

6月28日，古德里安的兵团司令部转移到了涅斯维日，他对各部队的进展感到满意。按照他的意图，各个部队分别到达了下列位置：

第3装甲师到了博布鲁伊斯克；第4装甲师到了斯卢茨克；第10摩托化步兵师到了西尼阿弗卡；第1骑兵师到了德罗希琴以东地区；第17装甲师到了柯达罗夫；第18装甲师到了涅斯维日；第29摩托化步兵师到了泽利文卡河；第10装甲师的一部分到了泽利文卡河，该师主力则回到西尼阿弗卡；党卫军“帝国”师到了别廖扎－卡尔图斯卡；大德意志步兵团到了普鲁扎内东北地区。

6月30日，古德里安飞往第3装甲兵团司令部，去与第3装甲兵团司令霍特讨论未来的作战问题。古德里安的手下巴瑟维希中校亲自为他驾驶飞机，当他们飞过普兹查拉勒布卡的一片大森林时，因为当时第4集团军总以为苏军会从这个地区突围，所以古德里安特意在森林上空转了几圈，发现森林里的苏军并不是很多，构不成真正的威胁。于是，古德里安没把这个地区的苏军放在心上，只是和霍特商定在第18装甲师向鲍里索夫推进时，第3装甲兵团的右翼应密切配合，占领该镇附近别列津纳河上的桥梁。

1942 年，苏联境内的德军和坦克

当天德国陆军总部下达了作战命令，要求各作战部队集中力量向第聂伯河一线推进。陆军总部认为，向斯摩棱斯克的发展非常重要，必须以最快的速度攻占该地，作战部队要在罗加乔夫、莫吉廖夫、奥尔沙等地区渡过第聂伯河，以及在维捷布斯克、波洛茨克等地渡过地维拉河。

7 月 1 日，第 4 集团军综合几天来空中侦察的结果，发现苏军正在斯摩棱斯克 - 奥尔沙 - 莫吉廖夫地区集中新的兵力，准备将西方面军的 4 个集团军约 50 万人解救出来。仅从 6 月 26 日到 30 日的 5 天时间里，第 29 摩托化步兵师的第 71 步兵团就接收了 3.6 万名苏军战俘，所以不难想象苏军企图突破德军包围将使用多大规模的兵力。

当时苏联西方面军司令员巴甫洛夫已被原远东第 1 集团军司令叶廖缅科[①]将军所替代，叶廖缅科在德军兵力相对薄弱的南面选择了一个突破口。苏军在泽尔巴小镇附近集结大量兵力后，发起了一次破釜沉舟式

① 叶廖缅科（1892—1970）：苏联元帅，骑兵出身，性格粗暴而好说大话，对“二战”初期苏联在基辅的失败负有直接责任。后来因布良斯克大败而被降职，1942 年年底奉命指挥斯大林格勒方面军坚守成功，显示出巨大的勇气和超人的胆识，此后出任一系列方面军要职。

的冲锋，但他们的冲锋都没有突破德军的包围圈，围绕着比亚韦斯托克袋形地区的四周，交战双方进行了极为激烈的战斗。这个事实使德军的第 4 集团军指挥官克鲁格意识到，封锁包围圈的任务是极为重要的，要保持对这个袋形地区的牢固包围，四周必须以强大的兵力进行多层包围，以防止苏军突破。因此，他给古德里安下达了一个命令："停止你部第 17 装甲师向鲍里索夫方向的推进，巩固包围圈！"

古德里安虽然也曾下令要防止苏军突围，但是他的心思主要还是放在继续向前推进上。他认为如果等待步兵赶到，接替自己歼灭被围苏军，然后再去占领第聂伯河一线目标，会耽误不少时间，还不如让装甲部队独立向前进攻，快速行动，以取得快速突破的优势，打乱苏军的既定部署。事实上，深受古德里安思想影响的第 18 装甲师已经到达了鲍里索夫镇，并在别列津纳河上建立了一个桥头阵地。所以，古德里安内心很不情愿执行克鲁格的命令，但他还是把命令传达给了第 17 装甲师。

接到命令之前，古德里安的第 5 机枪营的任务是沿着袋形地区的边缘建立防御，以保证第 17 装甲师和第 29 摩托步兵师之间的空隙不会被苏军突围部队所利用。7 月 2 日，古德里安来到第 5 机枪营，视察该营的防御部署，并了解前线官兵对于被包围苏军的战场印象。之后，他又听取了第 17 装甲师韦布将军随后行动的打算。这个时候，古德里安还不知道克鲁格的命令，等他回到司令部，才知道第 17 装甲师要留在包围线上不能动。

结果，第 17 装甲师中有一部分部队没有接到命令，仍然按原计划向鲍里索夫进发了。因为这件事，古德里安差点被送上军事法庭。

7 月 3 日，包围圈内的苏军放弃突围，被困在比亚韦斯托克袋形地区的苏军彻底放弃抵抗，向德军投降了。

7 月 3 日上午 8 时，古德里安奉命来到克鲁格元帅位于明斯克的司令部。出发前他已感到大事不妙，因为他昨天向第 4 集团军司令部解释过关于第 17 装甲师行动出现失误的原因，但对方并没有让他多说什么。看来今天是找他算账来了。

果然，古德里安一见到克鲁格，就遭到了一顿"轰炸式"的训斥："将军，这是什么？这是抗令，是一起极为严重的违反军纪的事件，是任何一个德国军官都应当引以为耻的事情。你要为此事所造成的一切后果负责!”

古德里安站在一旁不敢辩解，直到克鲁格发完了火，他才详细地解释了事情发生的经过，并请求克鲁格的原谅。克鲁格虽然很恼火，但也不能因为这事就处理古德里安，当然，他也不愿就此作罢。他告诉古德里安，本来他是想将古德里安和霍特两人送军事法庭审判，因为霍特兵团里也发生了与第 17 装甲师类似的事情。克鲁格认定古德里安和霍特是串通好了，故意跟他对着干。

古德里安何等精干聪明，一听就知道克鲁格的话外之音，于是运用自己当教员、搞研究练就的口才，摆事实讲道理，说明自己绝不是想和上级作对，总算平息了克鲁格的怒火。

不管怎样，上级的怒火不能掩盖古德里安的远见卓识。他不断向前推进的作战方式，的确给苏军造成了严重的威胁。第 18 装甲师在别列津纳河上距鲍里索夫不远的地方所建立的桥头堡，成为德、苏两军下一步作战行动中的关键一环，而下一个焦点就是鲍里索夫。如果苏军占领它，就可以挡住德军的进攻，延迟斯摩棱斯克被德军攻占的时间，卡住其通往莫斯科的门户；如果德军占领它，则可以以此作为立脚点，先攻占斯摩棱斯克，进而攻占莫斯科。

第 18 装甲师的先头部队早在 7 月 1 日中午便按照古德里安的命令，经过近 30 个小时的奔波，先于苏军的增援部队到达了鲍里索夫。几个小时后，紧随其后的第 18 装甲师主力也抵达了鲍里索夫。兵力占优势的德军很快就突破了守卫大桥的苏军阵地，在苏军尚未炸毁大桥之前将其占领。在这场较量中，有着丰富的战场经验，尤其是装甲部队作战经验的古德里安，又比他的对手抢先了一步。随即，在鲍里索夫南 80 公里处，古德里安的第 3 装甲师在博布鲁伊斯克渡过了河，第 24 装甲军的另一主力师第 4 装甲师则在更远的地方渡过了别列津纳河。

苏军为了阻挡德军的进攻狂潮，保卫斯摩棱斯克及更远的莫斯科，也毫不示弱。莫斯科第 1 摩托化步兵师向德第 18 装甲师发起了勇猛的反击，但最终因力量分散、经验不足而失败了。为了夺回鲍里索夫，叶廖缅科投入了装备有 100 多辆 T－34 坦克的精锐部队——莫斯科第 1 摩托化步兵师。T－34 坦克的装甲特别厚，速度也很快，其威力出乎德军的预料，所有坦克炮弹打上去便弹了回来，丝毫不起作用；步兵的反坦克武器也无法打穿它，只有火炮才对付得了。在这种新式坦克面前，德国步兵无以自卫，只好想办法炸毁它的履带。苏军虽投入了重兵利器，但也未能挽回败局。

“二战”期间，德国士兵把反坦克炮从战壕中推出来

对于德军的这次成功，古德里安派去的第 17 装甲师所起的作用不容忽视。尽管古德里安曾在回忆录中说，第 17 装甲师的部分兵力未能执行克鲁格的命令，是因为客观的差错，但从实际结果来看，很难说这不是他有意为之。不管怎样，现在他可以集中兵力向第聂伯河推进了。

第六章　攻占斯摩棱斯克

特立独行

德军虽然获胜了，但并没有全歼苏联西方面军，仍有 1 个集团军司令部和约 25 万苏军逃出包围圈，退往别列津纳河－第聂伯河方向。希特勒认为，苏军之所以逃脱，主要是因为装甲部队推进过快，没有注意步兵的推进速度，使得包围圈留有太多的空隙。下一步，德军需要进行新的迂回，以消灭斯摩棱斯克一带的苏军。

从 7 月 1 日开始，德军装甲部队一个星期都没有向前推进，一是为了封堵明斯克的口袋，二是为了等待步兵部队。这几天因为下了暴雨，道路泥泞不堪，部队难以行进。这使苏军得到了喘息的机会，得以重组装甲部队。

此时德国中央集团军群的对面是由苏联铁木辛哥①元帅统率的部队，包括苏联西方面军第 13 军，苏军最高统帅部预备队的第 20、第 21、第 22 集团军，以及在维捷布斯克组编的第 19 集团军和刚抵达斯摩棱斯克的第 16 集团军。

7 月 4 日，古德里安的装甲兵团各师继续向第聂伯河一线推进，其

---

① 铁木辛哥（1895—1970）：苏联元帅，苏、德战争期间历任统帅部大本营主席、最高统帅部大本营成员、副国防人民委员兼西方向总司令、西方面军司令、西南方向总司令兼西南方面军司令、斯大林格勒方面军和西北方面军司令，参与指挥过明斯克战役、斯摩棱斯克战役、斯大林格勒会战等。1943 年 3 月起作为最高统帅部大本营代表，协调几个方面军的作战行动，组织实施了许多重大战役。两次荣膺“苏联英雄”称号，获列宁勋章 5 枚。著有《伟大的功绩》《由莫斯科向南挺进》等。

中，第 24 装甲军及一些部队已进至第聂伯河沿岸，到达罗加乔夫附近。

7 月 6 日，苏联第 20 集团军的第 5、第 7 机械化军出动 700 辆坦克，发起大规模反击。德军在强大的空军支援下，很快便击退了苏军，摧毁了这两个苏军机械化师。

同一天，大量苏军在日洛宾附近渡过第聂伯河，向古德里安的第 24 装甲军右翼发起反击。经过一番激战，苏军没有达到预定的作战目的，反而被德军第 10 摩托化步兵师击退。与此同时，德军经空中侦察发现，一支苏军正由奥廖尔、布良斯克地区向戈梅利方向前进。无线电技术侦察部队的监测也显示，在奥尔沙地区有苏军的一个集团军司令部。从以上情况来看，苏军似乎准备在第聂伯河一线建立新的防线。古德里安认为，装甲兵团必须尽快采取行动，不能再坐等后面赶来的步兵。

7 月 7 日，古德里安的部队到达了预定位置，他将装甲兵团司令部设在鲍里索夫，已经到达第聂伯河的第 24 装甲军军部设在波尔特尼基。现在，是继续向前还是等待后续的部队，古德里安又一次面临选择。如果选择前者就要冒一定的风险，一旦失败，等待他的必定是严厉的惩罚；但如果选择等待，则会丧失最好的战机。他考虑再三，决定继续保持装甲部队的进攻锐势，在苏军没有组织有效的防御前，迅速攻占第聂伯河上的渡口，直驱开战以来的第一个战略目标——斯摩棱斯克。

当时苏联西方面军已经重组了 7 个集团军，由北向南依次为第 22、第 19、第 20、第 13、第 21 集团军，以及作为预备队的第 4、第 16 集团军。德国情报部门曾经认为，苏联部署在奥尔沙三角地带前部和第聂伯河的兵力只有伤亡严重的 24 个师，这些部队拥有的坦克不足 200 辆。实际上，苏军的兵力和装备远不止这些，而且每天还有增援的部队开赴前线。在第聂伯河沿岸，苏军集结和部署了大约 42 个师的兵力，准备用来阻止德军的进攻。

就在古德里安决心不顾后果一定要打乱苏军的防御时，希特勒不知又在想些什么，突然重视起了目前的包围战，担心苏军从包围圈中逃跑，下令要在比明斯克还要近得多的比亚韦斯托克进行包围。尽管下属们都极力反对，但是迫于希特勒的淫威，加上克鲁格元帅的盲从，古德里安一时处于两难境地，因为他的大部分兵力还在按原定计划追击苏军，只有极小部分扼守包围圈。

面对战场形势的发展，古德里安不能不为下一步的行动做出决定。当时他是德军中少数几个敢于违抗希特勒命令的人，会根据实际战况坚持自己的见解。这不仅仅是因为他在装甲兵作战理论和实践中的突出贡献，更是因为他那特立独行的性格。考虑到目前的战况及可能的发展趋势，古德里安认为，目前苏军围绕第聂伯河建立的防线还比较脆弱，如果在这个时候发起攻击，可以迅速击破苏军不坚固的防线。值此紧要关头，实施一次快速攻击对战争的胜利有着巨大的军事价值。不过，苏军在罗加乔夫、莫吉廖夫和奥尔沙等地区建立的桥头阵地，使德军企图以奇袭方式攻下该地的各种计划均告失败。由此可见，如果古德里安打算渡河进攻，难免会使他的 3 个装甲军的侧翼完全暴露，也可能会遭到苏军猛烈的反击，后果难以预料。但是，如果坐等德军步兵赶到，纵使自己的侧翼得到保障，也可能会使进攻延迟将近半个月。时间就是胜利，这是“在 1941 年秋季结束对苏战争最关键的时刻，为了这个目标争取时间是第一位的”。所以，古德里安决定迅速渡过第聂伯河，继续向斯摩棱斯克挺进。

古德里安首先命令在两翼——日洛宾和先诺地区的部队暂时摆脱与苏军的战斗，继续监视苏军的行动。经与第 24 装甲军的施韦彭堡将军商量，他决定让第 24 装甲军于 7 月 10 日在斯塔耶－贝霍夫地段渡过第聂伯河，第 46、第 47 装甲军于 7 月 11 日渡河，其中，第 46 装甲军在什克洛夫一带渡河，第 47 装甲军则在莫吉廖夫与奥尔沙之间渡河。

为了保证渡河行动的突然性，古德里安对渡河的准备工作进行了严密的防护与伪装，规定部队的调动只能在夜间进行，其他时间一律不准行动。在准备的过程中，他们得到了空军的大力支持，这使古德里安更加大胆地实施自己的计划。不管最后的作战效果如何，至少实施掩护任务的战斗机部队指挥官穆德尔斯上校曾向古德里安拍着胸脯保证：“将军，在战斗中我可以绝对保证我军集中的地区获得局部空中优势！”为此他又在紧邻前线的后方修了几条飞机跑道。

古德里安也认为，苏军在前线的飞机已基本被歼灭，只要穆德尔斯一出马，苏军剩下的为数不多的飞机将会被赶走。不过他又有了新的担心，担心作战意图不被下属所理解，使渡河后的行动无法协调一致。于是，他又分别来到第46装甲军和第47装甲军，亲自向将领们讲述了渡河作战的重要性和渡河后的作战意图，以统一手下各级指挥官的思想，保证自己的作战计划切实得到执行。

经过2天的精心准备，现在只等下达进攻的命令了。

箭在弦上

古德里安的渡河行动是没有向上级汇报的。7月9日，第4集团军指挥官克鲁格元帅一大早就来到古德里安的司令部，表面上是来听取古德里安的情况汇报及对下一步行动的打算，实际上，他已经听到了古德里安准备行动的消息，特地赶来制止。当古德里安透露想要渡过第聂伯河的计划后，他马上表示反对："立即停止这个作战行动，各部队都留在原地待命，等到步兵赶上来。"

但古德里安决心已下，找了许多理由来为自己辩护。除了他认为的形势发展外，他还特别强调命令已经下达，想要收回成命是不可能了。如果现在停止行动，那么部队将完全暴露在苏军的火力下，成为对方的靶子。现在的情况是箭在弦上，不能不发。他告诉克鲁格，这次突击成功的可能性是非常大的，而且这个目标的实现有利于在本年结束对苏战争。另外，如果达成既定目标，功劳归克鲁格；如果失利，责任由他一人承担。凭着自己的三寸不烂之舌，古德里安最终说服了顽固的克鲁格，对方勉强同意了他的行动。克鲁格无奈地说："你的作战行动总是箭在弦上，让人不能不干下去。"

就这样，克鲁格的2个装甲兵团也继续向前推进。霍特装甲兵团取道费特布斯克，而古德里安装甲兵团则经由莫吉廖夫和奥尔沙向前进攻。

随着德军接近第聂伯河地区，古德里安赶紧前往第 47 装甲军的军部，因为这个装甲军面临的情况最为不利，也是他最关注、最需要特别支援的地方。7 月 9 日中午 12 时 15 分，古德里安抵达了第 47 装甲军李美尔逊将军位于克鲁普卡的军部。李美尔逊将军的战斗意志似乎不那么坚定，他表示对第 18 装甲师和另一个由反坦克及侦察分队组成的战斗纵队能否攻占科哈诺夫感到担心，因为这些部队经过长期的战斗后，物资、人员、装备都急需得到补充，士兵们更该喘口气休息一下，否则恐怕难以担当重任。

对于这些情况，古德里安心知肚明，但他知道苏军的情况也好不到哪里去，现在的关键是争取时间打破苏军建立新防线的企图。所以，不管李美尔逊怎么说，他仍坚持自己的主张，下令说："当你的第 18 装甲师完成当前任务后，应马上向东南方向推进，一直前进到第聂伯河。第 17 装甲师同样如此，在摆脱先诺地区的苏军后，也要采取同样的行动。"

相对于李美尔逊，前线指挥官要乐观得多，第 18 装甲师内林师长胸有成竹地说："我相信我的部队不需要经过什么艰苦的战斗就可以攻占预定的目标。"第 29 摩托化步兵师师长更是信心十足："我们有能力在短期内到达我们的预定目的地科佩西。"

事实上，他们确确实实地做出了突出的贡献，比如第 17 装甲师在 7 月 9 日白天与强大的苏军坦克部队激战时，摧毁了苏军 100 多辆坦克。

古德里安到前线转了一圈，对自己的计划更有信心了，于是没有再做更多的部署，只是提醒前线的几个师长，必须在一夜之间到达预定的集结地区或目的地。

这一天快要结束的时候，落在后面的步兵部队，也到达了博布鲁伊斯克－斯维斯洛奇－鲍里索夫一线，但到达的都是战斗力不强的前卫部队，主力才刚刚到达斯卢茨克－明斯克一线。古德里安的友邻霍特的第 3 装甲兵团已经攻下了维捷布斯克，霍布纳尔的第 4 装甲兵团也攻下了布里斯高。

7 月 10 日早晨，古德里安收到了第 24 装甲军的报告，说他们已经到达斯塔耶－贝霍夫附近的渡河点。下午，古德里安又来到第 47 装甲军，看看他们的准备是否已经完成，部队的精神状态是否良好。在奥尔沙的西面，该军正对着苏军的桥头阵地发动进攻，负责掩护的德军也进入了阵地；在奥尔沙的西北面，一个负责掩护桥头的战斗纵队已经做好了抗击苏军侧翼反击的准备；第 29 摩托化步兵师的侦察营已经和它右翼的党卫军帝国师建立了联系，构成了对苏军的完整防御；第 18 装甲师已经进入有利的进攻阵位；第 17 装甲师的前卫部队也在上午 10 时抵达科哈诺夫附近的主要公路。

古德里安终于放心了，开始考虑部队在第聂伯河渡河成功后应该如何行动。他一直认为，渡河后所属各部必须日夜兼程向斯摩棱斯克挺进。为此，他将渡过第聂伯河以后的行动计划，对手下几位将领做了大致的安排：

第 24 装甲军应向普罗普斯克－罗斯拉夫尔公路挺进，注意保护右翼不受日洛宾、罗加乔夫地区的苏军攻击，并保护左翼不受莫吉廖夫地区苏军的攻击；

第 46 装甲军应由戈尔基－波奇诺克方向挺进，攻击叶利尼亚地区的苏军，并保护右翼不受莫吉廖夫地区苏军的攻击；

第 47 装甲军以斯摩棱斯克为主攻目标，左翼沿着第聂伯河一线，并注意监视奥尔沙到斯摩棱斯克一线，随时注意仍留在奥尔沙地区的苏军的动向；

斯特莱西和乌辛格率领的战斗纵队，应继续在第聂伯河的西面和西北面，阻挡住苏军对奥尔沙地区的桥头阵地的攻击。

渡过第聂伯河

7 月 10 日这一天，第 2 装甲兵团的先头部队在古德里安的指挥下，率先到达第聂伯河一线，并对河上的主要渡口罗加乔夫、莫吉廖夫和奥尔沙同时发起强攻。但在苏军早已设防的坚固阵地面前，他们的奇袭未能奏效，多次进攻均被粉碎。不仅如此，苏军的援军还在源源不断地开往这条生死攸关的第聂伯河防线。

后来，古德里安得知，第聂伯河还有另外几处渡口，分别位于旧贝霍夫、科佩西和什克洛夫，那里苏军的防守较为薄弱，于是果断命令正在赶来的第 2 装甲兵团主力改变方向，朝这三个地方扑去。果然，在贝霍夫，乘坐攻击艇渡河的德军摩托化突击部队很快就在河的对岸夺取了一小块桥头阵地。接着，后续的工兵部队以最快的速度在河上架起了浮桥。数个小时后，2 个装甲师的坦克已经隆隆地开过了河。在科佩西渡口，德军的摩托化步兵冒着苏军密集的炮火和空中袭击，乘坐攻击艇向对岸发起了一波接一波的猛攻，终于渡过了河。第 10 装甲军仅以一个机枪团的短促战斗便解决了渡河问题，接着通过架设的浮桥渡过了河。至此，德军打开了第聂伯河的缺口。

7 月 11 日，古德里安所属各部队在迂回莫吉廖夫时，以 2 个强大的突击集团兵力，依照原定计划渡过了第聂伯河，代价相对较小。这时，德军几乎占领了白俄罗斯的全部领土，向西推进了 450～600 公里，斯摩棱斯克面临着被德军突入的危险。苏联西方面军死亡 341 012 人，受伤 76 717 人，平均每天伤亡 23 207 人。

7 月 11 日是发起进攻的关键时刻，但是古德里安有点无所作为。原来，7 月 10 日黄昏，意大利驻德国的武官马拉斯将军为了进一步考察德军对苏作战情况，特意找到古德里安，想看一看德军战斗的情形。古德里安和马拉斯将军很熟，而且出于礼节，德国官方还派了海军上校布克纳尔、空军武官比罗中校等人陪同。所以，古德里安不得不放下手头的工作，邀请这些贵宾去视察自己的部下在第聂伯河的渡河情况。

这天上午 6 点多，天气很好，迎着美丽的朝阳，古德里安陪同贵宾们离开托洛钦的兵团司令部，来到科佩西。路上和风徐徐，清新的空气中含着丝丝潮气，令人心情舒畅。他们到战场时，古德里安的先遣部队已经开动，马达轰鸣，烟尘和扬起的尘土漫天飞舞。为了看得更清楚一些，他们沿着河岸继续前进，战场的氛围使常在后方的贵宾们感到非常难受，古德里安见状连忙解释道：“这种尘雾是难免的，为了保证装甲部队有良好的道路状况，天气一定要好，而好天气就难免扬起漫天的烟尘，我们就是在这种情况下坚持战斗的。”

在科佩西附近，他们看到了第 29 摩托化步兵师的第 15、第 71 团向苏军攻击前进的过程，对手是苏军第 66 军下辖的第 18、第 54 两个骑兵师。战斗结束后，来访者终于告辞了。他们刚刚离开，心急火燎的古德里安就跳上一艘攻击艇渡过第聂伯河，他很担心自己的部队，不知道战事进行到了什么阶段。后来他才知道，第 17 装甲师因为无法打败奥尔沙对面强大的苏军，已奉命跟在第 29 摩托化步兵师后面，也在科佩西渡过了第聂伯河。

之后，古德里安还想去再去一趟第 46 装甲军，但因为没有安全的陆路前往什克洛夫，只好作罢。

为了尽快赶回司令部，古德里安一路驱车狂奔，结果在一个岔路口遇到了克鲁格，他的第一反应是马上停车，然后匆忙行礼。他可不想让这位上司产生什么想法，从而影响到自己的行动。不过，这次克鲁格的态度出奇的好，还关切地询问了前线的情况。其实，克鲁格虽然对古德里安的进攻企图有些不满，但现在进攻已经发起，他也不便再说什么，只希望古德里安早日完成任务。

古德里安知道克鲁格的想法后，稍微松了口气，他不放心前线，决定还是去第 46 装甲军军部一趟。这段路上的桥梁都已落入德军手里，但是道路状况极为恶劣，古德里安坐在指挥车里，如同坐在一艘漂荡在狂风怒吼的海上的小船一样，一路颠簸，摇得他头晕目眩，直到晚上 9 时 30 分才到达第 46 装甲军军部。

第 46 装甲军已经成功渡过了河，但损失也很大。在第 10 装甲师渡河的时候，他们遭到了苏军猛烈的炮击和轰炸，使渡河行动受到了严重影响。党卫军帝国师所在的渡河地区的桥梁也因空袭而受损。现在，第 46 装甲军的前卫部队正向戈尔基挺进。

接着，古德里安又来到第 10 装甲师师部，命令该师必须乘着黑夜继续前进，以充分发挥奇袭的功效。

7 月 11 日，古德里安的装甲兵团所属各师已经到达了下列地区：

第 1 骑兵师到达日洛宾－罗加乔夫地区；第 4 装甲师和第 10 摩托

化步兵师到达第聂伯河的东岸，并在斯塔耶－贝霍夫地区的北侧建立了一个桥头堡；第3装甲师在莫吉廖夫地区以南，以装甲集群侧卫的姿态对抗着苏军的桥头堡；第10装甲师和大德意志步兵团都已部署在什克洛夫的南侧；党卫军帝国师也在第聂伯河东岸的什克洛夫地区建立了一个桥头堡。

在科佩西东面的第29摩托化步兵师，也同样在第聂伯河上建立了一个桥头堡；第18装甲师则到了科佩西的西面；第17装甲师挺进到了奥尔沙的西南侧。

斯特莱西和乌辛格所属的战斗纵队，还在监视着苏军在奥尔沙地区桥头阵地以西和西北方向的出路，使苏军无法对古德里安所部的行动构成威胁。

作为后续力量的步兵部队的主力已经到了斯卢茨克－明斯克以东地区，先头部队已经到达别列津纳一线。

7月12日，古德里安的部队还在继续渡河。古德里安在第24装甲军那里停留了一会儿，便回来与希特勒的首席副官鲁道夫·施蒙特①上校见面。他是希特勒特地派到古德里安兵团司令部的，在随后的一段时间里，古德里安经常与他进行交谈。

施蒙特的到来，除了可以让希特勒充分了解装甲部队的行动外，还能进一步对战事施加影响。因为古德里安不太好摆弄，为人固执、个性很强，比如古德里安兵团的所有坦克都用白漆写上了古德里安名字的第一个字母“G”；古德里安在波兰、法国也赢得了很高的声望，深受装甲部队士兵们的爱戴。希特勒要想让自己的军事行动得到德国军官们的支持，便不能忽视这些在德军中深具影响力的人物。

古德里安指挥部队渡过河后，在奥尔沙、莫吉廖夫和罗加乔夫等地并没有看到多少苏军的守河部队。于是，他只留下了少数部队担任左翼警戒，便带领各装甲师火速向北，直接奔向斯摩棱斯克，这在无形中对

① 鲁道夫·施蒙特（1896—1944）：纳粹德国陆军步兵上将，1938年后任希特勒的德国武装部队首席副官，1942年后兼任陆军人事局局长。他作为希特勒的私人顾问，影响极大。1944年在爆炸中烧伤并失明，几个月后去世。

正面的苏联第 13 集团军展开了一场追击战，并最终在莫吉廖夫附近包围了该集团军的 4 个师和第 20 机械化军的部分兵力。

包围与反包围

7 月 13 日，苏军开始了猛烈的反攻，对古德里安的迅速突进进行了力所能及的抵抗。苏联元帅铁木辛哥命令位于戈梅利周围的 20 多个师，向古德里安装甲兵团的右翼发起攻击。与此同时，被包围在莫吉廖夫和奥尔沙地区的苏军，也显示出突围的企图。铁木辛哥的意图很明显，就是要阻止古德里安渡河后的攻势。

但是，除了来自古德里安的威胁，铁木辛哥还面临着来自霍特的第 3 装甲兵团的威胁。霍特的第 3 装甲兵团正从北面直逼斯摩棱斯克，他和古德里安就像两只铁钳，夹向斯摩棱斯克，以便实现开战以来的第二次战略合围。一旦德军的计划得逞，苏军不仅会损失更多的有生力量，还不得不向德军敞开通往莫斯科的大门。现在古德里安所信赖的第 29 摩托化步兵师距离目标已经很近了，直线距离只有 18 公里。

于是，苏军在当天就对古德里安装甲兵团的右翼发起了反击。等到古德里安接近前线的时候，负责侧翼掩护的大德意志步兵团已经和苏军交上了火，激战的枪声、炮声响成一片。一直到半夜时分，古德里安等来了大德意志步兵团的求援报告，原来他们的弹药都打完了。可是，补充弹药是不可能的事，古德里安决定进行冷处理。他站在桌前一言不发，后来果断地下了命令："第 1 骑兵师向苏军翼侧出击，第 10 摩托化步兵师随后增援该师!"

在这场机械化部队争夺时间与速度的较量中，第 1 骑兵师起到了举足轻重的作用，他们击退了苏军，使部队得以继续向斯摩棱斯克前进。

7 月 14 日，第 29 摩托化步兵师在斯摩棱斯克进展顺利。第 46 装甲军和党卫军"帝国"师向戈尔基的进攻也很顺利。但是第 10 装甲师伤亡惨重，经过一番苦战才艰难地到达戈尔基和姆斯季斯拉夫尔。

通过大胆的奇袭，德军出其不意地夺取了斯摩棱斯克城东的第聂伯河大桥，之后苏军屡次想要夺回这座大桥，但都未能如愿。

同一天，德国陆军总部的思绪跳出了战场，开始研究战后苏联占领区的兵力部署问题。会议提出，在苏联的主要工业中心驻留强大的机动兵力，并配属少量的快速行动部队，以应付苏联可能采取的反抗行动。陆军总部还想把第 2 装甲兵团调到南方或东南方向，又考虑了隆美尔在非洲战役的战略问题及将来在利比亚的行动方针。他们设想现在的作战目标实现后，假道土耳其到叙利亚向苏伊士运河发动两面夹击，从而夺取这一交通要道；想到怎样经过高加索直达波斯湾……陆军总部的这些想法极富浪漫主义色彩，但眼下的作战结局还是个未知数，“巴巴罗萨”计划远未结束，他们就开始展望长远的未来，让人不能不惊叹其“超前意识”。

相比之下，苏联人则极为现实，他们感受到了迫在眉睫的危险，斯摩棱斯克的防守部队已奉命实行“总体防御”，坚决保卫斯摩棱斯克，不惜战至最后一兵一卒。城里所有的警察、各工厂和机关内的身强力壮者组成了民兵预备队，随时准备增援守城部队。一旦城市外围的防御阵地被突破，每一个能够拿起武器的人都要与敌人进行逐街、逐屋的战斗。

7 月 15 日清晨，古德里安的第 71 步兵团从西南方向沿着苏军不太注意的一条乡间小路，悄悄地潜到了苏军的面前，在苏军尚未做出有效反抗之前，便迅速占领了斯摩棱斯克外围防御阵地中的重要炮兵阵地，为随后的攻城行动奠定了基础。

现在，让古德里安头痛的克鲁格元帅又来到他的司令部了解作战情况。战事发展到今天，占领斯摩棱斯克是早晚的事情。除了古德里安的部队外，霍特第 3 装甲兵团的先头部队也在这一天抵达亚尔采沃附近，正试图切断斯摩棱斯克与苏军后方的联系。事实已经证明，古德里安当初坚持进军的要求是正确的，德军即将完成对苏军的第二次包围。所以，克鲁格这次态度相当友好，不但对古德里安的作战行动赞赏有加，还亲切地询问他在作战中存在哪些问题，一起商量问题的解决办法。随着司令官态度的好转，跟随克鲁格而来的随员们也有了更多的话题。这让克鲁格瞬间变成了一个和蔼可亲的好上司，似乎他和古德里安从来没有发生过任何争执。

当然，古德里安现在已经不在意这些了，他关心的是怎么更快、更好地完成任务。所以，向克鲁格汇报完战况后，他就急急忙忙地乘车赶往位于斯维尔罗费齐的第46装甲军司令部。第29摩托化步兵师已经到达斯摩棱斯克南郊，第18装甲师则到了克拉斯内北面，而在第聂伯河沿线防守的苏军正沿着由奥尔沙到斯摩棱斯克的主要公路撤退，与向斯摩棱斯克挺进的德军“齐头”并进。

随着古德里安装甲兵团不断向前推进，他们遇到的抵抗也越来越强，部队的伤亡随之增加。7月15日这一天快要结束的时候，各个部队纷纷对古德里安诉苦，要求补充人员和装备。但古德里安根本没有办法解决这个问题，因为他们离德军主力太远，后勤供应已是入不敷出。幸好他们马上就要实现这一阶段的作战目标，不需要再向前突击了。

1941年7月，苏联斯摩棱斯克，德军装甲兵在进攻

晚上7时左右，古德里安的部队来到了斯摩棱斯克城下。7时15分，古德里安和第29摩托化步兵师的作战科长、能力出众的弗朗茨少

校，在斯摩棱斯克城外见面商讨攻城问题。这是他所属各师中第一支到达战略目的地的部队。

7 月 16 日，因为既要攻下斯摩棱斯克，合围苏军，又要防止苏军突围，古德里安为所属各部队布置下一阶段的任务。

古德里安从苏军俘虏那里了解到，斯摩棱斯克城南的主要通道是苏军设防的重点，也是苏军防御体系的重心所在。由城南直接发起冲击，必然会遭到苏军强有力的反击，因此，他让部队悄悄从城东南发起攻击。在德军重型火炮、88 毫米高射炮、自行火炮及坦克炮的强大火力支援下，德军第 29 摩托化步兵师与苏军展开了一场血战。

苏联军民遵照上级指示，采取各种手段，奋不顾身地与德军展开英勇的战斗。德军则乘着连续胜利的锐气，十足地表现了德国陆军的尚武精神，不断地向苏军阵地猛冲。双方战至 7 月 16 日夜幕降临时，斯摩棱斯克最终被德军的坦克碾压。

随着德军在奥尔沙与斯摩棱斯克的包围圈逐渐形成，为了阻挡古德里安的攻势，苏联开始着手建立一个以波格丹诺夫①为司令员的预备队方面军，负责守卫北起伊耳缅湖、南至布良斯克的新防线。与此同时，为了解救陷入斯摩棱斯克地区包围圈的部队，波格丹诺夫抽调 16 个步兵师和 4 个坦克师组成若干临时的战术兵团，分别从别雷、亚尔采沃和罗斯拉夫尔向斯摩棱斯克实施反冲击，企图在德军的包围圈上撕开一个口子，将被围的部队接应出来。为了配合这些行动，苏联西方面军部署在斯摩棱斯克以南和叶利尼亚的第 19、第 24、第 33 集团军，也相应地发起冲击，以扰乱德军的判断，帮助苏军突破包围圈。

这样一来，古德里安和霍特的部队以及第 9 集团军受到了极为沉重的压力。古德里安的部队因为向南伸展过远，一直未能封闭在亚尔采沃

---

① 波格丹诺夫（1894—1960）：苏联装甲坦克兵元帅。苏德战争时期历任坦克第 30 师师长、第 10 集团军主管坦克兵的副司令、坦克军和机械化军军长、坦克第 2 集团军司令。指挥部队参加了莫斯科会战和科尔孙－舍甫琴科夫斯基、白俄罗斯、维斯瓦河－奥得河、东波美拉尼亚、柏林等战役。作为一名勇敢干练、要求严格的军事首长，他指挥的坦克集团军作为方面军的快速集群，以行动高度机动和神速而著称。

与斯摩棱斯克之间、通往莫斯科的公路上所存在的缺口，直到后续步兵赶上来后，才由霍特的第20摩托化步兵师将其封闭。所以，7月16日，当苏军在从戈梅利到克林齐以及斯摩棱斯克一线以东地区活动时，古德里安所部根本无力做出反应，只能以最快的速度完成预定的任务。

当然，古德里安为战争所付出的辛劳，希特勒是不会忘记的，他要给这个能干的卒子一点赏赐。7月17日，希特勒给在对苏战争初期立下战功的人授勋，受勋人员包括古德里安、霍特等人，古德里安的名字排在陆军受勋名单的第5位，陆海空三军的第24位。不过，希特勒选择的授勋时机似乎不太合适。因为这一天古德里安很不轻松，第24装甲军的第1骑兵师正与第聂伯河东岸的苏军进行激烈的战斗，强大的苏军在莫吉廖夫以东、奥尔沙以东和斯摩棱斯克等地区不断地向德军发起进攻，德军只得沿着第聂伯河一线展开防御，被动地进行抵抗。

第二天，古德里安又不得不整天和第47装甲军待在一起，监督第17装甲师在斯摩棱斯克以南地区和从北面开来的苏军鏖战，并眼睁睁地看着第17装甲师师长韦布将军重伤而亡。

第七章　贪小便宜吃大亏

马恩河式的奇迹

围绕着斯摩棱斯克，德、苏双方展开了激烈的争夺。苏军的 T－34 坦克和“喀秋莎”火箭炮的威力令人吃惊，但仍无力阻止形势的恶化。丧失制空权的苏军只能任由德国空军肆虐，反击部队也被迫退却。德军行动的速度和效率令人刮目相看，第 39 装甲军被调往斯摩棱斯克东北约 48 公里处的亚尔采沃，古德里安的第 47 装甲军和第 9 步兵军也分别攻占了斯摩棱斯克、奥尔沙，使苏联第 19、第 20 集团军不得不撤退，以摆脱德军的合围。

德军见苏军要撤，当即向前扑去，古德里安和霍特在斯摩棱斯克区域很快合围了 30 万苏军和 3 000 辆苏军坦克。但是，这个巨大的包围圈能否合围成功，还要看什么时候能堵上剩余的 30 公里缺口。

古德里安一心想要夺占莫斯科，于是只顾勇猛地向前冲，虽然把苏军冲得七零八落，但自己也已经不堪重负。一群又一群的苏军只能留给后面的德军步兵去解决，德军步兵拼命追赶，经常一天要走将近 30 公里的路程，但怎么也赶不上装甲兵的前进速度。眼下包围圈内的苏军兵不识官、官不识兵，秩序荡然无存，但德军装甲兵团由于不停地进军，装备和人员减损也很严重。而霍特兵团根据上级指示，要对斯摩棱斯克东北面的强大苏军进行包围，但他既要封闭包围圈，又要抵抗外围苏军的持续反攻，实在是力不从心，只好让古德里安的第 2 装甲兵团由南面向多罗哥布希进攻，协助他共同完成对苏军的合围。

为了实现上司的合围意图，7 月 21 日，古德里安不得不回头配合霍特把斯摩棱斯克的缺口补上。他来到第 46 装甲军军部下达关于封闭包围圈的指示，全然没有了此前的意气风发，任务主要由参谋人员进行讲解，他只是简单指示了几句，要求部队按时完成任务，不得迟误等。他一点也不想停下来收拾残局，只想不断地挺进、挺进，再挺进，直到实现最终的目标，这样才能真正体现装甲兵的价值。他比谁都明白，一旦停下脚步，装甲兵团就会丧失进攻的锐势，一切都要重新开始。

德军停止进攻，使苏军得到了一个绝佳的喘息机会，他们终于可以安心地组织部队，专注于打破德军的包围圈了。由于斯摩棱斯克的南部和西部正受到苏军强大的炮火威胁，古德里安封闭包围圈的行动受到了限制，第 46 装甲军全体官兵都在与苏军作战，无法抽出部队采取行动。无奈之下，古德里安只好将目光投向其他方向。功夫不负有心人，他发现第 47 装甲军的第 18 装甲师可以不必停留在第聂伯河河弯岸的库西罗附近，而苏军在这一地区对德军也构不成威胁，于是，他果断决定调第 18 装甲师来接手大德意志步兵团目前的任务，再由大德意志步兵团去完成封闭包围圈的任务。这样一来，第 46 装甲军便可以去支援霍特兵团了。

但是，上级想让党卫军帝国师马上去堵塞多罗哥布希的包围圈，古德里安对此感到十分无奈，但现在所有问题的症结是第 18 装甲师能否迅速交出它在库西罗担负侧卫的任务，然后尽快向北推进。令古德里安感到痛心的是，克鲁格元帅竟然命令第 18 装甲师原地待命。于是，德军对多罗哥布希的进攻也流产了。

为了解除斯摩棱斯克西北和以东地域的苏军被合围的危险，斯大林于 7 月 20 日命令铁木辛哥元帅在几天内向德军发起进攻，以瓦解德军的合围企图。苏联西方面军随即以 4 个集团军的战役集群和 1 个骑兵集团进行反攻，企图里应外合，歼灭德军。

由于停止前进的命令，德军所有企图渡过叶利尼亚西北的乌夏河，向斯弗尔柯鲁特齐进攻的计划都失败了。德军目前兵力不足，弹药匮乏，人员疲惫不堪。加上所用地图破旧，标示的路线不清晰，在德苏边境地区只有一条路的状况还可以，其他的路就像沼泽地，大规模的摩托化车辆根本无法通过，严重影响了德军的行军速度，同时也让人员更加疲惫。

形势越来越严峻，古德里安感到很不安。当他赶到第 10 装甲师时，师长夏尔将军无可奈何地抱怨道："苏军的忍耐力是很强的，虽然德军一天击毁 50 辆苏军坦克，但最终也没有攻下苏军构筑的坚固阵地，而一系列的战斗使德军损失了全部车辆的 1/3。弹药虽然没有中断，但也得从 450 公里外运来，早已入不敷出了。"

古德里安的压力更大了，他想，难道就没有一处可以有所作为了吗？他来到党卫军帝国师，本以为情况会好一些，但形势依然严峻，他们在叶利尼亚以北的作战还算顺利，一天就接收了 1 100 名苏军俘虏，但在叶利尼亚到多罗哥布希途中遭到苏军的强力反击，无法前进。

所有这些，使古德里安失望至极，但也不得不正视他的装甲部队目前不可能再有什么大的行动的事实，因为它需要补给，需要休整。为此，他断然决定各部暂停对多罗哥布希的攻击，等待大德意志步兵团到来再做打算。

之后几天，苏军不断地发起猛烈的反攻，古德里安各部只得拼力防守，幸好右翼方面第 18 装甲师和后续步兵的及时增援，防线才没有出现太大的问题。现在古德里安的所有部队都用在了防御作战中，当然，他企图向多罗哥布希进攻以求封闭包围圈的行动最终未能实现。

双方陷入了胶着状态。7 月 25 日，德军第 263 步兵师、第 5 机枪营、大德意志步兵团、第 18 装甲师和第 292 步兵师，相继到达了普鲁德基以南地区和沙塔洛夫卡机场周围一带。现在，这个机场成了古德里安的后勤补给中枢，是他的命根子。所以，他无论如何也要占领机场一带，以保证机场不受苏军炮火的威胁。

据最新情报显示，最近几天，在北诺夫哥罗德－布良斯克以西－叶利尼亚－勒热夫－奥斯塔什科夫一线以东出现了 4 个新的苏联集团军正在那里构筑新的防线。苏军的源源不断大大出乎德军最高统帅部的预料，他们原本以为苏军只有 200 个师，但现在仅查明番号的就达到了

380 个。

7 月 26 日，德军包围圈的缺口越来越小了，苏军围绕着叶利尼亚的进攻也更加激烈。古德里安只好请求上司马上派遣第 268 步兵师去加强叶利尼亚突出地带的防务，撤回他的装甲师。因为他的装甲部队长于进攻突破而不擅长防御，难以抵挡苏军的进攻，加上长期、连续不断的行军和战斗，他们也确实需要休息和保养装备。

由于为反包围出动的兵力不够强大，准备工作比较仓促，各战斗集群之间协同不够好，苏军最终没有打破德军的包围圈。同一天，霍特的第 3 装甲兵团经过艰苦的行军和战斗，终于在北面即斯摩棱斯克以东地区完成了封闭包围圈的任务。8 月 5 日，德军彻底肃清了被合围的苏军，在整个斯摩棱斯克地区共俘虏苏军 31 万人，缴获或摧毁坦克 3 205 辆、火炮 3 120 门。

7 月 26 日晚上 10 时，古德里安刚回到司令部，便接到了集团军司令部的命令，让他明天必须赶到奥尔沙机场，参加中午举行的军事会议。古德里安隐约感到又有重大事情要发生了。

果然，德军重新调整了战略部署，希特勒的顽固狂妄与刚愎自用在 6 月 29 日和 30 日再次暴露出来，他接连两次重申自己在战争爆发前提出的作战意图，似乎已经看到了苏联的崩溃，迫切想要攫取苏联的一切："尽快将苏联人逐出波罗的海，保障我们的矿石运输，使德军作战优势得到进一步发挥，为向莫斯科实施突击赢得左翼的行动自由。"

"迅速夺取列宁格勒的工业中心，而后，装甲部队从列宁格勒向莫斯科突击。"

在 7 月 19 日斯摩棱斯克鏖战正酣的时候，希特勒不等战斗结束便发布了他的第 33 号训令：让中央集团军群的 2 个装甲兵团分头行动。古德里安的第 2 装甲兵团与南方集团军群配合，对基辅地区的苏军实施大包围；霍特的第 3 装甲兵团则向北进攻，切断列宁格勒 – 莫斯科之间的交通线，并帮助北方集团军群进攻列宁格勒。

战争走到了一个转折点，这个决策的直接后果是拯救了莫斯科。这个奇迹的发生，被一些人称为"马恩河式的奇迹"！

在过去几天里，第 4 集团军内部出现了严重的对立。以克鲁格为代表的集团军司令部和以古德里安为代表的装甲兵团指挥官，对战场形势及未来的判断发生了很大分歧。第 4 集团军司令部认为，现在对于斯摩棱斯克地区的围歼作战是非常重要且是首先要解决的问题。但是，装甲兵团的指挥官们则认为，罗斯拉夫尔以南和叶利尼亚以东的地区才是最危险的，因为德军的大部兵力还滞留在第聂伯河和斯摩棱斯克以西地区，所以罗斯拉夫尔地区的危机和损失不可避免，这个地区应当是作战的重点。双方争执不下，古德里安和克鲁格之间的关系极为紧张，旁观者都闻到了一股火药味。

7 月 27 日，古德里安带着参谋长李本斯坦中校，在奥尔沙登机向鲍里索夫飞去。他并没有意识到会有什么重大转变，以为到集团军司令部只是汇报一下部队的态势，同时接受下一步行动的具体指示而已。他想，即使上司不让他向莫斯科挺进，至少也应该是让他以布良斯克作为前进目标。

出乎他意料的是，希特勒竟然命令他的第 2 装甲兵团向戈梅利进攻，任务是与第 2 集团军合作，包围在戈梅利地区的 8 ~ 10 个苏军师。这就意味着他的装甲兵团要掉过头来，折向西南冲着德国的方向打回去。古德里安很不赞成这个计划，对希特勒的命令很不以为然："元首是在贪小便宜，贪小便宜可是要吃大亏的！"他认为这个方案将大大延迟对苏战争的结束时间。

但是，谈来谈去，他才知道希特勒认为大规模的包围行动没有什么意义。他坚持认为，德军最高统帅部对于现代战争所持有的理论基础是不正确的，法国战役的经验已经证明了他的看法，应该用大吃小的办法将敌军分别加以围歼，一口一口地吃掉敌人，让敌人最后失血而死。

很多德军将领也不同意希特勒的看法，认为这样拖延时日，只会使苏军有足够的时间建立新的防线，直接影响德军速战速决、避免两线作战的目的。这样一来，等待德军的又将是历史的老路——失败。陆军总部的主张是，首先击败现有的新建的苏军，迅速占领乌克兰伏尔加河以西、图拉 - 戈尔基 - 雷宾斯克 - 莫斯科地区和列宁格勒附近的重工业基地，彻底摧毁苏联的军工生产能力。

不管是希特勒的命令也好，陆军总部的意见也罢，古德里安暂时没有时间考虑这些问题了。因为这几天他的部队全部陷入了与苏军的胶着战中，尤其是第 2 装甲兵团的右翼，他必须尽快解决眼前的危险。所以，在克鲁格宣布了下一步的行动计划后，他马上提出："根据我军目前所处态势，右翼有被苏军突破的危险，这将直接影响到今后的行动。为此，我认为首先应攻占罗斯拉夫尔，占领这个重要的道路中心，这样我们就可以控制东、南和西南面的交通，限制苏军的行动。为了实现上述任务，我军的兵力必须得到足够的加强，急需得到上级的支援。"

于是，在斯摩棱斯克战斗即将结束之际，为了加强对南北两翼苏军的进攻、解决步兵和坦克协同方面存在的矛盾，古德里安的第 2 装甲兵团分配到了更多的增援兵力，陆军第 7 步兵军共计 4 个步兵师、陆军第 20 步兵军共计 2 个步兵师，都调归古德里安指挥。

兵力得到增强后，古德里安的装甲集群成了一个军团级的作战集团。从这个时候起，古德里安装甲兵团摆脱了第 4 集团军的节制，恢复了以前的古德里安兵团。克鲁格元帅被撤回陆军参谋本部候任。

后来，有人建议让克鲁格元帅负责指挥古德里安装甲兵团和一个新的步兵军团，向东南方进入南方集团军群的作战地域，歼灭集结在此的一支强大的苏军，但遭到了陆军总司令布劳希奇和总参谋长哈尔德的强烈反对。因为克鲁格和希特勒气味相投，陆军总司令部可不想给自己增加一个甩也甩不掉的麻烦，所以他们排除一切阻力，彻底否决了这个建议。

希特勒的战略

新兵团形成后，为了解除罗斯拉夫尔地区的苏军对兵团侧翼的威胁，古德里安以尽可能快的速度对未来的作战行动进行了部署。

攻击发起后，古德里安整天不停歇地进行各种协调组织工作。因为当时装甲机械化部队仅占德军总数的 10% 左右，大部分军队及指挥官对装甲机械化部队知之甚少，更谈不上运用这个新出现的兵种。尤其是新调来归古德里安指挥的步兵军，一直没有跟坦克部队协作过，古德里安必须耐心地教导他们。

第 9 步兵军军长盖尔将军是古德里安的老上司，与古德里安私交不错。他为人率直，在“一战”中受到过鲁登道夫将军的赏识，但是，他总是以步兵的眼光来找装甲部队进攻计划的弱点，根本不了解装甲部队的运用技巧。在战前的军长会议中，盖尔毫不留情地批驳了古德里安的作战计划。古德里安努力向他解释自己的计划，但是由于理解不同、观念差异，盖尔依然如故。古德里安见无法阻止他继续挑剔下去，不由得有些气恼，冷冷地说：“将军，您可以放心。这次攻击计划是经过认真考虑的，它将和算术一样准确无误！”古德里安强硬的态度表明他不想就这个问题再谈下去了，这场争论不欢而散。

但是争论归争论，盖尔将军在战斗真正开始以后，仍不乏君子风度，及时纠正了自己的错误判断，认真落实了作战计划，为战斗的胜利做出了突出贡献。

很快，古德里安兵团打响了罗斯拉夫尔战役，他以第 24 装甲军和第 7 步兵军为右翼，第 9 步兵军为左翼，向苏联第 28 集团军的一个集群实施钳形突击。

8 月 1 日，第 24 装甲军和第 7 步兵军首先开始了对罗斯拉夫尔的攻击。清晨，古德里安驱车前往第 7 步兵军军部，但怎么也找不着，他也找不到第 23 步兵师的师部。就在他四处寻找乱撞的时候，猛然发现他的周围不知什么时候冒出了许多德军士兵。原来，他跑到第 23 步兵师前卫部队的骑兵营里了。

不过，师部绝不可能跑到前卫部队前面去，古德里安心想，自己肯定是走过头了，因为再走就是苏军的阵地。他停下来，让人找来一个骑兵军官了解情况，打听去往第 3 装甲师的道路。他正要走的时候，突然遭到了德军飞机的误袭，其中一颗炸弹的爆炸点距他的指挥车只有四五米远。原来，行进中的第 23 步兵师因为遭到苏军的一顿狂轰滥炸，伤亡惨重，于是赶紧调动飞机进行空中支援。还好又是有惊无险，古德里安对着空中的德军飞机大骂了一顿。由于士兵急剧扩充，多数飞行员训练不够，而且缺乏战斗经验，这种误袭误炸的事情在所难免，即便古德里安特意下令在地面上做好清楚的标记也没有用。

整个下午，古德里安一直和第 3 装甲师的前卫部队待在一起，盯着前卫部队在奥斯特尔河以西和恰罗尼夫以南地区的军事行动。战果还不错，不久师长莫德尔将军就报告说，他们已经完好无损地夺取了奥斯特尔河上的桥梁。不仅如此，该师因迅速行动还成功俘虏了一个来不及撤走的苏军炮兵团。这一天，古德里安计划中规定的目标——罗斯拉夫尔也被德军占领了。

8 月 2 日上午，古德里安去了正向柯沙基挺进的第 9 步兵军的第 507、第 509 团，而后又跑到第 137 步兵师师部及其所属各团。所有人都知道，古德里安的到来意味着再一次的“前进”，他命令他们在夜间不要停下来休息，要以最快的速度到达通往莫斯科的公路。

由于前一天第 9 步兵军的表现不太好，没有取得什么实质性的战果，古德里安决定在 8 月 3 日仍和这个军待在一起，以催促他们迅速前进，并确保攻击成功。古德里安先来到了在科瓦利附近的第 292 步兵师师部，再从那里转往第 507 团团部。他什么也没有说，只是下车亲自陪着打头阵的步兵连前进，希望以自己的行动激励他们勇敢冲锋。就在他们向前挺进的时候，古德里安突然发现罗斯拉夫尔东北方向有坦克战车，于是赶紧让部队停止前进，因为他知道坦克装甲部队的威力，在开阔地带，它们对步兵的打击将是毁灭性的。他让伴随步兵前进的突击炮部队发射了一枚白色的信号弹（根据他的规定，白色信号弹表示“古德里安在这里”的意思）。还好，对面的坦克部队不是苏军，而是第 4 装甲师第 35 坦克团的官兵。

古德里安放心了，看到自己的部队，那就意味着对苏军的包围已经完成，德军又将迎来一次胜利。他的情绪随之高涨起来，当即坐上指挥车，向对面的坦克部队开过去。这时，罗斯拉夫尔地区的苏军放弃了最后的抵抗，纷纷丢下各种武器装备，四散逃命。

由于莫斯科公路上阿斯提克的桥梁已经被破坏，古德里安第 35 坦克团第2连的士兵，便从危险的钢梁上爬过来，欢迎古德里安的到来。古德里安的大儿子海因茨·冈特曾经担任这个连的连长，所以连队士兵时常谈论古德里安，对古德里安较为熟悉，都急于和自己心目中的英雄亲近。连长克劳瑟中尉自然不会放过这个难得的机遇，他向古德里安讲述了自己的战斗经过，以期得到长官的肯定与鼓励。此时，在罗斯拉夫尔附近包围苏军的计划已初步完成，被围的苏军有三四个师，剩下的任务就是逼迫被围苏军投降了。

这次行动，古德里安兵团收获不小，仅第7步兵师就俘获了3 700名俘虏、60门火炮、90辆坦克战车和1列装甲火车。8月3日，古德里安的部队都占据了有利的位置。

放弃莫斯科

早在战役尚未结束的时候，古德里安就接到命令，要他在8月4日早晨回到集团军司令部，亲自向希特勒汇报战斗经过。这也是对苏开战以来，古德里安第一次晋见希特勒。他暗暗觉得这次晋见将又一次成为战争的转折点。早在7月29日，希特勒的副官长施蒙特上校就借着送勋章上的橡树叶子的机会，将希特勒的意图告诉了古德里安。现在希特勒心目中只有三个主要目标，那就是东北方向的列宁格勒、正东方向的莫斯科和东南方向的乌克兰。

进攻列宁格勒是出于政治上的考虑。希特勒认为，列宁格勒是苏联十月革命的发源地，也是旧俄国的首都，彼得大帝①就是从这里走向欧洲的。占领列宁格勒对于打击苏联民众的抵抗意志具有重要意义。而且，攻占列宁格勒可以保障德国在波罗的海的航运，确保瑞典的铁矿石运输安全及北方集团军群的后勤供应。而莫斯科是苏联的首都，同时也

---

① 彼得大帝（1672—1725）：沙皇阿列克谢一世之子，俄罗斯罗曼诺夫王朝第四代沙皇，俄罗斯帝国皇帝。在位期间积极兴办工场，发展贸易，发展文化、教育和科研事业，同时改革军事，建立正规的陆、海军，加强封建专制的中央集权制，继而发动战争，夺得波罗的海出海口，为俄罗斯帝国打下了坚实的基础。可以说，近代俄国的政治、经济、文化、教育、科技等方面的发展史，无不源于彼得大帝时代。

是苏联整个铁路交通网的中心，占领莫斯科就可以破坏苏联的整个效能枢纽，铁路瘫痪了，苏军调动的自由将受到很大限制。乌克兰则是苏联的大粮仓，其东部又紧连顿涅茨工业区，占领乌克兰将使苏联的经济完全瘫痪，为德国获取重要的经济支撑。不过，施蒙特说希特勒似乎并没有最后决定进攻乌克兰。

作为一个尽忠职守的走卒，古德里安力请施蒙特去说服希特勒马上向苏联的心脏——莫斯科发动直接的大规模攻势。相对于进攻莫斯科来说，其他任何行动都是有害无益的。不仅如此，古德里安还认为即使自己的意见不起作用，也能最大限度地使希特勒保持对苏军的压力，同时请求希特勒不要停止新坦克和兵员的供应，以保证他有足够的战斗力去完成作战任务。他信誓旦旦地说："假如没有这些装备和人员的补充，对苏战争则绝不可能快速而顺利结束!"

陆军总部的联络官布利多少校在 7 月 31 日从总部回来后，带来了一个令人不安的消息："现在已经有人认为原先拟定在 10 月 1 日可以达成的目标——夺取奥涅加湖 - 伏尔加河一线已经不可能了。相反，很多人相信列宁格勒 - 莫斯科及其一直延伸到南部的新目标是可以达到的，也是可行的。不管怎样，陆军总部和总参谋长哈尔德现在是吃力不讨好，一切行动的最终决定权都掌握在最高统帅手里。直到现在，上层对于未来的行动方向还没有做出明确指示。"目前虽然局势未定，但轮廓已基本显现。古德里安希望这次面见希特勒能够改变希特勒的主意。

8 月 4 日，希特勒来到中央集团军群司令部，表面上是来视察前线德军的作战情况，听取集团军群和装甲兵团司令官的意见，实际上是为了推进他的战略意图。军事会议在罗弗伊 - 鲍里索夫的中央集团军群司令部的会议室里举行。与会者包括希特勒及其副官长施蒙特、博克元帅、霍特、古德里安，以及陆军总部的代表、作战指挥处处长阿道夫·豪辛格①上校，但陆军总司令布劳希奇、陆军总参谋长哈尔德没有

① 阿道夫·豪辛格（1897—1982）：纳粹德国陆军总司令部作战指挥处处长，1944 年 6 月起任副参谋长，一度实际主持陆军总参谋部的工作。在谋杀希特勒的事件中受轻伤，后受牵连而被捕。

出席。希特勒一向为人奸诈，知道陆军的大多数将领都不接受自己的主张，于是采取了各个击破的方法，在会前分别与之谈话，使参加会议的每个人事先都有单独发表意见的机会，但不允许他们集体讨论，因为集体讨论只会给他带来更多的反对意见。

他之所以摆脱陆军总部，就是为了防止出现太多的反对意见，现在在中央集团军群司令部开会，他也不敢保证部属不会反对。因此，他私下了解了所有德国军官的意见后，才召开全体会议，将会议变成了强行通过其决议的仪式。对于古德里安等人所关心的战略方向问题，他在会议中根本没有留下任何讨论的余地，只是解释了他自己的企图。

希特勒发挥他的演讲才能，围绕他的战略开始了滔滔不绝的表演，他咄咄逼人地说："为了保证伟大的德意志帝国战胜它的十恶不赦的敌人，确保东方的生存空间，列宁格勒及其附近的工业区是德军当前最主要的目标。至于莫斯科与乌克兰两者之间，孰先孰后，我还没有最后决定。但是有几个原因使我倾向于后者：第一，南方集团军群在该地区的作战取得了重大进展，在某种程度上已经为解决乌克兰问题建立了基础；第二，我相信乌克兰的原料和农产品，对于德意志帝国日后的作战意义重大，它可以源源不断地支援帝国扩大生存空间的使命；第三，我认为克里米亚是苏联用来轰炸罗马尼亚油田的空军基地，必须予以铲除。我希望能在冬季来临的时候，再去占领莫斯科和哈尔科夫。"

听完希特勒的演讲，古德里安的心顿时沉到了谷底，暗自叹道"完了"，原来他所期望的对于战略问题的探讨全然没有了商量的余地，希特勒直接而巧妙地将关键问题变成了既成事实。

8 月初，德国南方集团军群将苏联的 2 个集团军合围在乌曼，并俘获苏联第6、第 12 集团军司令以下共计 10.3 万人。德军在乌曼的胜利，使苏联南方面军和西南方面军受到重创，并被分割开来，仅守卫着基辅和黑海海岸的敖德萨。但是，德军的战场形势也不容乐观，中央集团军群和南方集团军群之间有着巨大的缺口，如果中央集团军群直接奔向莫斯科，那么右翼便得不到掩护。当然，从另一个角度来看，乌曼战役也使苏联西南方面军的翼侧暴露在德国中央集团军群的打击之下。如果德国中央集团军群暂停进攻莫斯科，而让南翼的古德里安第 2 装甲兵团改变进攻方向，向南进攻，就可以穿过俄罗斯中部和乌克兰北部的大草原，直插苏联西南方面军的后方。加上在基辅南面的克莱斯特第 1 装甲集群向东北方向的迂回行动，就可以在基辅以东将苏联西南方面军一网打尽，扫清德国南方集团军群前进的道路。这样做并不影响霍特的第 3 装甲集群向列宁格勒进攻。

苏联南部和乌克兰的地形属于平原，适合装甲部队行动。凭借德国陆军和空军的能力，应该可以取得成功。但这样做的最大问题是时间，如果德军停止向莫斯科进攻，先南下解决基辅，再转过来进攻莫斯科，至少需要一个半月的时间。到那时，苏联的夏天已过，秋雨连绵，接着就是可怕的冬季，德军能否在冬季来临之前拿下莫斯科就很难说了。

其实，关于这个问题的争论，在德军占领斯摩棱斯克之前就开始了。斯摩棱斯克战役结束后不久，德军的进攻重点转向南北两翼，在叶利尼亚地域的中央集团军群只得转入防御。虽然有几个军被编入了第 4 集团军，但随后该集团军的坦克军被撤出。与德国不重视莫斯科相反，为了清除德军突击莫斯科的前进基地，苏联预备队方面军所属的第 24 集团军及加强兵力共 10 个师的兵力，于 8 月 30 日向叶利尼亚突出部实施了向心突击，而后又击退了德军的多次突击。至 9 月 4 日，苏军给叶利尼亚突出部的德军以重大打击，并形成包围，迫使其不得不后退，2 天后，苏军收复了叶利尼亚并乘胜向西追击。

古德里安没有太多时间去考虑下一步的战略问题，而是在会议上直接提出了一些有关装甲部队的问题。他对希特勒说：“经过连续一个多月的战斗，我兵团的坦克已经减少到了非常危险的地步。尤其是发动机的密封性能不佳，加上沙尘的侵蚀，更加重了坦克的损失。现在我军的战斗力已遭到极大的削弱，如果要进行下一步行动，尤其是大规模的军事行动，必须对我兵团的装备进行更换。”

古德里安之所以谈及装备供给的问题，并不是没有原因的。为了组建新的部队，希特勒控制了装备的分配，新装备尤其是装甲车辆，全都被他控制起来，这样一来，前方部队连一辆坦克也看不到。经过几番讨价还价，希特勒总算同意拨给古德里安300台坦克引擎以弥补其遭受的损失，但这对古德里安来说只是杯水车薪。

本来在战略方向上，古德里安内心就有一种被戏弄的感觉，现在装备供给也是如此。他实在无法控制自己的情绪，在会上与希特勒争辩起来："为了抵消苏军在坦克战车方面的数量优势，我们的坦克战车损失必须以最快的速度加以补充，否则就难以发挥我军作战中的机动性和突击力，无法达到分割歼灭苏军的目的。"

希特勒怎能容忍别人在他面前如此放肆，于是以古德里安以前所写的书为把柄，尖刻地叫道："如果我早知道你那本书里所列举的苏联坦克战车的数字是真的，也许我就不会发动这次战争了。"

他所指的是古德里安在1937年出版的《注意！坦克》一书。古德里安在书中估计苏联当时就有1万辆坦克，实际上，他获得的情报表明苏军有1.7万辆坦克。但是，当时的陆军总参谋长贝克将军和书籍审查部门都不同意毫无名气的古德里安的看法，结果，古德里安费了不少工夫才勉强把书印出来。书印出来后，这个谨慎的估计同样没有得到当局的认可。

后来回忆起这件事，古德里安不由得感叹道："在政治方面学鸵鸟缩头的办法，是根本不能避开危险的，但希特勒和他的高级幕僚们都喜欢采用这个办法，对于明显存在的危险装作看不见。结果，倒霉的命运最终落在我们这些在前线作战的人员身上。"

这次会议的目的没有达到，但也不能说失败。因为陆军总部还没有最后下达关于行动方向的命令，只要没有确定，那就还有希望。古德里安内心对希特勒还是抱有一丝幻想，觉得他不可能顽固到这种地步，期待着他有一天能突然改变命令。所以，古德里安飞回部队的时候，还是决心继续做好攻击莫斯科的准备。

令古德里安没有想到的是，这一天，他的第9步兵军的防区出现了问题。原来，为了免遭被歼的命运，苏军决定以最大力量在包围圈东南角的叶尔莫利诺实行突破。而困乏的第9步兵军此前一般是追击、不断地行军，从来没有跟苏军发生过激烈的战斗。在突围的苏军拼命的冲击下，他们不免有些慌张，最终未能顶住苏军的攻势，撤离了莫斯科公路。这就使德军的包围圈出现了缺口，苏军有了逃脱的可能。

救兵如救火，当晚古德里安做了一番部署，于 8 月 5 日一大早赶到第 7 步兵军军部，沿着莫斯科公路视察当前态势，他边看边在心中盘算怎样才能把包围圈南面的缺口堵上。现在包围圈已经漏洞百出。第 4 装甲师的第 35 坦克团撤出后，苏军已经用火力控制了莫斯科公路。古德里安很快做出了判断，首先用无线电通知第 24 装甲军，由他们负责保障莫斯科公路的安全；接着派出第 23 步兵师侦察营去阻止苏军突围。他还亲自领着第 7 步兵军参谋长克利布斯上校到罗斯拉夫尔现场布置任务。第 35 坦克团第 2 连虽然摧毁了一些苏军的阵地，抓获了一些俘虏，但大部分官兵都退下来休息了，只有少数人还在与敌人激战。由于情况紧急，古德里安忙鼓励他们力争阻挡住苏军的突围。之后，古德里安又来到阿斯提克，亲自指挥第 2 步兵团第 332 营防守阿斯提克桥梁，并把罗斯拉夫尔的高射炮兵部队的部分兵力调来阻止苏军突围，最终，苏军被压制到了桥的另一面。等到桥梁建好后，缺粮缺弹药的苏军被德军的坦克彻底压了回去，这样，部分坦克装甲兵和第 137 步兵师建立了联系，对苏军的包围圈重新合拢了。

8 月 8 日，罗斯拉夫尔战役基本结束，此役古德里安兵团俘获 3.8 万人、200 辆坦克、200 门火炮。古德里安对这个战果还算满意，随后，他的目光又投向了莫斯科这个让他魂牵梦绕的地方。他想，下一步不管是向莫斯科发起总攻，还是实施其他重要的作战行动，在德军向克里切夫地区深入时，右翼必须有安全保障，而且在第 2 集团军向罗加乔夫发动攻势以前同样需要做好保障措施，否则将难以完成任务。他认为应该把主力部队作为突击力量，其他兵力则作为保障力量。

中央集团军司令博克元帅的看法与古德里安一致，他们都反对抽调一部分古德里安的装甲部队去支援第 2 集团军，因为中间的距离实在太远，部队在长距离的行军中必然会遭受极大的损失。罗斯拉夫尔与罗加乔夫之间的距离是 200 公里，装甲部队走一个来回就是 400 公里，如此长距离的行军，造成的损毁实在是得不偿失。基于此，他们都认为最佳途径莫过于向莫斯科挺进。但是，想归想，他们还要服从希特勒的命令。不管他们多么不情愿，在陆军总司令部的严令下，集团军司令部只得命令古德里安抽调少数坦克到普罗普斯克去支援第 2 集团军。

古德里安一时左右为难，最后还是第 24 装甲军军长施韦彭堡想到了一个两全其美的办法。他建议古德里安向克里切夫以南米罗斯拉维特齐地区的苏军发动攻势，这样做既可以彻底解除己方军队的右翼威胁，又可以从侧面策应第 2 集团军的作战行动，而且不影响向莫斯科的推进。

古德里安认为这确实是一个好办法，并以此说服了集团军司令部，分兵危机就这样应付过去了。几天后的行动也证明，没有盲目服从命令使他又一次避免了损失，第 2 集团军在戈梅利地区遇到了极大的困难，因为那里根本没有可用的道路，装甲部队也派不上什么用场，只能被动挨打。

8 月 8 日，古德里安到前线去视察罗斯拉夫尔内外及南侧的各个军、师指挥部，他的心情极为轻松，因为被围苏军已经弹尽粮绝，战斗力降到了最低点；外援苏军的解围行动也被德军所遏止。走了一圈回来，古德里安感到很满意，对第二天的行动充满了信心。8 月 9 日，第 24 装甲师开始攻击被围困的苏军，不费吹灰之力就攻克了罗斯拉夫尔。

可以说，古德里安所采取的一切行动都是以进攻莫斯科为基础的。他认为集团军司令部和陆军总部都会一致主张向莫斯科进攻，并以此作为最后的决战。此时他还没有放弃对希特勒的期望，因为不管怎么说，根据德军最高统帅部速战速决的战略方针，结合当前战事的发展以及大部分前线指挥官的看法，这应该是一条合乎逻辑、顺理成章的路线。

然而，古德里安向莫斯科进攻的幻想在 8 月 11 日彻底被打破了。陆军总部以“未能符合总的战略企图”为由，否决了主力经由罗斯拉夫尔到维亚济马的进攻计划。奇怪的是，在否定古德里安的计划的同时，陆军总部并没有提出一个更明确、更可行的计划，而是发出了一些自相矛盾的命令，令下级无所适从。原本支持古德里安的集团军司令部也转而附和陆军总部的意见，开始做古德里安的工作，力图证明这个计划是不现实的。

古德里安并不知道，关于战略方向之争在德军上层也产生了很大争议。希特勒的最高统帅部和陆军总部之间围绕战略方向已经争执很久了，起因在战前的计划中就已埋下，陆军总部坚持以莫斯科为进攻方向，而希特勒却顽固坚持分兵的决定，既想打击共产主义的摇篮列宁格勒，更企图占有乌克兰的资源。在这场争论中，曾经拥有极大权势的德国陆军因为希特勒的两次大清理已经失去了昔日的辉煌，难以与希特勒相抗衡。

古德里安对于这些毫不知情，他责备陆军总部未能充分利用希特勒以前的指示，即同意他的部队为准备下一步作战行动而向莫斯科发动攻击的主张。他认为陆军总部拦阻自己的计划与行动，最终会导致战场形势再度改变。其实他哪里知道，现在陆军总部已无力做任何反抗，只得向希特勒屈服。

8 月 13 日，古德里安来到杰斯纳河的前线，前线的位置在罗斯拉夫尔东面，通往莫斯科公路。古德里安的部下并不知道德军上层的争论，仍然按以前的计划准备着，认为自己不久就要攻入苏联的首都，那将是他们军旅生涯中非常有意义的一件事。所以，他们忘却了疲惫，忘却了以前的损失与伤亡，心思都飞到了莫斯科。当古德里安和第 137 步兵师的士兵们谈话时，他们更是众口一词，希望赶紧采取行动，奔赴莫斯科。看到部下主动做了许多“向莫斯科进军!”的指路牌，古德里安心里很不是滋味，不禁怨叹道：“我的元首，我的陆军总司令，你们为什么要这样做?”

德国的军事科学鼻祖克劳塞维茨①曾经说过，要战胜一个敌对国家，就要消灭其军队、占领其国土或摧毁其抵抗意志，三者必居其一。德国军官尤其是德军的中高级将领，经过多年征战，这一思想已深植于他们的内心。但在关键的对苏战争中，希特勒一直没有理清头绪，也没

① 克劳塞维茨（1780—1831）：德国军事理论家、军事历史学家，普鲁士军队少将。潜心研究战史并从事军事理论著述，著有《战争论》一书。

有明确的指示，总是心血来潮，乱发淫威。当德军拥有了自己的“王牌”——以空军和装甲部队的快速突破为特征的闪击战后；当德军装甲部队越过河流、沼泽密布的边境地带，攻克斯摩棱斯克，来到地势开阔、没有江河障碍的“奥尔沙陆桥”入口处时；当莫斯科就要成为闪击战的囊中之物时，不仅以古德里安为首的装甲部队指挥官，就连保守的陆军步兵军官，也知道攻占莫斯科对结束对苏战争有多么重要。从德国中央集团军司令博克元帅到前线的普通士兵，都认为战争的下一个目标必定是莫斯科。然而，他们注定要失望了。

第八章　基辅之战

战略方向之争

进攻计划遭到否定后，古德里安虽然知道将作战方向转向西南实际上是一种战略倒退，但是军令难违，按照他的部署，第 24 装甲师调往乌克兰，以第 3、第 4 两个装甲师在前，第 10 摩托化步兵师断后，向新济布科夫和斯塔罗杜布攻击前进，在右翼取得突破后，直接向戈梅利进攻。开始还算顺利，8 月 16 日，古德里安的第 3 装甲师就攻占了交通枢纽姆格林。

8 月 17 日，第 24 装甲军的左翼第 10 摩托化步兵师和第 3 装甲师，也占领了乌涅恰铁路中心，取得了很好的进展。此时，苏军在戈梅利 - 布良斯克之间因铁路被德军切断，形成了很大的缺口，可惜德军没能抓住时机加以攻占，结果使古德里安的第 24 装甲军独自在斯塔罗杜布 - 乌涅恰地区苦苦支撑。

战略的混乱使德军的行动似乎乱了套。若在以前，出现这样相对有利的形势，德军是不会放过进攻机会的，此时第 2 集团军的强大左翼应与右翼的第 24 装甲军相互支援配合，协同向戈梅利发动一次猛烈的攻击，使苏军的阵线变得被动。但是，第 2 集团军主力部队不但没有这样做，反而向东北方向移动，跑到了第 24 装甲军的后面。

古德里安知道后简直快气疯了，他立即向集团军司令部提议，让第 2 集团军攻击右翼的苏军，配合第 24 装甲军的行动。他的建议虽然被采纳了，但是第 2 集团军得到的指示是依然按上级指令向东北方向移动。集团军司令博克元帅也说不清楚到底是怎么回事，古德里安对此感到十分无奈，然而，更令人费解的事情还在后面。

8 月 20 日，集团军司令博克元帅通过电话命令古德里安停止对南面波乔普的军事行动，将整个装甲兵团撤回罗斯拉夫尔地区休息，准备一旦奉命向莫斯科推进时作为主力军使用。

8 月 22 日夜，在古德里安交出了第 20、第 9、第 7 步兵军的指挥权后，集团军司令部又问古德里安，他在克林齐－波乔普地区作战的装甲部队，是否可以调到第 2 集团军左翼参加作战行动。这样一来，古德里安的部队就被调到了更南的方向，与进军莫斯科的方向大相径庭。古德里安实在无法执行这样的命令，当即表示了拒绝。这样运用装甲部队是很不合理的，但该来的终究还是会来。

8 月 23 日，古德里安到集团司令部去开会，陆军总参谋长哈尔德也出席了这次会议，而且情绪非常不好。当说到希特勒已经决定暂时放弃进攻列宁格勒和莫斯科，而去占领乌克兰和克里米亚时，他完全控制不住自己的情绪，言辞极为激烈，对希特勒的决定表示了极大的不满。哈尔德是德军将领中坚决主张攻打莫斯科的，但希特勒使他的希望彻底破灭了。

参加会议的德军将领普遍感觉到，这个新计划的出台，最直接的后果就是极大地推迟了对苏战争的结束时间，德军将不得不与苏军进行一场永远不愿经历的冬季战役。

谈到这里，古德里安插话道："现在，装甲部队向南开进以准备对乌克兰的作战行动，必然会给行军道路和后勤补给带来一系列的问题。尤其是完成对乌克兰的作战行动后，还要返回来执行向莫斯科进攻的作战任务，我对我的装甲部队是否有力量完成上述任务表示怀疑。以第 24 装甲军为例，该军自开战以来就没有休息过一天，装备和人员都急需补充，如果再经过长途行军的反复折腾，它的作战能力将使我们难以完成重要的作战任务。"

听到各位将军的抱怨和申诉，哈尔德心里又恢复了希望，觉得有了新的理由去说服希特勒改变主意。经与博克元帅商量，他决定再次向希特勒表明自己的主张，但是他们也知道，希特勒十分固执，要说服他需要讲究技巧，最好有一个恰当的人以恰当的理由陈述自己的主张。这个重要任务最终落到了古德里安身上，博克元帅提议由古德里安跟着哈尔德去晋见希特勒，以一个前线将领的身份，尤其是一个闪击战理论的实践者、“德军装甲兵之父”的角色，直接告诉希特勒不宜改变战略方向的原因，这也许是促使希特勒同意陆军总部意见的最后一步棋。

当天下午，古德里安一行登上飞机，在傍晚来到了东普鲁士。与苏联的气候不同，东普鲁士温暖宜人，夏末的和风轻轻吹拂在脸上，让人感到舒适安详。不过，陆军总部的气氛和东普鲁士的天气截然不同，透着丝丝凉意。陆军总司令布劳希奇元帅见到古德里安的第一句话，就浇灭了他的豪气，他说：“你不可以在元首面前提到有关莫斯科的问题。部队向乌克兰行动的命令已经下达了。现在的问题是执行，而不是讨论!”

古德里安听了，觉得既然陆军总司令都这样说了，再去见希特勒也是浪费时间，没有任何意义。因此，他决定马上返回部队，但是布劳希奇却命令他必须晋见希特勒，报告部队的详细情况，只是绝对不允许提到莫斯科。

古德里安无奈，只好前往坐落在拉斯滕堡的“狼穴”晋见希特勒。当他来到会议室的时候，最高统帅部参谋长凯特尔、最高统帅部作战处处长约德尔和希特勒的副官长施蒙特等人已经到了，只是没有看见布劳希奇和哈尔德的影子，原来陆军部的人员都没有参加。

希特勒来到后，古德里安把自己部队的情况、兵团所处位置及地理环境做了大致的汇报。其间希特勒没有插话，只是简单询问了一下某些不清楚的地方。等他讲完后，希特勒问道：“对比装甲部队在以前作战中所取得的战果，你所带领的装甲部队还有能力胜任另一个更为重大的任务吗?”

“如果这个任务的重要性能让每一个士兵都能认识到或者受广大士兵所拥护，那么我敢说他们是有这个能力的。”古德里安巧妙地回答。

希特勒并不傻，自然知道古德里安的话外之音，于是直接把问题点破：“你的意思是指莫斯科了？”

古德里安老老实实地回答：“是的，我的元首。您已经提到了这个问题，那么就请允许我把我的意见完整地向您陈述吧。”

希特勒默许了，于是，古德里安简明扼要地说明了进攻莫斯科的理由及进攻基辅的害处。他指出，莫斯科不同于巴黎，它是苏联交通大动脉的核心，还是一个重要的工业基地，占领它，不但可以从心理上打击苏联人民，而且全世界也会为之震惊。他的部属对于攻占莫斯科一直跃跃欲试，并做好了充分准备。一旦莫斯科得手，南下乌克兰便易如反掌，而且北方的苏军想要南下支援也不容易。当前德国中央集团军群所处的位置对于进攻莫斯科十分有利，如果转攻基辅，以后再调过头来攻打莫斯科，又要一步一步地打回去，兵力和装备的损耗会很大。道路通行的困难也将增大后勤补给的压力，一旦战事发展不顺利，拖到了冬季，后果不堪设想。所以，眼下最重要的是占领莫斯科，之后一切就都顺利了。

奇怪的是，希特勒没有像以前那样歇斯底里地发作，而是平静地等古德里安说完，然后平和地、无可更改地说明了他的理由：“将军，你所说的理由只是军事上的，我们还要从其他方面考虑战争问题。乌克兰地区的原料和农产品对于我们日后的对苏战争具有根本性的作用，它可以支撑我们对苏战争的消耗。特别是克里米亚，它可以说是苏联进攻罗马尼亚油田的一个基地，是对德国的油料供应的直接威胁，该处的苏军必须予以清除。”说到这里，古德里安首次听到了希特勒对德国将军的“特殊”评价：“我的将军们对于战争中的经济问题一无所知。”

随后，希特勒又长篇大论地提到将基辅当作首要战略目标，德国将军的责任和义务以及对他的决心该如何配合，努力实现这个目标才是正确的战略。让古德里安感到心灰意冷的是，希特勒每说一句话，在场的高级将领都点头称是。会谈慢慢变成了希特勒背台词的表演。

事已至此，一切都无可挽回了。古德里安不想白费口舌，只好退而求其次，从尽早结束战争的角度，向希特勒建议不要分割他的装甲兵团的兵力，而是把整个兵团作为一个整体投入战场，以充分发挥装甲部队的突击能力，力争在秋天雨季到来之前，达成对苏作战的胜利。这一点倒是与希特勒的计划合拍，也有利于希特勒的计划实现，同时因为古德里安及时向“伟大”元首屈服，希特勒爽快地答应了。

8 月 23 日，德国陆军总部向中央集团军群发布了作战命令：“本战役的作战目的是，尽量地歼灭苏联第 5 集团军，并以最快的速度打通第聂伯河渡口，与南方集团军群会合。为实现这一目的，一支强大的突击兵力（最好由古德里安上将统领）应向前挺进，前进方向的右翼直指切尔尼戈夫。”

这个命令其实是在古德里安与希特勒谈话之前确定的，陆军总部并没有告诉古德里安，即便那天古德里安一直和哈尔德在一起，这也许是因为古德里安充其量只是陆军总部和最高统帅部争斗的一枚棋子。所以，当 8 月 24 日上午古德里安告诉哈尔德自己昨夜劝诫希特勒无效后，哈尔德突然情绪失常，对古德里安大发雷霆，恶语相加。古德里安也很气恼自己飞回总部来，不仅毫无收获，还落了个里外不是人。他感到十分沮丧，第二天便飞回自己的兵团司令部。这次与哈尔德交恶，使古德里安在下一阶段的作战行动中受到了不少刁难。

德国陆军所做的一切努力都是徒劳的，再多的建议只会徒增希特勒的反感。实际上，希特勒在 8 月 21 日就下达了一项训令，明确了今后德军作战行动的走向。

我不赞同陆军当局在 8 月 18 日所提出的建议，因此，我发布命令如下：

（1）在冬季尚未来临之前，最重要的目标不是占领莫斯科，而是占领克里米亚和顿涅茨盆地的工业区，切断苏联通到高加索油田的供应线，并与在北面列宁格勒外的芬兰军队取得联系。

（2）因为我军已到达戈梅利－波乔普一线，所以我军在战略上处于极其有利的地位。中央、南方两个集团军群的内侧，应采取向心行动以扩展战果。目的不仅是要把苏联第 5 集团军赶过第聂伯河，而且应当在他们企图撤到杰斯纳－科诺托普－苏拉河一线之前，将其全部歼灭。

完成上述任务，就可以使南方集团军群在中部渡过第聂伯河时，获得必要的安全保障，并使该集团军群的中央和左翼部队可以继续向罗斯托夫－哈尔科夫方向推进。

（3）作战中不必考虑到未来行动的有关问题，中央集团军群在歼灭苏联第5集团军时，可以使用它的所有兵力兵器，以少量的兵力击败敌人的反攻。

（4）为了保护我们在罗马尼亚的石油供给，占领克里米亚极具重要性。

一般来说，命令要通过各级机关的烦琐程序进行传达，这类训令的时限性要求也相对宽松，所以古德里安在8月23日与希特勒谈话时对这个命令仍然一无所知。毫无疑问，现在陆军总部和集团军司令部下达给古德里安的指令，就是以希特勒的训令为基础的。出乎他意料的是，虽然希特勒曾允许保留他的装甲兵团的完整性，但在实际操作过程中却未能做到。集团军司令部把第46装甲军抽了回去，部署在第4集团军后方的罗斯拉夫尔－斯摩棱斯克地区，担任中央集团军群的总预备队。

这样一来，古德里安手里就只剩下了第24、第47装甲军，作战力量受到了很大削弱。“这样如何能够胜任未来的作战任务？”古德里安以兵力过于单薄，难以完成任务为由向上司提出了抗议，但没有得到任何回应。

这在以前从未出现过，古德里安在办公室里陷入了沉思。阳光从窗外射进，又在房间里弥漫开来，给他烦闷的心情增添了些许燥热，偶尔从外面传来几声鸟鸣，更使他的心情无法平复。到底是什么原因呢？要么是陆军内部对希特勒的计划产生了消极而又让人无法指责的对抗态度，要么是古德里安的转变重重地伤害了陆军中坚持进攻莫斯科的人，他们不肯原谅古德里安的“背叛”。古德里安始终找不到答案，只能在没人理解的苦闷中，统率自己的部队继续战斗。

因为兵力不足，古德里安将第一作战目标定为科诺托普，先攻占基辅后面的有利位置，然后再从后侧对基辅形成包围。为了尽快完成战斗任务，古德里安部署妥当后便命令第 24 装甲军向乌涅恰南方攻击，不仅要突入苏军阵地，还要保护本兵团的右翼安全，对苏军形成严密的战斗部署，防止苏军从戈梅利地区向东逃脱。

虽然没有得到明确的协同指示，古德里安在计划中还是充分考虑了今后与南方集团军群的协同问题。南方集团军群由于突击力量薄弱，完全没有中央集团军群的魄力，只对苏军进行小规模的迂回包围，没有形成如中央集团军群那样的钳形纵深包围。与之相反，苏联西南方面军司令则比西方面军司令沉稳得多，西南方面军在付出了 10 余万人的伤亡后，和南方面军打破了德军合围的企图，而且依托第聂伯河成功组织起了一道新的防线。8 月 24 日，德军第 24 装甲军在占领新济布科夫后，在乌涅恰 – 斯塔罗杜布地区打退了苏军的反击。

8 月 25 日，德军第 24 装甲军的第 10 摩托化步兵师经柯尔美向阿夫杰耶夫卡方向前进；第 3 装甲师经柯斯托波布尔 – 诺夫哥罗德 – 谢韦尔斯基向杰斯纳河推进；第 4 装甲师交接了在苏多斯特河西岸肃清残敌的任务后，也在第 3 装甲师的后面开始跟进；担任翼侧掩护任务的第 47 装甲军完成了战斗展开，正由罗斯拉夫尔地区向前开进。

寡不敌众苦挣扎

古德里安的行动，准确地说是希特勒战略方向的转变，也使苏军的判断出现了失误，他们认为古德里安的举动是要包围西方面军和预备方面军，赶紧命令布良斯克的西方面军和预备方面军向罗斯拉夫尔和斯塔罗杜布地区进攻，企图通过对古德里安的翼侧攻击，进而迟滞德军的进攻行动。为了“打败古德里安这个下流的家伙”，斯大林给布良斯克方面军加派了多支部队，还亲自从大本营为数不多的预备队里拨出了一部分部队。他对这个新建立的方面军充满了希望。

古德里安并不清楚苏军的情况，但对自己单薄的装甲力量能否完成希特勒的既定任务感到格外担忧。

8 月 25 日天刚亮，古德里安顶着丝丝凉意，踏着晨露前往第 17 装甲师的阵地，他要亲自监督他们渡过苏多斯特河及其南侧的支流罗格河。古德里安的担心确实不是多余的，苏联境内的道路破败不堪、崎岖难行，使德军装甲部队吃尽了苦头，古德里安走到中午还没有到达目的地，而且同行的队伍中还有部分车辆中途抛了锚，横七竖八地躺在路上。古德里安的指挥军刚到姆格林就走不动了，他下车踢了熄火的指挥车一脚，嘟哝道："这样的装备怎么打仗?"接着，他命令手下用无线电向第 17 装甲师发报，调集新的装甲指挥车、人员输送车和摩托车来。下午 2 时 30 分，古德里安一行终于来到了位于波乔普北侧 5 公里的第 17 装甲师师部。

任务是艰巨的，而古德里安的兵力也实在不够用，他想尽一切方法调动部属的积极性，榨尽了部队所有的战斗能量，也只取得了一点点进展。每一次都是经过与苏军的激烈较量，德军才能缓慢地向前推进一点。在这种情况下，第 17 装甲师也就不能与第 24 装甲师进行配合了。

第二天一大早，他在副官布辛少校的陪同下，赶到罗格河北岸的一个炮兵前进观察所，想看看德国空军俯冲轰炸机对苏军沿河防线的攻击效果，以便于进一步协调陆、空之间的作战行动。经历过数次侵略战争的德国空军，以前从来没有遇到过真正的对手，而且在战争初期苏军也没有取得制空权，战场的天空任由德军飞机肆虐。尽管航弹的杀伤力不是很大，弹着点却很精确，凌空而下的炸弹迫使苏军只能躲避在散兵坑里。古德里安在观察所里看着德军一拨一拨地渡过了河。

由于苏军被德国空军压得抬不起头来，时间一长，观察所的人员渐渐放松了警惕。突然，迫击炮弹在观察所附近炸响了，苏军发现了他们！还没等他们有所反应，又一颗炮弹在附近爆炸，一共有 5 名军官受了伤，在古德里安身边坐着的布辛少校也是其中之一。幸运之神再次眷顾了古德里安，他被爆炸气浪掀倒后竟然毫发未损。

这天的战斗没有前一天激烈，在德国空军的支援下，渡河的德军损失不大，成功渡过了罗格河。下午，第 2 集团军的左翼部队也到达了新济布科夫南侧。但 8 月 26 日，已突入杰斯纳河北岸的第 2 集团军遭到了苏军的顽强抵抗。这让失去翼侧保护的古德里安没有足够的力量再度发起进攻。

为了摆脱困境，加速进攻，古德里安要求上司把第 46 装甲军调回来，但陆军总部仍然拒绝了他的要求。这让古德里安相当为难，到 8 月 29 日，苏军拥有了强大的空军支援，德第 24 装甲军的第 3 装甲师和第 10 摩托化步兵师被迫停止了进攻。在苏军的反击下，渡河的第 10 摩托化步兵师退回了河的西岸，这样一渡一退，第 10 摩托化步兵师几乎耗尽了所有的兵力，最后连炊事班的勤杂人员都上了前线，才勉强度过危机。

哈尔德在日记中记录了古德里安所部强渡杰斯纳河时的艰难情形："古德里安兵团在强渡杰斯纳河的过程中，用其左翼紧紧咬住苏军，以致古德里安兵团在南侧的进攻都不能不暂停下来。甚至，他不能不放弃已经占领的渡河地段。"

苏军布良斯克方面军和预备方面军共 10 个步兵师和若干坦克师发起了进攻，但都没能有效扼制古德里安的行动。这使苏军感到了问题的严重性。从 9 月 1 日起，苏军又出动两个坦克旅向第 47 装甲军发起猛攻，第 47 装甲军陷入苦斗之中。从 8 月 25 日以来，第 24 装甲军已俘获 1.3 万名俘虏，第 47 装甲军也俘获 1.7 万名俘虏，但苏联的后续部队似乎源源不绝。古德里安还要面对更大的挑战。

由于两翼和正面都面临着苏军的重压，古德里安的日子非常难过，尤其是第 10 摩托化步兵师，如果仍然得不到支援，将直接使整个兵团的右翼遭受严重威胁，进而影响到当时的作战态势。古德里安感到无能为力，只好再次向集团军司令部请求调回第 46 装甲军支援自己的作战行动。但集团军司令部不肯痛快地答应他的请求，采取了一次只给他一点部队的"添油战术"：8 月 30 日，准许古德里安调回大德意志步兵团；9 月 1 日，又准许他调回第 1 骑兵师；9 月 2 日，又准许他从斯摩棱斯克调回党卫军帝国师。

当时中央集团军群并无作战任务，采取这种做法实在是太过分了，这让在前线心急火燎地盼望援军的古德里安忍无可忍，从 9 月 1 日起，他不断地通过电台向集团军司令部要求调用第 46 装甲军，以及第 7、第 11 装甲师，并说如果他手里有这样规模的兵力，一定能够迅速完成对基辅的攻势准备。经过一番努力争取，他终于得到了党卫军帝国师，但因通话内容被陆军总部侦听到，闹出了一场轩然大波。

天公不作美，正努力往回赶的党卫军帝国师遇上了大雨，加上道路状况本来就不好，一下雨就更加泥泞不堪，部队行动起来困难重重，以致该师 2/3 的人员未能按时赶到指定位置。

9 月 3 日，党卫军帝国师终于赶到了第 10 摩托化步兵师的驻防地，合力击退了苏军的进攻。随后，古德里安将从罗斯拉尔夫赶来的第 5 机枪营交给党卫军帝国师统一指挥。中午时分，第 4 装甲师沿杰斯纳河南岸赶来了，第 10 摩托化步兵师终于脱离了险境。

这些天来，第 10 摩托化步兵师抵挡住了苏军第 10 坦克旅和 6 个步兵师的进攻，保证了古德里安兵团右翼的安全，尽管伤亡惨重，但士气依然十分旺盛。苏军最终放弃了渡河进攻的计划。

同一天，陆军总部派到古德里安兵团的联络官纳格尔中校前往集团军司令部开会。集团军司令部对古德里安的态度和做法，使纳格尔很不满，只是一直憋在心里。开会时，纳格尔见陆军总司令布劳希奇也在场，觉得这是一个机会，于是向布劳希奇表明了古德里安兵团的困难和请求，征求其同意。但是，他说完以后，不但集团军的人反对他，就连布劳希奇也斥责他是一个“扬声器和传话筒”，不站在自己的岗位上公正地说话，只为前线军人叫苦，将他当场免职。古德里安知道后，不禁为这个精通俄语的联络官感到委屈，同时也深刻体会到了德国陆军内部的激烈争斗。

更让人生气的是，希特勒竟然亲自干预装甲部队的行动，并通过集团军传达了他对第 47 装甲军部署在杰斯纳河东岸的不满，让陆军总部命令第 47 装甲军停止在东岸的行动，马上撤回西岸。古德里安接到这个措辞生硬、态度恶劣的命令后心都凉了，他想：“就算没有功劳也有苦劳吧，这个军在 10 天的时间里缴获 155 门火炮、120 辆坦克，俘虏 1.7 万人，难道就没有一点值得鼓励的地方？难道努力向前进攻也是罪过?”

古德里安除了为自己的部下感到不平外，更对希特勒任意践踏时间而感到伤心，现在时间对德军来说就是胜利，就是战斗力。把部队从东岸撤回重新布防，花费的时间显然比直接从东岸发动攻势打垮敌人要多得多。

事已至此，古德里安只能在自己的职权范围内竭力维持对己方有利的态势。9 月 7 日，第 3、第 4 两个装甲师都已经到达谢伊姆河南岸，顺利地建立了桥头阵地。本来古德里安按照集团军司令部的命令是向涅任－莫纳斯特尔希纳一线进攻，主力指向涅任。但是，第二天他又接到命令说：“新的方向为博尔兹纳－罗姆内一线，主力应在右翼。”这让他感到无所适从。

奋力攻占基辅

9 月 9 日，经过一番苦战，古德里安的第 24 装甲军终于渡过了谢伊姆河。在这次战斗中，古德里安和第 4 装甲师待在一起，还亲自监督了第 12、第 33 步兵团对戈罗季谢的进攻，为他们加油打气。德国空军的俯冲轰炸机一如既往地进行了有力的支援。

不过，古德里安心中也明白，现在所有部队已经不间断地苦战了两个半月，损失惨重，油料快要用完了，弹药也很紧张，战斗力已经大不如前，然而他们没有支援，还要不断接受新的任务。希特勒又心血来潮，提出现在的主要任务就是直取莫斯科。也就是说，古德里安的第 2 装甲兵团在完成基辅会战后，要马上投入到莫斯科会战中。现在第 18 装甲师又被调走，古德里安因此失去了主战力量，陷入苦恼之中。

黄昏的时候，幸运之神光顾了古德里安。在兵团司令部，古德里安听到了一个惊人的好消息：第 24 装甲军在巴图林与科诺托普之间发现了苏军防线的弱点，第 3 装甲师已经突破该弱点，向苏军的后方目标罗姆内挺进。

时机稍纵即逝，古德里安现在要做的就是及时利用这个难得的机会。问题是，他的兵力有限，道路又破烂，也没有预备队，东南方向还有240公里不安全的翼侧，要进一步扩大战果并非易事。古德里安思来想去，决定亲自陪着第3装甲师，鼓励他们努力进攻。因此，他第二天再度赶赴前线。从此，第3装甲师就由古德里安带领着，在德国空军的支援下，在苏军防线的缺口处打开了一条通路，然后向南疾速推进。

经过两个半月的苦战后，苏军兵员损失严重，坦克也所剩无几。9月7日，科诺托普失守，更加剧了基辅的危机。沙波什尼科夫①和华西列夫斯基②心急如焚，向斯大林请求“放弃基辅的防御，部队全线东撤”，“否则会导致基辅地区的所有苏军被德军包围”。

但是，斯大林不肯放弃基辅，严厉地斥责他们道：“你们和布琼尼③一样，只想避免抵抗，只想避开敌人，而不是去战斗、去坚决地打击敌人。”9月11日，斯大林又针对朱可夫决定的撤退行动下达了命令：“你们关于立即撤退军队的建议是危险的，可能招致失败。”“未经大本营许可，不得放弃基辅，不得炸桥！”斯大林的命令，直接导致苏联西南方面军损失惨重。

9月10日，古德里安刚抵达克生多夫卡，第24装甲军军长施韦彭堡就向他报告：第3装甲师已经占领了罗姆内，并且夺取了罗姆内河上的桥梁；第4装甲师正向巴赫马奇前进；党卫军帝国师正向博尔兹纳前进。考虑到苏军还有一定实力，古德里安当即命令：施韦彭堡赶紧派兵占领科诺托普火车站，以保证后方的补给供应；第4装甲师继续由巴赫

---

① 沙波什尼科夫（1882—1945）：苏联军事家、军事理论家，苏联元帅，苏共第7届中央执行委员会委员，苏联第一届最高苏维埃代表。他性格温和，博学多才，深受斯大林敬重，是第一个被斯大林称呼全名的人。在苏德战争期间组织了莫斯科反攻作战，后因病申请退养，但仍保留副国防人民委员（国防部副部长）的职务，并主管军事工程和防御工事。

② 华西列夫斯基（1895—1977）：苏联元帅，“二战”期间任苏军总参谋长，是斯大林格勒反攻作战的指导者、克里米亚的收复者、加里宁格勒（柯尼斯堡）的解放者，也是苏联陆军“三驾马车”外最具有才华的将领，参与指挥、筹划了苏联卫国战争中的所有战役。

③ 布琼尼（1883—1973）：苏联元帅，三次“苏联英雄”称号的获得者。他有着70年的戎马生涯，参加过包括两次世界大战在内的四次大的战争，一生与苏联军事历史有着不可分割的联系。“二战”期间历任统帅部预备队集团军群司令、西南方向总司令、预备队方面军司令和北高加索方向总司令等职，参加了保卫莫斯科、基辅和高加索等重大战略性战役。战后任苏联农业部副部长，专管养马业。

朱可夫画像

马奇向南前进；党卫军帝国师则由博尔兹纳向库斯托夫齐进攻，并负责防守与第 2 集团军的接合部。

部署妥当之后，古德里安又赶往第 3 装甲师。在罗姆内，他看见苏军遗弃的防御阵地上，到处都是对付坦克战车的深壕和铁丝网。如果不是他的快速进军、突然袭击，打了苏军一个措手不及，恐怕很难攻克苏军的防御阵地。这使古德里安又重拾信心，只要再实施一次突然袭击，就可以完成对苏军的突破和包围。不过，现在的天气令人沮丧，德军的机场基本处于秋雨的包围之中，使得飞机无法起飞去支援陆军的战斗；而苏军的机场大多不在降雨地带，完全可以支援战斗。古德里安对此也无可奈何，只能任由三三两两的苏军飞机对德军进行扫射、投弹。

不过，这一天德军还是攻占了巴赫马奇。经历了 10 个小时的漫长征途，第二天晚上，精疲力竭的古德里安终于回到了自己的兵团司令部。

9 月 11 日，在被各种车辆搅成一锅粥的道路上，德军花了 10 个多小时只走了 128 公里，看来快速行军是不可能了。古德里安乘坐着指挥车，勉强能够行走，而两轮的摩托车在这样的道路上则成了负担。即便如此，德军还是以平均每小时 10 公里的速度在泥沼中挣扎前进。

屋漏偏逢连夜雨，在这样糟糕的天气里，似乎一切都出了问题，就连通信联络也中断了，古德里安只能通过其他手段与部下联络。好消息是：他的部队已经占领了科诺托普；党卫军帝国师占领了博尔兹纳。看到部队的现状，联想到自己目前不被理解的处境，古德里安不禁喜忧参半："只有经历过这种泥泞的环境，才会对前线的情况和今后的作战行动做出正确的判断。而现在，我们的军事首脑们既不肯亲自来看一看，又不肯听取下级的意见，这样必然出现糟糕的结果，至于后果，真是不堪设想。"

黄昏时，古德里安接到了集团军司令部的通知，由于道路泥泞、行军不便，克莱斯特的第 1 装甲兵团无法到达预定地点，原定计划与企图似乎要落空了。就在前几天，陆军总参谋长哈尔德飞抵前线，安排了下一步夺取基辅和歼灭基辅的第聂伯河与杰斯纳河之间的苏军的联合作战计划，规定：古德里安从斯塔罗杜布继续向南推进，插向罗姆内和普里卢基；第 2 集团军由戈梅尔向南运动，掩护古德里安的右翼安全；南方集团军群的第 17 集团军把苏军牵制在切尔卡瑟以北第聂伯河的下游，并在河对岸占领一个桥头堡；克莱斯特的第 1 装甲兵团从第 17 集团军所占领的桥头堡向北推进，最终与古德里安的部队在罗姆内和洛赫维察地区会合，把第聂伯河西岸的苏军合围于基辅附近；与此同时，第 6 集团军则向东运动，渡过第聂伯河和杰斯纳河，进入基辅围歼被围的苏军。正所谓计划赶不上变化，由于克莱斯特第 1 装甲兵团的延误，上述计划有落空的危险。在泥泞的道路上，德军还在蹒跚前行。

9 月 12 日，克莱斯特的第 1 装甲兵团通过西门罗夫柯向卢布内前进；古德里安的第 3 装甲师在洛赫维察前进中，夺占了镇北苏拉河上的桥梁；受到恶劣天气影响的第 2 集团军也接近了涅任。

就在这一天，德国北方集团军群在苏军的列宁格勒防线取得了决定性的突破。面对苏军随时可能撤离的情况，古德里安心急如焚，希望早日合拢包围圈。

9 月 13 日，古德里安要求准许他的第 18 装甲师赶紧前进，用其他步兵师替换这些师的防御任务，但他的请求被集团军司令部以最后的命令不可随意更改为由加以拒绝。

9 月 14 日，第 46、第 47 两个装甲军负责保护古德里安装甲兵团的侧翼安全，都丧失了机动性。古德里安无奈，只能继续驱赶第 24 装甲军向前挺进。

在德军向前爬行的时候，苏军也因斯大林坚持死守基辅不得后退，一定要顶住德军围歼的命令，侧面帮助了德军。

本来前一天，在克莱斯特的第 1 装甲兵团占领卢布内时，古德里安兵团与克莱斯特兵团之间的空隙就在缩小。古德里安原以为在洛赫维察南侧 11 公里的辛恰附近有强大的苏军，因为自己手头的兵力已是独木难支，他一时不知道应该如何应对，心里十分紧张。这时，苏军只有一些后勤补给部队坚守基辅倒也帮助了他。苏军对扬波尔地区的德军东南侧翼发动的进攻，也未能生效。9 月 14 日，德第 3 装甲师的先头部队顺利占领了基辅正东约 200 公里的小镇洛赫维察后，几辆坦克风尘仆仆地驶了过来，从坦克上黑白相间的铁十字和醒目的“K”标志可以看出这是德军的坦克，古德里安和克莱斯特的部队终于有了接触。

在这个广阔的基辅袋形阵地中，在这个边线足有 500 公里的巨大的等边三角形的口袋里，差不多装进了 5 个苏联集团军——第 5、第 21、第 26、第 37 和第 38 集团军。

此时斯大林仍固执地不肯放弃基辅，9 月 15 日他不顾各方的劝告，下令“未经大本营批准，不得放弃基辅”，将西南方面军向德军的怀抱送去。

古德里安现在是在和苏军可能的撤退赛跑，他用无线电通知兵团参谋李本斯坦：“命令第 10 摩托化步兵师奋力向罗姆内开进，尽早接替第

3 装甲师的后方留守部队，以保证第 3 装甲师的全部力量开赴前线投入战斗。”

斯大林还在坚持的时候，苏军前线指挥官却不甘心受困。9 月 15 日，古德里安在卢布内附近发现苏军的补给部队正纷纷向东移动，幸好被行动更快的德军阻拦住了。为了这次合围，古德里安也是倾尽所有，比如第 3 装甲师的第 6 坦克团就只剩下 10 辆坦克战车待命。

9 月 16 日，古德里安和克莱斯特的装甲兵团建立了联系，党卫军帝国师也攻下了普里卢基，这样一来，德军对苏军的包围更加紧密了。

9 月 17 日，斯大林终于明白大势已去，不得不向基辅周围的苏军下令全线撤退。可惜为时已晚，现在苏军已经无路可退，双方为攻防包围圈展开了激战。

美丽的乌克兰粮仓瞬间成了炼狱，精疲力竭的双方穿着不同的服装展开了最后的较量，刺刀、拳脚、牙齿都在拼斗，苏军努力拼杀撕出一

德军踏上苏联的乌克兰领土，向城镇和村庄进攻

个缺口，但很快又被德军的坦克给堵上。在战斗中，双方的损失都比较严重，苏军由于大清洗的影响，官兵的素质与战斗经验都相对差一些，

加上德军在突击力、机动力等方面的优势，他们的处境极其危险，犹如被关入囚笼的野兽，毫无目的地四处冲撞，直到头破血流。

苏军不顾一切的牺牲，换来的只是尸横遍野。一个德国士兵在日记中写道：

上百辆卡车、轿车零乱地躺在野地里。车上的人员刚下车就被打死，像木乃伊一样的尸体歪挂在车门上。车子周围躺着上千具尸体，田野里到处是残缺不全的尸体……

另一位医生写道：

一幅毛骨悚然的景象。在各种武器和装备之间横七竖八地躺着人和马的尸体。其中有一辆修理车，上面装着电动车床和钻床等机械，这些东西我从来没有见过。装满了医疗器械的救护车翻倒在地。重型高炮、加农炮、榴弹炮、坦克、卡车和轿车，一部分陷在沼泽里，一部分撞进房屋或树丛中，有的则从斜坡上倾翻而下，摞在一起，还有的被烧毁……

古德里安和克莱斯特经过协商，由克莱斯特的第25摩托化步兵师接替第3装甲师的任务，以便让第3装甲师得到休整。

9月18日，战斗更激烈了。从清晨起，古德里安的左翼就响起了枪炮声，这次苏军投入了后备力量第9骑兵师和1个装备有坦克战车的师，分为三个纵队，由东面向罗姆内发起猛攻，一度突入村镇外围德军的防御阵地达1公里。

古德里安坐在罗姆内郊外居高临下的一所监狱守望塔上，望着苏军不断进攻的狂潮，心情极其紧张："不要命的苏军这么冲击下去，我怎么防得住？"

果然，突围的苏军获得了局部的空中优势，德军无法及时得到所需要的侦察情报。德国空军的巴瑟维希中校亲自驾机侦察，差点被苏军的战斗机击落。苏军似乎是在拼死一搏，不但地面部队疯狂进攻，轰炸机群也对德军驻守的村镇进行了密集攻击。德第 20 装甲军的部分兵力负责防御，第 10 摩托化步兵师的 2 个营和少数的高射炮部队勉强挡住了苏军第一波次的猛攻。防守的德军刚想喘口气，苏军的援兵又源源不断地涌了上来。第 24 装甲军只好要求党卫军帝国师和第 4 装甲师从包围圈上撤回一部分兵力，用来加强罗姆内镇的防御。在苏军的猛烈冲击下，刚在罗姆内设立不久的兵团司令部不得不撤回科诺托普。

9 月 19 日，基辅终于陷落，苏联西南方面军突然崩溃，指挥员已经无法控制所属部队，各部队混在一起，乱成一片。在德军的攻击下，成千上万的人被飞机炸死或在枪炮面前丧命，除了少数人逃入森林像原始人那样得以生存外，大部分苏军官兵不是被俘，就是战死。

克莱斯特第 1 装甲兵团的第 48 装甲军占领了戈罗季谢和比鲁索弗卡。9 月 20 日，古德里安所部也占领了别洛波利耶。

到此为止，古德里安所部已经俘获 3 万名俘虏。克莱斯特的第 1 装甲兵团俘获 4.3 万名俘虏，第 6 集团军俘获 6.3 万名俘虏。到 9 月 22 日，基辅周围地区的苏军俘虏总数达 29 万人。骁勇善战的基尔波诺斯①上将和参谋长图皮科夫少将、军事委员布尔斯津科阵亡，曾打得龙德施泰特无所适从的苏联第 5 集团军司令波塔波夫②被生擒，高级将领布琼尼、赫鲁晓夫③等少数人在基辅失陷前逃走。

9 月 26 日，经过两个半月鏖战的基辅会战，以苏军的惨败而宣告

---

① 基尔波诺斯（1892—1941）：苏军上将。参加过苏俄国内战争，历任营长、团参谋长、副团长、团长。苏芬战争期间，任第 70 步兵师师长，因战绩突出而荣获“苏联英雄”称号，并升任列宁格勒军区司令。1941 年接替朱可夫担任基辅特别军区司令。苏德战争爆发后任西南方面军司令，同年牺牲。

② 波塔波夫：苏军上将。曾参加哈勒欣河战役，苏、德战争初期为西南方面军第 5 集团军司令，在战争初期的边境交战和基辅战役中表现出色。在基辅合围战中被俘。战争结束后被解救，后任敖德萨军区第一副司令。

③ 赫鲁晓夫（1894—1971）：苏联党和国家最高领导人，曾任苏联共产党中央委员会第一书记、苏联部长会议主席等重要职务。苏德战争期间曾参与指挥斯大林格勒攻防战和基辅保卫战。

结束。德军在第聂伯河与杰斯纳河之间的突出部共俘虏苏军66.5万余人，击毁或缴获坦克884辆、火炮3 718门。苏联第5、第21、第37、第26集团军大部，第38、第40集团军的一部分被歼灭。

9月27日，为了抵抗德军的继续进攻，苏联以第6、第21、第38、第40集团军重建了西南方面军，由铁木辛哥元帅兼任总司令，在别洛波利耶、希沙基、克拉斯诺格勒一线重新建立坚固的防御阵地。惨重的损失使苏联领导层极度失望并开始反省。此后，这种判断上的失误便离开了苏军，慢慢转向了德军。

古德里安在回忆录中记录了与苏联第5集团军司令波塔波夫的谈话。

古德里安："你在什么时候才知道我的装甲部队已经深入你们防线的后面?"

波塔波夫："差不多是在9月8日的时候。"

古德里安："那么，为什么你们不立即撤出基辅呢?"

波塔波夫："我们本来已经接到集团军总部的命令，命令我们撤出这个地区并向东面组织退却。我们都已经开始组织撤退行动了，但突然又接到了一个相反的命令，让我们死守基辅地区，不准移动。"

本来可以撤离也应撤离基辅，并且可以在其他方向形成有利防御战线的苏军，最终却遭遇了被歼灭的命运。古德里安为此感慨道："这个前后矛盾的命令断送了苏联的基辅集团军，但苏联从此再也没有犯过同样的错误。相反，德军高层还在继续犯同样的错误，结果使德军蒙受了很多次直接损失。"

德军在基辅战役中赢得了辉煌的胜利，却失去了最为重要的一样东西——时间。9月下旬，初秋的温暖被北方的阵阵冷风吹走，德军官兵只穿着单衣，没做任何冬季战斗的准备，处境堪忧，更令人担心的是，一种慢慢滋生的恐惧正在德军中蔓延。

战争进行了几个月，德军取得了前所未有的巨大胜利，俘获苏军人员无数，击毁坦克无数，占领的土地更是难以计数。但是，苏联政府毫无松动的迹象，军队没有枯竭，新式坦克源源不断，兵员倒下一片又涌来一群。即便德军素质再好，也不可能无限制地投入战斗。到 8 月底，德军伤亡达 44 万人，其中死亡 9.4 万人。德国 40 万的后备军，补充到前线的不到 22 万人。德军前线部队缺员严重，人马困乏，古德里安内心暗暗叫苦，他的装甲兵团的坦克从编制的 150 辆减到了 10 辆；连队的人员损耗严重，有的只剩下不到 50 人。

古德里安认为，在战术上，基辅之战是一个伟大的胜利，但它能否转化为战略成果还是个未知数，这取决于德军在冬季以前的攻势。英国军事理论家利德尔·哈特也指出："德军在基辅包围战中大获成功。先消除南翼的威胁再进攻莫斯科，从战略来看似乎理由充分。加上苏军数量庞大，又缺乏机动性，所以德军把兵力先后放在不同地区，一一击破。但是，在冬季作战准备不足的情况下，德军采取这个战略的唯一问题是时间。"

第九章　莫斯科的最后一搏

殊死一战

为发动莫斯科战役，德军对装甲部队进行了补充，但到 9 月底，德军第 1、第 3 装甲兵团的坦克仍然只有编制的 70%，第 2 装甲兵团只有编制的 50%。士兵、装备可以补充，但官兵的素质在短时间内无法提高。希特勒内心也很焦虑，他实在打不起消耗战，只能借着当前的良好势头最后一搏，夺取莫斯科。对战双方都在紧张地准备着。

从 9 月 23 日起，为了实现新的作战计划，德军各部队开始重新整编。德国中央集团军群自北向南部署了 3 个集团军和 3 个装甲兵团，从北到南依次为：阿道夫·斯特劳斯①的第 9 集团军、霍特的第 3 装甲兵团、克鲁格元帅的第 4 集团军、霍普纳将军的第 4 装甲兵团、魏克斯将军的第 2 集团军、古德里安的第 2 装甲兵团。

古德里安的第 2 装甲兵团主要集中在格卢霍夫地区及其北方。在这个地域，第 4 装甲师和党卫军帝国装甲师虽然已经把苏军击败，使苏军向东部的卡门里卡撤退，但是沿着布良斯克－利戈夫的铁路线，苏军正频繁地调动着，其后备力量陆续到来。

9 月 24 日，古德里安飞往位于斯摩棱斯克的集团军总部，参加讨论实施新攻势的作战会议。会上决定，中央集团军群于 10 月 2 日发起

---

① 阿道夫·斯特劳斯（1879—1973）：纳粹德国陆军一级上将，铁十字骑士勋章的获得者，“二战”期间历任第 2 军军长、第 9 集团军司令，曾参与波兰战役、法兰西战役、苏德战争。1942 年 1 月因病辞职。战后被拘押于英军的集中营，1949 年 5 月被释放。

对苏军防线的进攻。古德里安对此提出了不同意见："既然集团军群在10月2日对苏军发起进攻，我军必须提前行动。据侦察得知，在我军预定的进攻地区根本没有良好的、可以充分利用的道路，我希望能够充分利用最近几天有利的气象条件，在道路可能变得泥泞之前，占据奥廖尔周边的有利地形。而且，一旦我军占据纵贯奥廖尔－布良斯克的公路，就可以保证我军后勤补给的交通线。此外，我军提前行动还有另一个原因，如果我军和其他部队同时发动进攻，将无法获得足够的空军支援，从而影响进攻行动；如果我军早两天动手，那么空军就可以腾出手来全力支援我军的作战行动。"

最终，中央集团军群同意在其他部队进攻时间不变的前提下，处于战线最右端的第2装甲兵团可以提前于9月30日发起进攻。随后几天，古德里安想要的休整仍然没能实现，除了忙于消灭围困在基辅附近的残余苏军，他还要重新调整作战部署，以准备新的战斗。

其实，这个时候感到前景黯淡的德军将领不止古德里安一个，早在基辅战役之前，陆军总参谋长哈尔德便吐露过自己内心的不安。自开战以来，德国官兵从来没有洗过澡，满身污垢，风餐露宿。夏季有时还能忙里偷闲、野外就餐，但现在情况迅速恶化，后勤补给越来越差，粮食越来越少，他们只能就地取食，抢到什么吃什么，伤病员骤然增多。

在希特勒要求德军紧锣密鼓，准备最后一击时，苏军也没有闲着，从7月中旬德军占领斯摩棱斯克起，莫斯科人被全体动员起来，大部分男人应征入伍，妇女则不分昼夜，不停地挖反坦克壕、修工事。当德军向莫斯科发起进攻的时候，苏联妇女已经用铁锹掘土达300万立方米，挖出了三道防线：第一道是维亚济马以西的维亚济马防线，全长320公里；第二道防线是莫斯科以西140公里的莫扎伊斯克防线；第三道是沿着莫斯科环城公路的四条弧形防线。苏军想方设法调集了50万后备役军人来保卫莫斯科，这支军队除了缺乏大炮外，其他重型武器皆装备充足。斯大林知道，仅靠这些人无法抵挡德军的强大攻势，为此，他又将原本部署在远东的25个步兵师和9个装甲旅的精锐部队陆续调回莫斯科近郊。这些部队擅长在严寒条件下作战，极大地增强了莫斯科的防御力量。最终，负责保卫莫斯科的苏联 3 个方面军约有 80 万人、坦克 770 辆、火炮 9 150 门和飞机 545 架。

斯大林将防守莫斯科的重任交给西部战区，并把预备方面军作为其纵深力量，两者共同组成梯次配置。横在古德里安前进道路上的苏军，是由第 3、第 13、第 50 三个集团军和掩护左翼的叶尔马科夫集群组成的叶廖缅科的布良斯克方面军。

德军向奥廖尔和布良斯克的进攻，可以说是向莫斯科大举进攻的前奏。这次进攻时，古德里安的部队有较大的变动，并得到了 100 辆战车以弥补各个装甲师的战斗损失。

9 月 30 日清晨，古德里安来到格卢霍夫的司令部，得知在什捷波夫卡周围的战斗中，苏军以反冲击方式包围了第 48 装甲军第 119 步兵团的 2 个营，抢走了该部所有的坦克战车。为稳定态势，第 48 装甲军只能让第 9 装甲师负责进攻。已失去翼侧安全保护的第 24 装甲军也报告说，苏军似乎已经从最初的慌乱中冷静下来，开始加强他们的防御。

古德里安估计，以现有力量恐怕难以完成预定的作战目标。一方面，第 48 装甲军既要对付苏军的顽强抵抗，又要掩护侧翼安全；另一方面，他所属的第 34 步兵军的先头部队要在 10 月 1 日下午以后才有可能到达，主力则在更晚的时间才能到达，而步兵无法接替第 48 装甲军的掩护任务。古德里安不得不向集团军部队求援，从集团军预备队中抽出大德意志步兵团前来救急。

这一天总体情况还算顺利，古德里安的部队凭借有利的天气和良好的路况，继续向苏军的纵深推进。10 月 1 日，第 24 装甲军占领了谢夫斯克，并前进了 130 公里，尽管还有向前推进的可能，但因燃料极度缺乏而中止了进军。

在从格卢霍夫经艾斯曼去谢夫斯克的路上，古德里安见到了第 24 装甲军军长施韦彭堡和第 4 装甲师师长朗格曼，得知燃料已经用完了。古德里安一向认为，每当部队想停下来休息时就会说自己没油了，因此，他找到第 4 装甲师的一个旅长艾贝尔巴赫上校，问其能否继续推进到德米特洛夫斯克，并得到了肯定的回答。于是，古德里安命令第 4 装甲师马上前进。随后，古德里安又把这个命令通知施韦彭堡，当天第24装甲军往前推进了一段距离。

面对古德里安造成的威胁，斯大林派出自己的得力干将列柳申科[①]接管了姆岑斯克和奥廖尔的防务，紧张地调整部署。

10月2日，叶廖缅科急调自己的第13集团军向东攻击，企图堵住古德里安打开的缺口，但是没有奏效。在激战中，古德里安的部队已经完全达到了突破的目的。面对德军装甲部队的强大压力，苏联第13集团军被迫向东北方向撤退。在几天的战斗中，德军损失轻微。古德里安在视察部队时发现，部队补充的新兵作战经验不足，不能沉着冷静地应对作战问题，这不禁使他对这场不知要打多久的战争更加忧心忡忡。

同一天，德国中央集团军群的其他集团军也在第2、第4航空队的支援下，发起了出乎苏军意料的猛烈进攻，且进展顺利。自清晨起，中央集团军群沿着整个前线进展得很顺利。第4装甲师占领了克罗梅，友邻第2集团军也突入到苏多斯特河－杰斯纳河流域。10月3日，第4装甲师占领了苏军防线后方130公里的奥廖尔。这是一个铁路、公路交通中心，有一条路况很好的公路通往莫斯科，可以作为下一步军事行动的起点。

苏军完全没有料到德军会在自己的防线后方进行突击，以致根本来不及执行为防备德军侵占而详细制订的准备撤出一切工业设备的计划。防线后面的苏联军民浑然不知，大街上的有轨电车仍在照常行驶，不少人还对着远来的德军坦克挥手致意。德军占领奥廖尔，意味着走上了一条前景良好的道路。随后，古德里安命令第24装甲军沿着奥廖尔－图拉铁路继续推进，威胁莫斯科防御线上的苏军的南翼安全。

与此同时，古德里安还命令第47装甲军继续向布良斯克挺进。10月6日，古德里安的第17装甲师以奇袭方式攻占了布良斯克。同时，

---

① 列柳申科（1901—1987）：苏联大将，以“前进将军”著称，两次获得“苏联英雄”称号。苏德战争期间历任步兵军军长、集团军司令、坦克集团军司令。无论是前期的防御作战还是后期的大纵深突击，处处可见其神来之笔。战后任集团军司令、驻德军队集群装甲坦克和机械化兵司令。

担任左翼迂回的第 2 集团军也顺利实现了与古德里安的合围，切断了叶廖缅科及其布良斯克方面军与苏军最高统帅部的联系，使他的第 3、第 13 集团军被围，只有极少部分人利用夜幕掩护和德军阵线不稳固而成功突围。

德军的进攻虽然顺利，但是一系列的问题也开始显现出来。

古德里安新近得知，在德军的后方地区有相当数量的苏联游击队在活动，给德军的交通线和军事行动造成了一定的威胁。面对部下的诉苦，古德里安更深刻地感受到了燃料缺乏的致命威胁，他请求空军紧急空运 10 万加仑[①]汽油供应第 47 装甲军，该军的第 17、第 18 两个师负责进攻布良斯克。古德里安也想以战养战，通过缴获、抢夺苏联军民的燃料来供应部队，但在苏军坚壁清野的情况下，他的想法基本落空了。通过空运解决燃料问题也不可行，苏联空军已经逐渐活跃起来，德军不再独霸天空了。为了遏制古德里安的攻势，苏联专门成立了一个航空集群。古德里安乘飞机降落在谢夫斯克机场时便见识了苏联空军的威力，他赶紧乘车离开，一路上都受到苏联飞机的攻击。幸好苏联飞机畏惧德军的高射炮火，不敢飞得太低，所以未能命中目标。

除了装备、给养问题始终得不到解决，天气也逐渐变得对德军不利起来。

10 月 6 日夜晚，在德国中央集团军群的战线上开始下起了大雨，到半夜时又变成了纷纷扬扬的大雪。持续数天的大雨和初冬落地即融的雪，使得地面和道路的情况恶化了，到处都是淤泥和水坑，古德里安的部队行动速度慢了下来，只能人机互相牵引缓慢向前推进。

此前一天，古德里安接到了上级的调整命令，第 2 装甲兵团改称第 2 装甲军团。第 4、第 9 集团军分别改称第 4、第 3 装甲军团。3 个军团在罗斯拉夫尔和杜霍夫希纳方向突破苏联预备队方面军、西方面军的防御，向维亚济马以东迂回包围。到 10 月 4 日、5 日，第 4 装甲军团攻占了斯帕斯杰缅斯克和尤赫诺夫，从南面包围了苏军维亚济马集团。为摆

① 1 英制加仑≈4. 55 升。

脱被合围的命运，苏军连忙向后退却，但被德军切断了退路。

10 月 7 日，德军 2 个装甲军团在维亚济马附近会合，合围了苏联西方面军的第 19、第 20 集团军和预备队方面军的第 24、第 32 集团军。但被围苏军有一部分突围成功，退守莫扎伊斯克防线，余部抵抗至 10 月 13 日。

莫斯科面临着很大的威胁，随着德军步步进逼，苏联西方面军不断后撤，莫扎伊斯克防线的一些要点已被德军突破。10 月 15 日，苏联决定将部分党政机关、外交使团撤出莫斯科，将西方面军和预备队方面军合并为西方面军，由朱可夫担任司令，代替铁木辛哥负责保卫莫斯科。苏联决定将抵抗德军的手段从消极的防御变成积极的反攻。此时希特勒自以为胜券在握，趾高气扬地宣布，苏联的军事实力已经被彻底摧毁。德国陆军总部也认为战事的发展令人满意，足以保证向莫斯科进攻的成功。

与之恰恰相反，德军前线军官对战争的信心越来越不足。如果这次战役在一个月前完成，那么结局将极有利于德军对莫斯科的行动，但是推迟到 10 月份后，这场战争就像在与天气赌博一样，胜负难以预料。他们切身感受到这场赌博的结局不容乐观。

莫斯科的冬季

在谢夫斯克到奥廖尔的公路上，古德里安终于找到了自己那如长蛇般在地面蜿蜒前行的部队，他让飞机降低高度，发现从这里一直到克罗梅，公路损坏非常严重，到克罗梅后才有一条碎石路直达奥廖尔，但上面也布满弹坑。

古德里安还发现，自己经常谈到的苏军 T－34 坦克部队的素质已今非昔比，其战术和技术水平远远超过了德军，尤其是 T－34 坦克的质量更令德军头痛。古德里安手下的勇将艾贝尔巴赫上校，不管是体力还是精神，都已经严重透支。

听着部下的言论，看到部下的疲惫之态，古德里安心里十分着急，赶紧向集团军总部提交了一个详细的报告，如实说明苏军 T－34 坦克相对于德军坦克的优点，要求改良德军的坦克。他建议：“由陆军兵工署、军需生产部、坦克设计人员及各承造厂家的代表们组成考察团，到前线进行实地视察。这样他们不仅可以看到被击毁的坦克的实际情形，而且可以充分了解前线人员的看法，这对新型坦克的设计具有很大价值。”除此之外，古德里安还建议赶紧生产一种重型反坦克炮，其穿透力要足以击毁苏联的 T－34 坦克。

这时，德国中央集团军群利用打开的缺口迅速向前推进，到 10 月中旬已经抵达姆岑斯克－卡卢加－博罗季诺－加里宁一线，走完了到莫斯科路程的 2/3，莫斯科面临着直接的威胁。这段时间，古德里安努力克服天气带来的不利影响，执行博克元帅的命令，驱赶自己的部队继续向前推进。

10 月 22 日，古德里安的第 24 装甲军从姆岑斯克发动攻击，但因为炮兵和坦克之间协调配合不好而失败了。之后，古德里安又集中所有的装甲力量，以第 3 装甲师为主，在姆岑斯克西北方再次发动攻击才获得成功。在作战的过程中，古德里安进一步感受到泥泞的道路和苏军的地雷阵所带来的烦恼。到 10 月 23 日，他的第 18 装甲师已经占领了法捷日。

当西路德军艰难地突进到距莫斯科仅 90 多公里的莫扎伊斯克时，南路的古德里安的部队因为天气的缘故，在姆岑斯克陷入了困境。尽管如此，古德里安仍在不断努力，驱赶自己的部队咬着牙向前挺进。在包围圈中苦苦挣扎的苏军日渐崩溃，从 10 月 17 日起开始大量投降，10 月 24 日，古德里安的第 24 装甲军终于夺取了姆岑斯克，完成了初步任务。

至此，德国中央集团军群又赢得了一次战术性的成功。被包围的苏联 3 个集团军除了少数逃脱外，其余全部被歼灭。然而，德军是否还有余力继续发动攻击，进一步扩张战果？这时古德里安已经失去了以前的冲劲，有些心灰意冷了，同时又因德军最高统帅部的顽固和上司的刁难而忧虑不已，他已经不愿多想下一步应该怎么做，只想着如何执行上级的命令。

10 月 25 日，古德里安按照命令准备进攻图拉。从奥廖尔到图拉的公路被各种车辆蹂躏得不成样子，加上撤退的苏军有意破坏，道路几乎成了污泥河，古德里安的第 2 装甲军团只能缓慢地向前移动。更为要命的是，不仅军队的燃料所剩无几，就连后勤也中断了。古德里安无奈，只得下令“各部队的燃料由军团统一使用，不得保留”。集中的所有燃料都给了第 24 装甲军，但第 24 装甲军也无法以全部兵力向前突击，只能供部分坦克使用。古德里安只好将这些为数不多、可以继续前进的坦克编成临时装甲旅，交给艾贝尔巴赫指挥，让他们和大德意志步兵团一起担任开路先锋。

第 43 军军长戈特哈德・海因里希①将军一向吃苦耐劳、英勇善战，连他也开始向古德里安诉苦了，说他的部队已经难以维持，别的不说，从 10 月 20 日起他们就没有拿到过面包，官兵们现在都成了抢匪，搞到什么吃什么，这一状况大大影响了前进的速度。

这时，天气也在帮苏军的忙，为他们备战赢得了更多的时间。10 月 10 日前后，苏军以大本营预备队为主，火速向莫扎伊斯克防线增调了 14 个步兵师、16 个坦克旅、40 多个炮兵团及其他兵力。10 月 13 日，苏联西方面军在莫扎伊斯克一线建立了比较稳固的防线。10 月底，苏军最高统帅部认为形势已趋于稳定，决定抽回一些部队作为预备队，以便进行必要的训练和休整。与此同时，苏军渐渐从维亚济马和布良斯克蒙受的惨重损失中恢复过来，不仅有了招架之功，而且具备了还手之力。针对德军惯常采用的两翼包抄的做法，苏军决定先发制人，在德军的两股装甲部队未来得及配合行动之前，率先发起攻击，破坏德军的进攻行动，将其企图扼杀在摇篮之中。

---

① 戈特哈德・海因里希（1886—1971）：龙德施泰特元帅的表弟，纳粹德国陆军大将，仅次于莫德尔的防御战专家。“二战”期间历任第 12 军军长、第 43 军军长、第 4 集团军司令、第 1 装甲集群司令。1945 年 3 月，接替希姆莱出任维斯瓦集团军群司令，成功抵挡了朱可夫对柏林的第一波攻击，后因大势已去，抵制希特勒死守柏林的命令，被解除职务。最后向英军投降。

10 月 28 日，希特勒下令应用快速部队尽快占领谢尔普霍夫以东的奥卡桥。但在燃料短缺和道路破损严重的情况下，古德里安的部队一天只能前进 10 多公里，已经不是什么快速部队了。

10 月 29 日，古德里安的一个军终于来到了图拉近郊，距离图拉仅 4 公里左右的路程。但是，守城的苏联军民严阵以待，用高射炮一阵猛打，打得德军的坦克晕头转向，到处躲避，一仗下来，损失了不少坦克和人员。古德里安深知自己的力量已经大不如前，既然硬攻不行，他便想绕过图拉，将其留给后续部队处理。结果苏军的第 4 坦克旅又杀了过来，直取他的后心，他只得转过身来解决侧后的威胁。

双方经过一个月的激战，损失都很惨重，苏军被迫后退 30 ~ 50 公里，德国中央集团军群也元气大伤。实际上，由于道路和后勤补给的原因，德军全线都停止了进攻。

就在这时，斯大林得到了一个绝密情报，说日军将全力南进，无意对苏作战。斯大林决定将在远东与关东军对峙的 25 个步兵师和 9 个装甲旅调回莫斯科。随后，苏军试图对德军发起反攻，但并没有达到预期效果，反而造成了一定的损失。

随着苏联冬季第一次霜降的来临，大地终于开始封冻，道路慢慢地又适宜装甲部队行进了。但新的问题又接踵而至，身着单衣的德军走出泥泞又进入了寒冬之中。古德里安为此焦虑不安。11 月 7 日，古德里安的部队里第一次发生了集体严重冻伤，而且受伤人数还在不断增加。古德里安写信给朋友说：“计划一再延期，现在严冬快要来临了，而我们却使敌人争取到了更多的时间，真是令人痛惜。具有决定性的攻击时机已经过去了，战局会如何发展，实在是个未知数。前面困难重重，但我们也只能抱着一线希望，努力前行。”

希特勒虽然知道德军目前的状况，但在野心与压力的双重作用下，他还是决心拿出最后一点能量，拼死一搏。

11 月 13 日，在德国中央集团军群司令部举行了一次会议，下属各集团军的参谋长出席，会议由陆军总参谋长哈尔德主持。会上颁发了《1941 年秋季攻势命令》，古德里安的第 2 装甲兵团受命攻占莫斯科东面的戈尔基城，以彻底切断苏联首都的后方交通线。戈尔基城从莫斯科算起约有 400 公里，但从古德里安现在所处位置奥廖尔算起，大约有 650 公里，这段距离对古德里安那缺油少粮又无衣避寒的部队来讲，无疑是一个可怕的漫漫征途。

第 2 装甲军团的参谋长李本斯坦马上提出了反对意见，他说，以目前的形势而言，一个装甲军团无法深入韦尼奥夫以外的地区，因为现在不是 5 月份，也不是在法国。古德里安同意参谋长的意见，并亲自写了一份书面报告，告诉中央集团军群司令博克元帅，他的部队实在没有能力担负所指定的任务。此前，他刚刚去视察了前线。第 53 步兵军军长魏森贝尔格将军对他说，部队因伤病大幅减员，现在很多步兵连只有 50 多人具有战斗力，冬季服装也严重缺乏。古德里安只得同意艾贝尔巴赫旅继续归其节制，直到第 18 装甲师抵达，能够保障他的侧翼为止。

第 24 装甲军的情况也不好。军长施韦彭堡表示，由于缺少防滑履带，坦克无法爬上坚冰覆盖的斜坡，在 11 月 19 日之前不可能采取任何行动。另外，在发起进攻前，艾贝尔巴赫旅必须回归建制，而且要有足够 4 天作战用的油料，现在的油料仅供维持一天。古德里安提议在 11 月 17 日和第 53 步兵军配合发起进攻。

开战之前，希特勒以为只需几个星期就可以解决苏联问题，于是拒绝了陆军关于准备冬装的建议，直到深秋他才意识到战事还远未结束，急忙下令生产冬装，但为时已晚。尽管德军后勤部门全力以赴，但也只有 1/10 的官兵能够领到冬装。

11 月 14 日上午，古德里安去视察第 167 步兵师，亲眼看到在 －8℃ 下，许多士兵还是一身单衣，好一点则穿着苏军阵亡人员或被俘人员的大衣和皮帽子。严寒带来了一系列的问题，同时也加剧了德军的恐惧，他们的机枪不能发射了，37 毫米口径战防炮对苏军的 T－34 坦克也无能为力……在一系列因素的相互作用下，德军内部普遍的恐慌一直传到了博戈罗季茨克。这充分说明德军的战斗力已是今不如昔。

古德里安将前线的情况如实地向上级汇报，不想再承担进一步的作战任务。陆军总参谋长哈尔德和后备军司令弗洛姆，也都向希特勒表达了物资紧缺，希望能与莫斯科和谈的意思。

1943 年，在苏联的库尔斯克战场上，一个德国士兵和他的大炮残骸。苏联曾用这张照片鼓舞士气

这时的苏军与德军形成了鲜明的对比，他们吃得饱、穿得暖，冬季作战装备充足的西伯利亚精锐师正通过铁路源源不断地开到，很快与古德里安疲惫不堪的部队展开了激战。在苏军强大的坦克部队和炮火的支援配合下，德军第 112 步兵师终于支持不住了，古德里安赶紧将第 167 步兵师调到乌斯罗维尼亚地区策应该师，这才稳住了阵脚。

接连不断的挫折使古德里安的情绪更加低落。现在苏联军民已从德军入侵之时的迷惘慌乱中清醒过来，对德军的入侵有着坚强的抵抗决心。后来古德里安见到一位沙俄时代的老将军，当问到为什么苏联人这么反对德国军队时，他说："如果你们在 20 多年前来到这里的话，我们一定会热忱地欢迎你们。但是现在太晚了，情况已经变了。我们刚刚从动乱中安定下来，过上了平静安宁的生活。你们的到来，会把我们的生活向后逼退 20 年，让我们一切从头再来。现在，我们都是为苏联而战，为了安宁的生活，我们才联合一致抵抗你们的入侵。”

古德里安深知，战争中最为可怕的敌人是一个具有打不垮意志的民族。坚强的意志就像一个黑洞，能摧毁所有强大的敌人。拿破仑调动法兰西民族的精神，使法国军队横扫欧洲无敌手，多次战胜强大的反法同盟，但是它对西班牙的压迫激起了强烈的抵抗意志，最终被驱逐出西班牙。德军现在也激起了苏联军民团结一致的抵抗意志，而且德军远没有以前那么强大，局势也就更为恶劣了。

11 月 15 日，天气有所好转，德国中央集团军群再次发起攻击，其中，北线的第 3、第 4 装甲军团在莫斯科水库和莫扎伊斯克之间，向克林和索尔涅奇诺戈尔斯克进攻，从背面包围莫斯科；南线的古德里安第 2 装甲军团则绕过图拉，向卡希拉和科洛姆纳推进，最后两支部队在诺金斯克会师。

11 月 18 日，古德里安下令开始进攻。现在第 2 装甲军团下辖第 24、第 47 装甲军，第 43、第 53 两个步兵军，共计 12 个半师的兵力。因为部队伤亡严重，又缺乏冬季服装，他们每天只能前进 4. 8 ~ 8 公里，其间遭到了苏联第 49、第 50 集团军的攻击。

11 月 21 日，古德里安在日记中写道：

无论是哪个指挥官，面对天寒地冻、衣食艰难、人员装备和油料缺乏的困境，都会感到难以执行自己的任务。眼下我身上如有千斤重担，即使世界上意志最坚强的人，恐怕也会坚持不下去。

三天来，我一直在前线奔走，想要了解战场上的实际情况。如果战事许可的话，我打算星期天去一趟集团军总部，了解一下近期的主要目标。我一直不知道那些人到底作何打算。在开春之前，战局还不知道会如何演变……

11 月 23 日，古德里安向中央集团军群司令博克元帅请求取消承担主攻任务，他说，目前第 2 装甲军团已经筋疲力尽，步兵没有冬季服装，而且缺乏补给，右翼也受到苏军的威胁。但博克元帅说他早已上报陆军总部，陆军总司令布劳希奇拒绝了这一要求，下令继续进攻。古德里安只得请求布劳希奇至少给出一个最低目标，达到这个目标后他就可以采取守势。布劳希奇勉强同意他至少要前进到米凯罗夫－查莱斯克一线，同时一定要破坏梁赞－科洛姆纳之间的铁路。

随后，古德里安又向陆军总参谋长哈尔德请求取消这次进攻，但同样被驳回。无奈之下，他只能按原计划继续驱赶部下前进。

11 月 24 日，第 10 摩托化步兵师攻下了米凯罗夫；第 29 摩托化步兵师从叶皮凡向东前进了 40 多公里；11 月 25 日，第 17 装甲师的前卫战斗团已经接近卡希拉；11 月 26 日，第 53 军到达了顿河，并和第 167 师一起在伊夫罗齐诺附近渡过顿河，向东北前进，并在丹斯柯攻击了从西伯利亚新调来的苏军部队，俘虏苏军官兵 4 000 名，缴获 42 门大炮及一些车辆。

11 月 26 日晚，古德里安的第 29 摩托化步兵师遭遇了一次严重的危机。当时苏军第 239 步兵师放弃他们的大炮和车辆等重型装备向东突围，德军第 29 摩托化步兵师虽然建立了防线，但因兵力不足且战线拉得过长，他们没能阻止苏军突围，而且损失惨重。古德里安最初听到这个消息，还以为是自己戒备疏忽所致，但他来到前线一看，才知道这次失败是苏军占据绝对优势所导致的。苏军突围后，第 29 摩托化步兵师的机动部队立即追击，但德军的坦克并不适合雪地作战，所以没有取得任何战果。

隆冬时节，原野上到处都覆盖着白茫茫的雪，冷风刺骨，路上的一切标志都已经被大雪掩埋。就在这个无人地带，德军士兵饥寒交迫，连生存都难以为继。到现在，古德里安庞大的装甲军团成了饥饿大军，即使是最强大的第 24 装甲军的攻击力也大打折扣，一个军的炮兵只能凑出 11 门可供使用的大炮。在东部战场的南端，拥有优势兵力的苏军在 11 月 27 日已经开始在罗斯托夫发起反攻；古德里安右翼的第 2 集团军对面的苏军也增加了兵力；古德里安左翼的第 43 军到达图拉－阿列克辛公路后，遇到了苏军的猛烈攻击。

战场的情况越来越恶劣，严重影响了德军的战斗力，当然，德军并没有就此垮掉。

11 月 26 日，南方集团军群传来消息，克莱斯特的第 1 装甲军团在占领顿河口的罗斯托夫 5 天后，由于苏军的反攻，不得不后撤到米乌斯河预先设立的冬季防线上。但在他们撤退的过程中，希特勒突然下令就地坚守，不许撤退。龙德施泰特对此表示强烈反对，并以辞职相要挟。没想到希特勒当即回电同意他辞职，让赖歇瑙元帅接替他。古德里安后来表示，罗斯托夫开启了德军的危机，使德军面临灾难性的打击。

赖歇瑙走马上任后，很快便向希特勒报告说，罗斯托夫的撤退是唯一的正确的选择。希特勒这才意识到不该解除龙德施泰特的职务，但他仍然认为，只要再努力一把，便能攻占莫斯科。

因此，尽管苏军坚决抵抗，德军还是继续从西、北、南三个方向向莫斯科逼近。古德里安的第 2 装甲军团绕过图拉，向东北方向推进；第 4 装甲军团经过 1812 年的博罗季诺古战场后渡过莫斯科河，到达了莫斯科西北 40 公里的伊斯特拉；第 3 装甲军团也冲过了莫斯科到加里宁之间的铁路，渡过莫斯科河和伏尔加运河，占领了为莫斯科提供最大电力的发电厂，其第 2 装甲师的侦察队在 11 月底到达距莫斯科 30 公里的地方，已经看到了莫斯科克里姆林宫的塔尖。这是德军第一次，也是最后一次远眺莫斯科。

德军的进攻取得了不少进展，多次使莫斯科处于危急之中。但是，前线的德军指挥官们也意识到，德军的进攻能力很快就要耗尽。因此，他们请求"撤退到一条较短的容易防守的战线，预先为驻扎、补给、防御做好充分准备，以便时机一到，就能在很短的时间里将其占领"。但希特勒和陆军总司令布劳希奇都不同意博克等人的意见，认为一旦撤退，再次占领莫斯科的行动必将成为一场噩梦。经博克再三请求，希特勒才同意在代价高昂的攻势中无法取胜时再中止进攻。

朱可夫的确不负众望，经过他的努力工作和苏联军民的团结奋战，终于将德军挡在了莫斯科之外。到 11 月底，朱可夫察觉到进抵莫斯科城下的德军已经耗尽了力量，再也没有进攻的能力，于是立即请求斯大林下令发起反攻，在德军恢复元气并得到增援之前将其赶离莫斯科。经过商讨，苏军最高统帅部决定开始反攻。

挥泪别前线

自 1941 年 6 月 22 日德、苏战争爆发以来，德军在东线战场的死伤总数已经达到 74.3 万人，相对于德军东线 350 万人的兵力而言，损失已经达到总数的 21% 。在近两个月的时间里，德军伤亡达 15.5 万人，形势对德军来说十分严峻，但是无兵可调，巴尔干地区的游击战日趋激烈，德军不得不在该地区保留较为强大的兵力，因而无法增援德、苏战场。

“二战”时，在巴尔干地区的德国装甲部队

12 月 1 日，气温降到了 -20℃。苏军由于久居寒冷地带，保暖装备齐全，所以还能够忍受。德军则恰恰相反，约有 13 万人被冻伤，而且每装填一发炮弹都要先擦掉上面的防冻液，发动车辆前也要先预热几个小时。

为配合正面进攻，古德里安眼下最重要的任务是占领图拉。图拉不仅是交通枢纽，它的机场还是为德军下一步作战提供空中支援的重要场地。古德里安命令第 24 装甲军从东面和北面、第 43 军从西侧向图拉发起进攻，并采取了双重包围的战术。他让第 53 军提供北翼侧的掩护，阻击来自莫斯科方向的苏军；第 47 装甲军则向东北推进，以抗击从西伯利亚方面调来的苏军。但是，由于力量不足，担任掩护的第 47 装甲军和第 53 军，受到了不断增援而来的苏军的强大压力，难以支撑；派出去破坏梁赞 - 科洛姆纳铁路的第 10 摩托化步兵师也没有达到目的，被苏军赶了回来。

12 月初，德军又发起了一次进攻。古德里安的第 2 装甲军团竭力由图拉以南出梁赞到科洛姆纳之间的奥卡河，全力夺取图拉，但经过一番艰苦的战斗，他们仍被苏军阻截于韦尼奥夫及其以南地区。奉命从北面迂回的第 4 装甲军团，在其南翼距莫斯科 34 公里时已精疲力竭。中央集团军群的第 4 集团军进到戈利齐诺地域后，也无力再进，并在 12 月 3 日苏军的反击中退到库宾卡以北。

军队没有冬装，困难日益增加。12 月 4 日，德国中央集团军群集中全力做了最后一次进攻尝试。当天清晨，古德里安来到第 31 步兵师的第 17 步兵团第 2 轻步兵营。这个营是古德里安军旅生涯的发祥地，从 1920—1922 年，他一直任该营第 11 连的连长。在紧张的战事之中，古德里安全然没有了往日的意气风发。他手下的军官也觉得已经没有能力再行进攻，但他们还是愿意发起最后一次进攻，毕竟这最后的一击也许能暂时缓解当前的困境。

进攻发起后，第 4 集团军夺占了一些不大的地段。12 月 5 日，苏联第 50 集团军协同第 49 集团军左翼各兵团在科斯特罗沃、列维亚基诺地域实施反突击，恢复了图拉与莫斯科的联系。古德里安被迫退回到出发阵地，第 2 装甲军团仍然未能夺取图拉。鉴于这种情况，古德里安不得不发出开战以来的第一次撤退命令，放弃没有支援、毫无成效的进攻，将部队撤回到顿河上游 - 夏特河 - 乌帕河一线。他在后来写道：“这是我有生以来第一次做这种决定，这并不容易……进攻莫斯科彻底失败了。我们英勇的部队徒劳无功，尽管他们付出了巨大的代价。”古德里安的参谋长李本斯坦和第 24 装甲军军长施韦彭堡都支持他的决定。

其实，受挫的并不止古德里安装甲军团，霍普纳的第 4 装甲军团和莱因哈特的第 3 装甲军团也同样如此，他们在到达距克里姆林宫只有 35 公里的地方已经筋疲力尽，只能眼巴巴地望着近在咫尺的莫斯科，就是无法发动进攻。第 9 集团军的情况则更糟，苏军甚至已经开始了反攻。

傍晚，古德里安通知博克元帅，他已经无力发起进攻，必须马上撤退。博克元帅随后打电话给哈尔德，说自己已经到了山穷水尽的地步。布劳希奇为此十分绝望，准备辞去陆军总司令的职务。

德军停止进攻后，德国情报机构判定苏军也没有能力发起反攻了，然而，这个判断显然是错误的。12 月 6 日，苏军投入 110 万人发起反攻，其中包括刚从西伯利亚调来的 34 个新锐师。

古德里安的第 2 装甲军团在撤退途中遭到攻击，第 10 摩托化步兵师伤亡惨重。

当天，希特勒命令德军在整条战线上转入防御。但是，德军在现有位置上并没有建立有效的防御，只能后退，然后重整战线。古德里安认为，只有全线撤退到一个地形比较有利而且事先已经做好相应准备的设防地带，才能挽救战场的危局。这样德军就可以依托这条防线度过残冬，等到明年春天有机会时再向苏军发动新的攻势。古德里安还认为，如果自己的部队撤退到苏夏河 - 奥卡河一线将非常有利，因为德军 10 月份曾经在那里修建过一些工事。

德军及时撤退的决定使他们有幸躲过了苏军最猛烈的反击炮火，但是，在暴风雪中，衣衫褴褛、精疲力竭的德军要想稳步后撤也不是件容易的事情。

就在德军处境极为艰难之际，12 月 8 日传来了日本偷袭珍珠港的消息。12 月 11 日，德国对美国宣战。古德里安心里不由得嘀咕，为什么德国对美宣战的同时，不要求日本对苏宣战，这样也许可以适当减轻前线部队的压力。

12 月 14 日，古德里安冒着漫天大雪，顶着刺骨寒风，开车走了 20 多个小时，来到罗斯拉夫尔面见陆军总司令布劳希奇，请求他允许自己的部队撤到苏夏河 - 奥卡河一线，并派增援部队填补第 43 军和第 24 装甲军之间的防御缺口。

考虑到德军实在无法继续坚持，布劳希奇决定："第 2 集团军暂时受第 2 装甲军团的指挥。第 2 集团军协同防守库尔斯克 - 奥廖尔 - 普拉夫斯柯 - 阿列克辛一线，必要时可以撤到奥卡。"但是，希特勒仍然坚决反对撤退，他认为一旦撤退，结局必然是大溃败。他相信现在德国只有他一个人能够消除德军的危机、改变德军的命运，他不能退却，更不能让退却使自己丧失威信。

从战役的观点来看，德军前线将领是正确的，只有撤退和缩短战线才能避免更大的损失，但是希特勒无知的做法加剧了德军的困难，随之而来的德军高层的人事动荡，使东线德军的日子更加艰难。

在写给妻子的信中，古德里安表达了自己悲观愤慨的情绪，他说：

不幸的是，最高统帅部简直愚蠢至极，拒绝相信我们的报告，不相信部队的力量已经大大减弱，认为向他们提出新的要求是无理的。德军对于严寒的天气毫无准备，一旦苏联的气温降到 -32℃以下，将更加无法应对。12 月 5 日晚上，因为部队无力攻占莫斯科，我决定停止进攻，撤退到一条预先选定的较短的战线上坚守度过冬季。苏军穷追不舍，我们的伤亡很大，主要是因为疾病和冻伤。休养调治后也许会有一部分人归队，但眼下显然一点办法也没有了。天气使得大炮和车辆的损失也远远超出了预计。尽管我们使用了雪橇，但并没有多大用处。幸好我们的战车还勉强可以使用，但谁也不知道哪一天它们就会罢工。

……局势险恶，而天气也越来越寒冷，我实在无法承担对于整个东线的责任。

不久，古德里安从希特勒的副官长施蒙特那里得知，陆军总部正在酝酿一次大改组，陆军总司令布劳希奇即将被免职。

这段时间以来，古德里安常常失眠，一直在思考如何使部队摆脱目前的困境。他得出的唯一结论是，德军只有大胆地向后撤，撤到一个合适的防线，才能保持有生力量。但他觉得陆军总部和最高统帅不会听从前线将领的意见，这些大人物从不到前线来，根本不知道前线的实际情况，所以也难怪他们会下达一些根本无法执行的命令。这次施蒙特到第2装甲军团指挥部来，也是古德里安一再坚持的结果。古德里安天真地以为可以通过施蒙特将意见反映上去，进而影响上层的决策。施蒙特走后，他天天都期盼着希特勒会在某天夜里打电话给他，详细解答他提出的一些意见。

结果，希特勒的电话倒是来了，但他打来电话并不是为了商谈，而是下达命令。他命令古德里安原地坚守，不准退却，并说准备空运500名军人来增援古德里安。古德里安听了哭笑不得，一支500人的增援力量，对一个军团来说简直就像在开玩笑，而停止撤退是前线德军眼下难以做到的。因此，他不得不以部队早已开始行动，现在来不及制止来搪塞希特勒。

由于电话和书面报告均没有任何作用，古德里安决定亲自飞往元首大本营，向希特勒汇报前线的战况，希望以此打动希特勒。预定晋见的时间是12月20日，中央集团军群总司令博克元帅称病辞职，由克鲁格元帅继任，一听到克鲁格，古德里安心里就感觉不舒服。就在前一天，陆军总司令布劳希奇因心脏病发作辞职，继任者就是希特勒本人。这样一来，希特勒既是第三帝国元首、政府总理，又是战争部部长、最高统帅，现在还成了陆军总司令。

所有人都知道，要想说服希特勒并非易事，因此，在决定出发去见希特勒时，同僚们都来为古德里安送行，大家心情十分压抑，没有多说什么，只是默默地拥抱、祝福他。

古德里安原以为最高统帅会认真对待一个来自前线、身经百战的将领所说的话，但是，他显然错了。

12 月 20 日，古德里安与希特勒进行了 5 个小时的长谈，其间仅因最高统帅部每周的例行汇报和就餐而被打断过两次。凯特尔、施蒙特和希特勒的其他宠臣也都在场。古德里安一看到这个场面，心头不由一震，这和 8 月 23 日的情形一样，又是他独自面对最高统帅部的显要人物，完全处于孤立无援的地位。希特勒虽然对他表示了欢迎，但这个欢迎让他感到阵阵凉意。

谈话一开始，古德里安就提出应将前线的第 2 装甲军团和第 2 集团军逐渐撤退到苏夏河 – 奥卡河一线，而且这事在 12 月 14 日的罗斯拉夫尔会议中曾经获得过陆军总司令布劳希奇的批准。但希特勒听了马上跳起来喊道："不，我禁止撤退！"

古德里安虽然预想到了希特勒的狂躁，但见此情形还是有些意外，只好回答说："元首，由于战场形势的变化，我们已经开始了撤退行动，撤退中途无险可守，我军将不能不撤。如果您认为保全士兵的性命、暂时采取守势以度过冬天的想法是对的，那么您就应该允许撤退。"

"就算要撤退，士兵们也应该原地掘壕固守，绝对不能放弃所取得的土地！"

"在大部分地方，地面冻到了 1 米到 1.5 米的深度，已经无法挖掘了。更何况我军那些可怜的筑城工具根本就派不上用场。"古德里安不甘示弱地说。

"这样的条件下，士兵们可以用重榴弹炮打出一些弹坑来。第一次世界大战时，我们在弗兰德平原上就用过这种办法。"

顽固无知的希特勒坚决不肯收回成命，要求德军必须坚守现有阵地，不得后退一步。古德里安心想，希特勒显然对前线的形势不甚了解，于是，他提到了希特勒最为关心的资源消耗："如果在一个不适宜的地形上进行防御，就像第一次世界大战时的西线战场一样，我们会消耗与西线那样多的资源，那样多的生命，而丝毫没有取得决定性胜利的希望。我们在这样一个冬天里采取这样的战术，将使我们的人员消耗殆尽，广大官兵的牺牲不仅毫无益处，也将无法弥补。"

希特勒听了有些恼怒地说：“你难道认为腓特烈大帝[①]的榴弹兵是不怕死的人吗？他们也想偷生，但是国家有权要求他们为了国家的荣誉牺牲自己的生命。我相信，为了德意志帝国的荣誉，我也有权要求任何德国军人牺牲他们的生命。”

古德里安没有理会希特勒的态度，坚持道：“所有军人都知道，在战时完全应该为国捐躯，而且截至目前，事实也无可辩驳地证明我们的士兵是视死如归的。只是我恳请您注意一点，严寒的天气比苏联人的进攻更可怕，我军由于严寒所遭受的伤亡要比敌方火力造成的损失大一倍。任何人只要看到医院里那些满身冻伤的人，就会明白一个严酷的现实——他们是在无谓地牺牲。”

希特勒有些不耐烦了，但是他又不能不耐心说服这个对德国装甲部队具有很大影响力的人物，于是冷冷地说：“我知道你是最能与士兵同甘共苦的，你也曾经花不少时间和部队在一起生活，对此我极为赞赏。但是，你看事情都是从小范围思考，太执着于士兵的痛苦，所以你会觉得他们可怜，应当为他们着想。作为一个高级将领，你看问题应该站得远一些。相信我，当你从较远的距离进行观察时，会看得更清楚。”

古德里安回道：“是的，元首！但只要是我力所能及的，我便应该尽量减轻士兵的苦痛，这也是我的义务。即使到了今天，士兵们还没有收到他们的冬服，多数步兵现在还穿着单衣。冬季使用的军靴、背心、手套、羊毛帽子等，要么没有，要么已经磨得稀烂。看到士兵们这个样子，这叫我怎么办！”

希特勒当即高声反驳道：“这根本不对，军需总监向我报告过，冬衣早就发放下去了。”

“我承认是发了，但从来没有到达前线。我查询过这件事，目前这

---

① 腓特烈大帝（1712—1786）：亦称腓特烈二世、弗里德里希二世，普鲁士王国国王，欧洲历史上著名的军事家、政治家，还是一名作家、作曲家。作为欧洲“开明专制”的代表人物，他在政治、经济、哲学、法律，甚至音乐诸多方面都颇有建树。在他的铁腕统治下，普鲁士的国力迅速上升，在很短的时间内便跃居欧洲列强之列。他还是欧洲历史上最伟大的名将之一。

些物资留在华沙车站已经几个星期了。现在铁路运输发生了困难，根本无法转运。我们本来要求在9、10月间就运到前线，结果却不得不面对后勤部门的一顿官腔。现在虽然已经发出，但太迟了。”

希特勒闻言，马上找来军需总监对质，结果证明古德里安所说的一点都没错。后来，德国在圣诞节发动了为士兵们捐募寒衣的运动，也是因这次谈话引起，只可惜仍于事无补。

之后希特勒与古德里安又谈到了补充兵力和装备等一系列问题，谈话一直持续到晚饭时间。现在希特勒的态度已经很明朗了，但古德里安仍不死心，不撞南墙不回头。吃晚饭的时候，古德里安利用自己坐在希特勒旁边的机会，把前线生活的一些零碎情况讲给他听，结果还是白费心机，希特勒及其宠臣们对此很不以为然。

吃过晚饭后，古德里安建议说：“从最高统帅部参谋人员对上级报告的反应来看，我们似乎可以得出这样一个结论，他们没有对下级的报告做出正确的理解。所以，他们也不能向您做出恰当的解释。基于上述原因，我认为把前线有经验的参谋人员调回最高统帅部和陆军总部充当幕僚，是非常有必要的。现在是对参谋人员进行换班的时候了，自开战以来，这两个统帅部里的人一直在千里以外指挥战争，两年多来从来没有到前线去看一看。要知道，这次战争和第一次世界大战截然不同，仅凭上次大战的经验是无法正确处理这次大战的问题的。”

古德里安这话一出，可算是捅了马蜂窝。希特勒怒气冲冲地说：“现在我不能离开他们！”

古德里安只得解释说：“我的意思并不是调换您的亲信助手，只是把前方有经验的参谋人员，尤其是对冬季作战有着深刻理解的参谋人员，调到统帅部中充当重要的幕僚人员而已。”

但这个说法也间接指责了希特勒不了解战场形势，希特勒自然不会接受，粗暴地表示了拒绝。至此，会谈完全失败了，当古德里安离开会议室时，听到希特勒语气生硬地对凯特尔说：“我还是没能说服那个人！”

也许正是这次会谈使古德里安与希特勒的关系产生了裂痕，从此再也无法弥补。

12 月 21 日上午，在飞返前线之前，古德里安又打电话给三军总参谋长约德尔将军，再次重申，照目前这样的办法只会徒增无益的牺牲，是毫无价值的。但是，这个电话也无法改变什么。当天，古德里安飞回奥廖尔，不得不根据希特勒的命令做新的部署，并且无奈地向下属解释停止后退、坚守原定作战部署的原因，以求得到下属的理解。

事态在继续恶化，古德里安的第 10 摩托化步兵师丧失了切尔尼，而且有一部分被围困在切尔尼。古德里安将这一情况报告集团军总部，遭到了克鲁格元帅的粗暴指责，认为这是古德里安偷偷下令撤出切尔尼才导致的结果，并说这个行动至少在 24 小时前就开始了。这一诬蔑使本来就一肚子怨气的古德里安非常愤怒，他激烈地否认了克鲁格的指控。到 12 月 25 日，被围的德军突围而出，并带回了几百个俘虏。古德里安命令部队向苏夏河 – 奥卡河一线撤退。

后来，古德里安与克鲁格再次因为撤退一事发生争吵。克鲁格指责古德里安谎报军情，并威胁说要把他的情况报告希特勒。很显然，克鲁格知道古德里安失去了希特勒的欢心，想借此机会再打击他一下。古德里安实在难以忍受这种夹板气，他立即打电话通知集团军参谋长：“既然这样，我无法工作，我不想再干了，请求解除我的职务。”

12 月 26 日上午，古德里安接到了希特勒调他回陆军统帅部，另有任用的通知。第 2 装甲军团司令由第 2 集团军司令施密特将军接任。其实，古德里安说的只是气话，他并不想离开部队，尤其在这个关键时刻，他不能成为替罪羊，他还想抗争，但是他彻底失势了。这个把军旅生涯视为自己生命的将军，不禁黯然神伤，心情久久无法平静。他离不开与他共同创造了辉煌的官兵，想当初第 2 装甲军团如同一股势不可当的狂风，横扫苏联战场，如果不是希特勒不听他的苦心劝说，延误了进攻莫斯科的时间，战争可能不会是现在的局面，他的部队也不会沦落到今天这样悲惨的境地。在这个关键时刻将他解职，这不是把上级指挥失误的责任硬赖到他身上吗？想到这里，他内心更加愤愤不平，但又无处申述。

第二天，伤心欲绝的古德里安离开前线，经过明斯克、华沙、波森，回到了阔别已久的家。

其实，古德里安和希特勒之所以产生分歧，主要是因为双方所处的位置不同，得出的结论也不一样。作为前线指挥官，古德里安更多的是考虑战术，而且他身在前线，对于士兵们的艰难处境深有体会，因此希望将部队撤到一条比较牢固的防线后面，这样既有利于防守，补给也比较方便。而希特勒是德军最高统帅，考虑问题自然是从更高的层面出发，他深知一旦撤退，前线很快便会土崩瓦解。而且冰天雪地，部队只能通过空旷的原野撤退，必将遭遇与拿破仑大军同样的命运。实际上，后方也没有可供撤退的阵地，更没有守得住的防线。可以说，正是希特勒的决心，使得德军在这个冬天免于崩溃。当然，德军的伤亡也是惨重的，而且攻占莫斯科、列宁格勒和高加索油田的战略目标全都没有实现。

第十章　临危受命

大权在握的装甲兵总监

尽管古德里安一直盼望与家人团聚，但这次被免职归来，他并不快乐。1942 年 1 月初，他请求希特勒举行军法会审，审理自己被免职的原因，并与克鲁格对质。然而他的请求被驳回了。希特勒的副官长施蒙特到前线调查后，也认为古德里安是冤枉的，但他对于古德里安的现状也无可奈何。

其实在这段时间，并不只是古德里安一人被免职，还有很多陆军高级将领先后被无端免职。比如陆军元帅龙德施泰特、博克，陆军上将施韦彭堡、弗斯特、霍普纳等，这些功成名就的老将都被希特勒闲置了。勒布元帅和屈布勒将军也因抗争无效而愤然辞职。汉斯·冯·斯波纳克将军更为不幸，他在一年前因为指挥空降部队成功在海牙登陆而荣获铁十字骑士勋章，现在却因为苏军在克里米亚登陆时，他撤出了一个师，结果被判处死刑。

在柏林无所事事的古德里安，竟然受到了希特勒的全面监视。最初几个月，古德里安确实过着实实在在的赋闲生活，很少离家。他深知自己目前的处境，只有老实待着才是上策。因此，他闭门谢客，只是偶尔被动地见一下亲朋好友。

令古德里安感到意外的是，近卫师师长迪特里希特地从总理官邸打电话来表示慰问，并郑重地说，他是故意这样做的，是为了表明虽然“上级”亏待了古德里安，而他却要表示出自己的不同态度。

刚开始时，古德里安还有那么一股要为自己鸣不平的勇气支撑着他的精神世界，但时间一长，他的心情渐渐变坏了，经常为一些不相干的事而大发雷霆。这就使他的生活也跟着失去了规律，本来就很严重的心脏病再次恶化了。1942 年 3 月底，他不得不到巴登维勒尔去进行 4 个星期的疗养。

由于远离柏林的是是非非，不必再考虑战局、时局，古德里安在宜人的田园美景中享受着温泉疗养，身体渐渐得到了恢复。这段时间可以说是古德里安生活中最快乐的时光。

4 月 26 日，希特勒通过国会宣布了一条法律，使得他对所有人都有了生杀予夺的绝对权力，同时废止与此相抵触的所有法律。这使他成为德国历史上前所未有的独裁者。

美好的时光总是短暂的，古德里安刚回到柏林不久，他的妻子突然患了恶性败血病，卧床几个月。心灰意冷的古德里安，现在很不愿意接触过去的事情，加上不速之客的不断到访，他感到十分厌烦，打算举家搬到德国南部，逃避首都的政治空气。

这时事情又起了变化。一般来说，高级军官离开驻地必须报备，9 月底，当古德里安向国内驻军总司令弗洛姆将军提出要迁居时，弗洛姆要求与他面谈。原来，几天前，健康状况不佳的隆美尔从非洲发来电报，建议希特勒让古德里安代替他的职务，但被希特勒否决了。不过，这件事使弗洛姆感到古德里安还有机会再次被起用，于是就想劝古德里安考虑一下。然而，古德里安不想再次卷入这个旋涡，坚决拒绝了此事，随后便带着夫人前往德国南部考察安居地点。

之后，弗洛姆再次约见了古德里安。此前弗洛姆和施蒙特谈起过古德里安的复出问题，从中得知古德里安被召出山已经没有任何问题，而且希特勒还问起古德里安购置产业的事情，准备由国家赠予获得过铁十字骑士勋章橡树叶子的人一些地产，他还让弗洛姆转告古德里安可以到故乡去购置他的产业。听了弗洛姆的转述，古德里安心里五味杂陈，希特勒这前后反差巨大的态度使他的心脏不堪重负。

1942 年秋，古德里安的心脏病再次复发，11 月底的时候，他还突然昏死过去好几天。也许是他福大命大，经过柏林名医多马拉斯教授的治疗，他慢慢复原了。到第二年 2 月底，古德里安完全康复了，开始到西普鲁士寻找安居之所。

在 1941 年冬季的混乱中，希特勒赶走了许多经验丰富、受过严格训练的将军，但他那违反常理的命令，居然使德军奇迹般地坚持了下来。德军在西撤 100 余公里后停下来，熬过了严冬，顶住了苏军的反攻，坚守住了诺夫哥罗德、维亚济马、布良斯克、奥廖尔、库尔斯克、哈尔科夫等战略要点。从 1942 年 6 月 28 日到 8 月底，德军还有了余力对苏军发动新的攻势。这次希特勒的作战目的，还是以经济为主，想要夺取里海的油田、切断伏尔加河的水运、摧毁斯大林格勒这个工业中心。

6 月 28 日，在库尔斯克到罗斯托夫的广阔战线上，德军发起了规模巨大的夏季攻势。这一带是辽阔无际的草原，德军坦克一路畅行无阻，进展神速。此时苏军的预备队还在莫斯科附近，在这个地区兵力很少，因此，德军得以冲过顿涅茨盆地，涌入顿河的河曲地区。不到一周时间，保卢斯的第 6 集团军已经前进到沃罗涅日的顿河河岸。

这时，希特勒决定兵分两路：保卢斯的第 6 集团军负责攻打斯大林格勒，第 4 装甲军团则攻打高加索油田。陆军总参谋长哈尔德提出要集中力量进行攻击，结果遭到希特勒的指责，认为他“只有专业能力而没有激情”，还把他给撤掉了，并让库尔特·蔡茨勒[①]继任陆军总参谋长。

很快，保卢斯率第 6 集团军向斯大林格勒进发。斯大林格勒原名察里津，位于伏尔加河下游西岸，距顿河大弯曲部以东约 60 公里。伏尔加河与顿河成“儿”字形，左边是顿河，向西南注入亚速海；右边是伏尔加河，向东南注入里海。斯大林格勒既是苏联南部的政治、经济、文化中心、水陆交通的中转站，也是来自高加索的石油转运站和重要的

---

① 库尔特·蔡茨勒（1895—1963）：德国陆军参谋长，二级上将，参加过“一战”，因作战勇敢提前晋升为军官，战后在国防军供职，是出色的参谋和机动作战专家。1943 年德军在库尔斯克的失败和 1944 年德军在克里米亚的崩溃，迫使他考虑辞职，7 月 1 日被希特勒解职，1945 年 1 月被迫退役。“二战”结束时被英军俘虏，1947 年 2 月获释。

军事工业基地，具有十分重要的战略意义。斯大林下令死守这个城市。

如果德军占领斯大林格勒，苏联就会失去石油、粮食和重要的工业基础，而这些也是德国迫切需要的资源。发起进攻前，希特勒对保卢斯说："如果无法得到迈科普和格罗兹尼的石油，我必须结束这场战争。"

刚开始，保卢斯第 6 集团军的进攻还算顺利，但随着战线的拉长，为了保护侧翼，进攻的兵力大大减少。而苏军的防守越接近斯大林格勒就越密集，抵抗也越顽强。

8 月上旬，希特勒改变主意，命令进攻高加索油田的第 4 装甲军团北上，支援第 6 集团军。这时，第 4 装甲军团距苏联最大的产油区仅 80 公里，但迫于希特勒的命令而不得不掉头向东北前进。8 月 23 日，第 6 集团军和第 4 装甲军团终于完成了对斯大林格勒的半月形包围，但始终无法突破苏军的防线。

到 9 月底，苏军固守的阵地只剩下伏尔加河两岸 25 公里长的地段。为了解救斯大林格勒，苏军开始调集部队，准备从外围发动反击。

当时德军的侧翼主要由盟国意大利、匈牙利、罗马尼亚的部队负责掩护，另外还有一些战斗力较弱的后备师。8 月，陆军参谋部曾提醒希特勒，想要守住顿河一线的侧翼是不可能的，但希特勒一心想要攻占斯大林格勒，因而没有听取意见。

严冬将至，由于预备队已经用光，侧翼又毫无战斗力，德军的士气日益低落。这也意味着苏军反击的时机已经到来。

11 月 19 日拂晓，在斯大林格勒的北面，苏军的 2 000 门大炮齐发，开始了大规模的反攻。

在斯大林格勒遭到进攻的两个多月里，苏军最高统帅部组建了一支由 6 个集团军组成的预备队。当他们越过阴沉的卡尔梅克草原猛扑过来时，罗马尼亚军团一触即溃，位于顿河河曲地区的德军北翼彻底崩溃。保卢斯被突如其来的进攻打得晕头转向，连德军最高统帅部也无法判明苏军攻势的规模和方向。实际情况是，苏军的一路从顿河中游南下迂回包抄斯大林格勒，另一路从斯大林格勒以南的盐湖地区北进，形成一个钳形攻势。

苏军向德军反攻。1942 年 7 月—1943 年 2 月的斯大林格勒战役是欧洲战场的转折点

11 月 23 日晚，苏军的两支先头部队在斯大林格勒正西、保卢斯第 6 集团军背后约 30 公里处顺利会师，包围了斯大林格勒的 25 万德军。保卢斯的第 6 集团军被围困在一个狭小的地带，前面是伏尔加河，后面则是顿河。12 月 11 日，希特勒命陆军元帅曼斯坦因亲自率领第 4 装甲军团，带着运载了 3 000 吨补给物资的庞大卡车队伍前去营救。但他们在距斯大林格勒 50 公里处遭到苏军的拦截，侧翼也受到了威胁，曼斯坦因生怕自己也陷进去，于是赶紧掉头返回。

12 月 16 日，苏军向西迂回的部队用炮火轰跑了意军，通过冰封的河面渡过了顿河。在接下来的一周时间里，苏军肃清了顿河和顿涅茨河之间的走廊地带。

1943 年 1 月 8 日，苏军派人进入包围圈内劝说德军投降，宣称只要德军放下武器，将保证他们的人身安全，并在战争结束后送他们回国。保卢斯向希特勒报告了此事，并且说他们已经弹尽粮绝，药品也用完了，面对 -30℃ 的严寒，为减少伤员的痛苦，只好置伤员于雪地中冻死，希望准予投降。但是，希特勒答复说：不许投降，要战至最后一兵一卒、一枪一弹。

1月10日早晨，苏军5 000门大炮齐发，发起了斯大林格勒战役的最后攻势。为了让士兵们拼死一战，德军将领开始散布苏联人不留活口的谣言。

1月22日，苏军占领了古门拉克机场，彻底中断了保卢斯第6集团军的空运补给。由于相信苏联人会处死投降者，德军在食物和弹药都极其匮乏的情况下顽强抵抗着，城里爆发了激烈的巷战。期间，保卢斯向希特勒报告说：“部队已无法支持，继续抵抗已毫无意义，请准许我们投降。”然而，希特勒的答复仍然是，不许投降，要战至最后一人。

1月30日，希特勒授予保卢斯德国陆军元帅节杖，希望保卢斯能够战斗到底或自杀殉国。他对约德尔说：“在德国历史上，从来没有发生过元帅被生俘的事情。”但是，希特勒显然要失望了。1月31日，尽管保卢斯曾向陆军总部表示，将“为了元首和祖国，坚守自己的岗位，打到最后一兵一卒、一枪一弹”，但是当苏军攻入他的司令部时，他选择了投降。

就在斯大林格勒战役进行期间，英国将领蒙哥马利①也在北非以绝对优势的兵力战胜了德军的非洲军团，取得了阿拉曼大捷。1942年11月8日，艾森豪威尔②率美、英联军在北非登陆。盟军在上述战场取得的胜利以及斯大林格勒战役的胜利，成为第二次世界大战的伟大转折，同盟国开始掌握战争的主动权。

斯大林格勒战役，使习惯了胜利的德国人民无比震惊。英国历史学家埃里克·霍布斯鲍姆总结道：“斯大林格勒战役结束后，所有人都意

① 蒙哥马利（1887—1976）：英国陆军元帅、军事家。“二战”时盟军最杰出的将领之一，以成功掩护敦刻尔克大撤退而闻名于世。他所指挥的阿拉曼战役、西西里登陆、诺曼底登陆，是其军事生涯的三大杰作。

② 艾森豪威尔（1890—1969）：美国第34任总统，“二战”时任盟国欧洲远征军最高司令，陆军五星上将。参与指挥了北非登陆战役、突尼斯战役、西西里岛登陆战役、意大利南部战役、诺曼底登陆战役，具有卓越的组织领导能力，精于计划，善于协同，指挥果断，处事有方，为反法西斯战争的最后胜利做出了重要贡献。

1943 年 2 月 1 日，德国陆军元帅保卢斯在苏联斯大林格勒战役中投降

识到，德国战败只是时间问题了。”

以上战况，古德里安是通过报纸和广播才知道的，当然也有一两位朋友将更为详细的作战情况告诉了他。这些残缺不全的信息使他看到了局势的危险性，知道幸运之神已经不再眷顾德国了。

1943 年 2 月 17 日，古德里安坐在壁炉前沉思，打算整理一下前几天找出的一些装甲车运用方面的论文，门厅的电话突然响了起来。他看着仆人向电话机走去，想不出有谁会在上午的工作时间给他打电话。一年多来，他家里的电话少得可怜。仆人接过电话答应了一声，便急匆匆地走过来说：“先生，是陆军人事处的电话。”古德里安接过电话，原

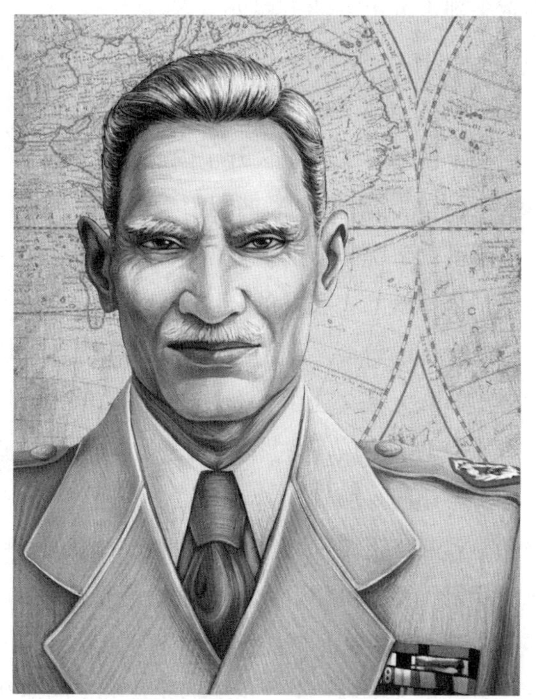

蒙哥马利画像

来是陆军人事处副处长林纳尔兹将军打来的，但对方在电话里什么也没有说，只是通知他于2月19日到文尼察晋见希特勒。

“元首为什么会在这个时候召见我呢?”古德里安对此一片茫然。一周前，他刚刚拜访了陆军人事处处长小凯特尔将军，从小凯特尔将军的口气判断，希特勒对他成见极深，即使不再追究他的责任，他也不会有复职的希望。但是现在，陆军人事处明确地要求他马上向元首本人报到，显然是有很重要的事情。

在贝克中尉的陪同下，古德里安坐火车来到东普鲁士的拉斯滕堡，然后再改乘飞机前往“狼穴”。换乘期间，心神不定的古德里安见到了小凯特尔的副官魏斯少校，便向对方打探希特勒突然召见自己的内幕，但魏斯少校也毫不知情。这次召见古德里安，除了核心的几个人之外，其他人都不知道希特勒的想法。到达文尼察的第二天下午，希特勒的副官长施蒙特将军来到古德里安的下榻处。

“将军，我的老朋友，见到您非常高兴！”施蒙特一向对古德里安非常友善。古德里安见到他后也很高兴，急切地表明了自己的困惑与不解。经过一番长谈，古德里安终于拨开了内心的迷雾。

“我的专家，元首对您有着极高的期望。现在出于一些客观的原因，苏军在战场上逐渐占据了优势，而他们的优势与我军装甲部队建设存在的一些不利因素是分不开的，我军的装甲部队丧失了本应占有的诸多优势，已经到了必须改革的阶段。因为这件事，参谋本部和军需部发生了严重的争执，装甲部队无法接受由一个外行人来领导他们，坚决要求让一个真正的内行来管理他们。经过全盘考虑，元首认为您可以担此重任，所以召您来，希望听一听您对这个任命的意见。”

古德里安大喜过望，他终于走出了被冷落的境遇，哪有不就任之理，因而马上表示：“国家和装甲部队的需要就是命令，我完全服从元首的任命。”不过，作为一个善于捕捉战机的军人，他不会放过眼下的有利时机为自己争取更大的权力：“我深感元首赋予的使命的责任重大，为了圆满完成任务，我想在我就任之前应明确几件事，具备一定的条件后，我出任这个职务才能真正发挥作用。首先，因为我久病初愈，实在没有精力与人发生争执，所以我应直接受元首指挥，而不受总参谋长和训练部总司令管辖。其次，在兵器装备方面，兵工署和军需生产部应当尊重我的意见，否则装甲部队的战斗效率仍然无法得到提高。最后，我对党卫军和空军所属的装甲部队，在组织和训练方面也应具有同样的监督权。”

经过一年多的沉寂，时年 55 岁的古德里安看开了许多，他直截了当地说：“烦请将军将我的要求转达元首。我所提出的要求都是工作所必需的，除非元首能同意我的要求，否则就不必面谈了。如果元首不同意我的要求，我也不强求，就让我重新回柏林吧。勉为其难的事情，做了也是没有任何意义的。”

施蒙特回去后，很快便通知古德里安，希特勒将在当天下午 3 时

15 分接见他。自 1941 年 12 月 20 日至今，古德里安一直没有见过希特勒。这次见面，古德里安发现，经过这 14 个月，希特勒明显苍老了许多，神态疲惫、语言迟钝，往日那意气风发的气势已不复存在，他的左手一直颤抖着，呈现出一种老态。希特勒首先打开了话匣子："对于 1941 年我们之间所产生的许多误会，我很抱歉。现在我需要你的帮助。"

希特勒的话，使古德里安满腹不平顿时抛到了九霄云外，他恭敬地回答道："只要环境许可，使我能真正做一点有益的事情，那么我愿意接受您的任命。"

希特勒表示要任命古德里安担任装甲兵总监，并同意了施蒙特转达的要求。他要求古德里安拟订一个基本设想，再交由他批准即可。希特勒还说，他已经仔细读了古德里安在战前所写的文章，发现其中关于装甲部队未来发展的许多观点，都在实际中得到了很好的验证。古德里安完全没有料到希特勒会这样当面赞赏自己，他决心好好利用这个机会实现自己的理想。

谈话结束后，古德里安马上去见陆军总参谋长蔡茨勒将军，以了解自己工作的基本情况。晚上，他又和一些老朋友聊了一下，以便了解当前的战争状况及自己的工作重点。

2 月 21 日，古德里安与约德尔、蔡茨勒、施蒙特、恩格尔（希特勒的副官）经过一整天的协商，终于确定了自己的基本工作思路和装甲兵总监职权大纲的草案。2 月 23 日，古德里安又飞到拉斯滕堡，与凯特尔元帅、训练部总司令弗洛姆进行讨论，最后形成文件上报希特勒。在希特勒签字批准后，古德里安正式开始了他的新工作。

这次古德里安的职务非同一般，因为他具有相当大的权力，是其他兵种总监望尘莫及的——自主权，可以不受参谋本部的控制。不过，这也引起了参谋本部，尤其是总参谋长蔡茨勒的不满，因为这等于削弱了他的权力，因而双方后来矛盾不断，一直到战后，还有人就此问题中伤古德里安。但古德里安的做法对德国装甲部队的发展起到了很大的帮助作用。

工作的顺利进行，离不开一个高效、称心的参谋班子。在任命正式下达之前，古德里安飞回柏林把自己的办公室设在战前当机动兵总监时的旧址，同时网罗了许多人才。参谋长是装甲部队的老兵托马勒上校，古德里安对他的品行、禀性和能力等都比较了解；管组织的参谋是费尔中校，刚从前方调回；管人事的参谋军官是考夫曼少校，不久由富尔华兹少校接替，他们两人都是古德里安的老部下。另外，古德里安还选了一个副官马克斯中校。

古德里安深知，做机关工作需要有良好的人事关系，为此他在柏林拜访了许多部门的主管人员，不管地位高低，他都一视同仁。他从战前就有深交的老朋友、空军元帅米尔希那里知道了很多军界内幕以及需要重点关注的要人。当他在前线为纳粹卖命的时候，根本不知道纳粹的宣传部部长戈培尔、党卫军和秘密警察头子希姆莱及军需生产部部长阿尔贝特·施佩尔①这些希特勒的心腹，对于战争决策有着举足轻重的影响。他既不是纳粹党徒，也无心政治，他只关心德国的军事行动、战争的需要以及自己装甲兵总监的工作。但是现在，面对德军上层的混乱局面，为了顺利开展工作，他不能不与这几位纳粹要人周旋，以争取他们的支持。拜访了这些纳粹要人后，他全身心地投入重建德国装甲部队的工作中。

与苏联开战后，德军发现苏联的 T－34 坦克性能优越，于是想要研发新型坦克与之对抗。前线军官都主张直接复制 T－34 坦克，这样做最简单也最有效。但设计专家们不同意，这一方面是出于专业人士的自尊心，另一方面也是因为工业材料方面的困难。最后，他们决定设计两种新型坦克，分别是 60 吨重的虎式坦克和 35～40 吨重的豹式坦克。

莫斯科战役结束后，热心于改进和发展兵器的希特勒下令为虎式坦

---

① 阿尔贝特·施佩尔（1905—1981）：德国建筑工程师，德意志第三帝国军备和战时生产部部长，希特勒的私人建筑师和亲信。在希特勒的大力支持下，他主持整个战争经济工作，推行新的军事生产体制，动员工业界人士，挖掘经济潜力，大量使用战俘和强制的外国劳工以弥补劳动力不足，迅速提高军备生产，对纳粹德国后期的战争起了重大作用，被称为德国经济的“施佩尔时代”。1946 年在纽伦堡国际军事法庭以战争罪和违反人道罪被判处 20 年徒刑。

克的88毫米火炮和豹式坦克的75毫米火炮研制专用炮弹。同时，他决定改进Ⅳ型坦克，换装24倍径深的75毫米火炮，坦克的垂直面也换上100毫米装甲。但是希特勒的主意变化太快，有时让手下无所适从。为了结束混乱的局面，装甲兵的军官和希特勒的亲信才促请希特勒任命古德里安为装甲兵总监。

雷厉风行的古德里安在初步了解德国目前的坦克生产情况后，很快便为1943年的装甲师和装甲步兵师拟订了一个新的建设方案。他希望通过这个方案，尽量节省人力和装备，采用新的武器装备和战术增强部队的战斗力。为了达到这个目的，在3月9日开会前，古德里安专门拟定了一个会议备忘录，争取与各军兵种达成共识。

会议备忘录指出以下几点：

第一，德军军工部门在1943年的工作是要装备一部分装甲师，使其具有较强的战斗力，以保证能够担负对有限目标的进攻行动。古德里安在备忘录中毫不客气地说，为了达到这一目的，不能顾及任何方面的特殊利益，而要集中精力重建装甲师。

第二，德军应继续增加马克Ⅳ型坦克的生产，并用轻型自行火炮暂时代替部分坦克战车的使用。现在德军主要的坦克还是马克Ⅳ型，而就目前的需要而言，新型坦克现有的生产量只能保证每月装备一个坦克营。在1943年，也只能成立一部分坦克营，装备有限的虎、豹两型坦克。为了迅速补充装甲师的战斗力，备忘录建议使用现在已经有相当数量的轻型自行火炮装备装甲师，并主张一个月至少应使一个坦克营装备轻型自行火炮，并编入现有的各装甲师。在坦克的产量能够满足装甲师的需要之前，将一直采取这个措施。

第三，为了配合德军1944年的作战需要，建议采取新的编制：将每个装甲师的坦克团扩编为坦克旅，每个旅下辖4个坦克团，扩编所需要的坦克，由改进型坦克、豹式坦克、虎式坦克以及轻型自行火炮来补足。他还提出应该通过延长坦克的使用寿命来增加坦克的数量。为此，新型坦克如豹式坦克等应进行充分的试验，使其尽善尽美，然后再投入使用；对坦克驾驶员应进行严格训练，给训练单位提供足够的训练装备；训练应有充足的时间，未完成训练的部队不要轻易调用；在战场作战时，应利用适当的地形条件，在具有决定性的地点集中大量的装甲兵力，突然使用，以求在数量和装备两个方面产生奇袭效果。

第四，次要战场不应补充新型坦克。目前装甲师担负纯粹防御任务是一种浪费。当务之急是把在前线固守的装甲师撤到后方进行整编。

根据上述原因，第四点阐明，坦克的防御任务应逐步由自行火炮部分来承担。在主战场上，每一个师都要补充相当数量的自行火炮，在次要战场上应由较高级单位控制一部分自行火炮作为预备队，一般的师暂时还是使用自动推进的反坦克炮。为了节省人力物力，自行火炮营和反坦克营应该予以合并。新型重自行火炮将来最好也只使用在主战场上，以担负反坦克的特种作战任务。

除了上述内容，古德里安还对装甲侦察营、自行火炮生产的管理权限，以及进一步研究制造 75 毫米 L70 轻型自行火炮等问题，提出了自己的见解。

也许是因为希特勒的重视，所有关心古德里安这个计划的人都来了，除了希特勒本人，还有最高统帅部的全体人员、陆军参谋本部的高级人员、步兵总监和炮兵总监，以及希特勒的副官长施蒙特。

古德里安看到这个架势，心里暗暗叫苦，他知道有些人是来给自己出难题的，目的是让他领教一下德军上层机构的复杂，使他的方案无法顺利地得以通过。在会议上，大家对古德里安提出的观点进行了热烈的讨论。其中，争议最大的是古德里安主张把自行火炮也交由装甲兵总监控制，并使现有各步兵师反坦克单位换用新式的自行火炮。经过商讨，除了装甲兵总监可以控制全部自行火炮单位这一条外，与会人员在其他方面基本取得了一致。而对于自行火炮一事，除了军工部部长施佩尔以外，没有一个人支持古德里安。就连一向赞同古德里安的施蒙特也表示反对。施蒙特甚至直截了当地说，目前只有自行火炮这种兵器才能使炮兵获得十字勋章，从炮兵手中夺走自行火炮的控制权，他们肯定不会同意。

希特勒也同情地看着古德里安，无可奈何地说：“既然大家都反对你的提议，我也无法批准这一条建议。”

几个小时的会议让古德里安精疲力竭，会议结束后，他竟然昏倒在会场的地上。幸好当时与会人员都离开了，只剩下他的几个助手在场。

在这次会议中，古德里安主张把装甲师的残部从前线抽回加以整编，以便最高统帅部拥有一支机动的总预备队的建议，没有得到实现。而他关于统一指挥党卫军和空军的装甲部队的提议，更是不了了之。

组建装甲部队

尽管有着重重阻挠，但古德里安没顾得上休息，第二天便赶回柏林，紧张地往返于国内的坦克工厂和东、西两条战线之间，以了解德国坦克生产情况及新坦克的实战性能。在他的努力下，到 1943 年 3 月底，德国装甲步兵师新的组织形式终于确定下来了。

古德里安回到柏林后，他的老朋友拉本劳将军突然上门拜访，还带来了莱比锡市原市长卡尔・戈台勒。当时，德国国内有一些人见希特勒将把德国引向覆亡的道路，于是密谋推翻希特勒。这个组织的主要成员包括前总参谋长贝克将军、戈台勒、哈尔德，前北方集团军群总司令埃尔温・冯・维茨勒本[①]元帅、克鲁格的参谋长海宁・冯・特莱斯科夫[②]等人，他们策划过一些暗杀行动，但都没有成功。有一次，特莱斯科夫还将一个炸弹放进了希特勒的专机，可惜炸弹没有爆炸。

为了得到军队的帮助，他们游说过克鲁格、曼施坦因以及已经投降的保卢斯，但都遭到了拒绝。很显然，他们不可能从前线的高级指挥官那里得到任何实质帮助，唯一能够依靠的军事力量就是国内驻防军，能

① 埃尔温・冯・维茨勒本（1881—1944）：纳粹德国陆军元帅，“二战”期间历任第 2 集团军总司令、第 1 集团军总司令、D 集团军总司令。1941 年又被任命为西线总司令。一年后因病被免职而列为预备指挥人员。他是密谋刺杀希特勒的组织者和领导者之一。事发后被捕，在普勒村湖监狱被处以绞刑。

② 海宁・冯・特莱斯科夫（1901—1944）：纳粹德国陆军少将，曾任中央集团军群参谋长等职，因多次策划刺杀希特勒而闻名。事发后在东线战场波兰的比亚韦斯托克附近自杀身亡。

拉拢的军人也只有非前线的将领。

古德里安虽然曾被认为是亲纳粹的将领，但相对来说，他还算是一个纯粹的技术型军官，而且被希特勒免职赋闲了很久。因此，戈台勒内心对古德里安还是有一丝期待的。他对古德里安说，希特勒已经无法胜任德国总理兼三军统帅，最好设法停止他的职权，重新组建政府，并详细说明了改组政府的方案。但古德里安并不相信戈台勒的能力，于是很直接地问谁是这个运动的领导人。得知是贝克将军后，古德里安的心顿时凉了半截。他和贝克在战争开始前就产生了矛盾，他个人认为贝克为人多疑，做事畏首畏尾，无法当机立断。如果要发动政变，贝克实在不是一个合格的领袖。

因此，古德里安拒绝了戈台勒的邀请，但表示可以替他征求其他高级将领的意见。4 月他们再次见面时，古德里安告诉戈台勒，没有任何一个将领支持这个计划，劝戈台勒放弃。此后，他们再也没有联系过。

3 月 29 日，古德里安来到曼施坦因位于扎波罗热的南方集团军群司令部。曼施坦因最近巧妙地运用装甲部队，重新夺回了哈尔科夫城，取得了重大的胜利。

古德里安飞到这里来，是想要更多地了解新型虎式坦克营的作战成绩，以总结作战经验，在整个德军虎式装甲部队进行推广。这次考察使他“收获”不小，一方面他不慎染上痢疾，并留下了病根；另一方面，他更进一步地了解了希特勒。

当时，在曼施坦因的总司令部，古德里安遇见了自己的老朋友霍特。通过与霍特交谈，从希特勒对待曼施坦因的态度，古德里安再一次认识到了希特勒的狭隘心胸，像曼施坦因这样优秀的人才也无法得到重用，相反，善于逢迎的凯特尔，只因把希特勒伺候得舒服满意，就成了最高统帅部的参谋长。

古德里安这才知道，为什么每次他建议让曼施坦因出任某个职位时，希特勒总是说：“曼施坦因可能是参谋本部中最优秀的人才，只可惜他的能力局限于在有利的形势下调兵遣将，而不能在困境中运用残兵败将进行作战。所以，现在我不能让曼施坦因担任这个职务。”其实，这不过是托词罢了。

这段时间，古德里安还拜访了党卫军和空军的主官，以协调各军种之间的关系。考虑到轴心国在非洲的战局已无可挽回，古德里安曾向希特勒的副官长施蒙特指出，德军在非洲的战事已毫无希望，请求施蒙特帮助他把那些优秀的坦克作战人员抢救回来，尤其是那些拥有丰富经验的指挥人员和技术人员，他们是德军最大的财富。施蒙特也答应转告希特勒，但希特勒的漠然让这件事毫无进展。古德里安只能眼睁睁地看着飞机空返意大利，而他所珍视的人员依然留在非洲的荒原里。不仅如此，德军还如同飞蛾扑火般陆续派出部队前往非洲，其中包括最新成立的虎式坦克营，都留在了西西里岛，没有能够撤回德国。

从前线回来不久，古德里安受到了希特勒的赏赐，并允许他到位于贝希特斯加登的希特勒别宫去观光。在这个警备森严的别墅里，古德里安大开眼界，知道了什么叫奢侈。别宫里的每两间房子之间都有一个连通的房门，里面的设施极为齐全。尤其是希特勒的巨型会议室相当豪华，通过会议室的大窗户可以居高临下地望见对面的优美风景。壁炉的周围有一块高起的平台，每天黄昏希特勒听取汇报后，都会和他的亲信及女秘书们在那里尽情欢乐。

5 月 2 日，古德里安匆忙赶到慕尼黑，参加最高统帅部召开的一个军事会议。德军的高层人物几乎都来了，包括最高统帅部和陆军总部的各主要首脑、南方集团军群司令曼施坦因、中央集团军群司令克鲁格、第 7 集团军司令莫德尔和军需生产部部长施佩尔等人。古德里安还紧急命令自己的参谋长托马勒将军从柏林赶来，带来了许多最新的资料。

这次会议的主要目的是讨论如何解决目前战场上的困境，以及 1943 年夏季是否在东线战场上用 2 个集团军发起一次攻势。会议上，陆军总参谋长蔡茨勒提出了一个代号为“堡垒”的作战计划，即通过双重包围，消灭在库尔斯克以西突出部的苏军。德军在斯大林格勒惨败后，虽然在东线南侧一再受挫，但蔡茨勒认为，如果使用新型的虎式、豹式坦克，完全可以取得决定性的胜利，从而在东线战场上赢得主动权。

对此，莫德尔将军提出了反对意见，他认为这个计划毫无意义，只会徒劳无功。根据他掌握的情报，特别空中侦察资料证明，苏军在德军准备进攻的地区已经准备了纵深配置的坚固的防御阵地，把大批机动部队撤出了这个突出部，同时在可能的突破口部署了强大的炮兵和反坦克部队。因此，莫德尔断然表示，苏军早已预料到了德军的攻势，如果一定要进攻，只能采用一种全新的战术。

对于蔡茨勒和莫德尔的观点，古德里安仅从专业角度出发，指出豹式坦克由于技术方面的原因，在进攻作战时未必能用得上。施佩尔处事比较客观，没有受希特勒的态度影响，公开支持了古德里安的观点。这次会议令希特勒犹豫不决，最终没有形成结论。

此时，经过古德里安的一番努力，德国军工企业的坦克生产已步入正轨，马克Ⅳ型坦克不但继续生产，而且坦克的月产量提高到了1 955辆。不管希特勒对自己抱持何种态度，也不管自己对希特勒有何意见，古德里安仍在尽一切努力为纳粹德国卖命。5 月 10 日，古德里安利用与希特勒商讨豹式坦克生产问题的机会，恳切地请求希特勒允许自己说几句话。

得到希特勒的同意后，古德里安动情地说："亲爱的元首，我恳请您一定要放弃东线战场的进攻计划。您已经看出这个计划执行中的困难，这个计划将得不偿失，严重影响我军在西线的防务。您到底为什么一定要在东线发动攻势呢?"

站在希特勒身边的凯特尔听了，不屑地说："我们由于政治上的原因，必须在东线发动攻势。"

军人出身的古德里安对政治还是缺乏敏感性，他不解地问道："你想想看，全德国乃至全世界到底有几个人知道库尔斯克是什么呢？我们是否攻占库尔斯克，对全世界来说只是一件无关紧要的事情，为什么一定要在今年发动攻势呢?"

这时，希特勒打断了他们之间的争执，转身对古德里安说："将军，你说的一点都不错。我一想到这个攻势，就不免要作呕。"他还向古德里安保证说："我没有决定要实行这个计划的想法。"谈话就此结束了。

当时在场的除了凯特尔，还有古德里安的参谋长托马勒、军需生产部部长施佩尔，所以古德里安相信了希特勒的保证，相信了这个撒谎成性的人的承诺。

但是，突尼斯于 1943 年 5 月 12 日被盟军攻陷，德军基本失去了整个非洲战场。德军北非装甲集团军退守西西里岛。盟军穷追不舍，制定了代号为“赫斯基”的行动计划，准备登陆西西里岛，继而攻占意大利本土。7 月 10 日，盟军在西西里岛成功登陆。

战争离德国本土越来越近了，面对每况愈下的南欧局势，希特勒为了挽救残局，开始了东线毫无希望的攻势行动。7 月 5 日，“堡垒”战役打响了。从别尔哥罗德地区起，德军在南面部署了 10 个装甲师、1 个装甲步兵师和 7 个步兵师；在奥廖尔以西地区，部署了 7 个装甲师、2 个装甲步兵师和 9 个步兵师，从北面发起进攻。

7 月 10 日至 15 日，古德里安亲自来到前线，查看装甲部队的战斗情况，了解新型装备的缺点。此时虎式坦克的设计缺陷充分暴露出来，这些坦克不能用于近战，因为它们既没有携带足够的弹药，车上也没有机枪，不能有效地破坏敌方阵地的火力配置，使德军遭受了毁灭性的打击。

双方战至 7 月 15 日，苏军开始集中优势兵力发起反攻，于 8 月初夺回了奥廖尔和别尔哥罗德 2 个战略重镇。德军被迫后撤到苏夏河－奥卡河一线。

“堡垒”战役的失利，使德军装甲部队损失惨重。刚刚改组的装甲师也受到重创，短时间内难以恢复元气。

7 月 22 日，盟军攻克了西西里首府巴勒莫。消息传到罗马后，墨索里尼下令动员 100 万人，强迫 14～70 岁的男子参军，14～60 岁的妇女为国家服役。这时，意大利国内反战情绪强烈，掀起了一场反对墨索里尼的运动。7 月 25 日，墨索里尼被推翻，由巴多格里奥元帅组建了新政府。在这种情况下，意大利退出轴心国，倒向同盟国是迟早的事情。

7 月底，古德里安因疲劳过度病倒了。虽然不是什么大病，但他的身体已经承受不住，不得不躺在病床上。

从 8 月开始，盟军开始轰炸柏林。柏林上空的防空警报整天响个不停，街道上的爆炸声此起彼伏。为了养好身体，古德里安和妻子在 9 月初搬到了奥地利的一家小旅馆里。刚到奥地利的第二天，他便收到了一个坏消息：他在柏林的家被炸毁了。紧接着又来了电报，政府决定将位于东普鲁士第芬霍夫的一处房产赠给古德里安。这让古德里安内心稍感欣慰。10 月，他带着妻子搬进了新居，随后便投入到工作中。

10 月 22 日，德国设在卡塞尔的坦克工厂遭到了盟军的猛烈轰炸，工厂损毁严重，生产不得不停止了。古德里安连忙赶往卡塞尔。工厂里的很多工人都无家可归，在空袭中有很多人伤亡。此情此景，使古德里安深感忧虑，不知将来会发生什么。然而，身为德国装甲兵总监，他只能强打起精神来安慰大家。他知道，普通民众是最为实际的，纳粹那套蛊惑人心的口号、标语在这里丝毫派不上用场。他设身处地向工人表达了自己的同情，尽力安抚他们，希望他们继续为纳粹的战争出力。

随着苏联国内形势的好转，苏联军工企业的生产力大大增强，前线的坦克数量与日俱增，这使本来就缺少反坦克兵器的德国步兵的伤亡大幅增加。希特勒为此大发雷霆，痛斥身边的统帅部、陆空军的高级将领，为什么把没有足够反坦克武器的步兵师送上前线。“简直愚蠢!”他一转身看见古德里安脸上奇怪的表情，立马住嘴了。他看了古德里安一两秒钟，想起了自己当初否决古德里安建议的情景，只得老实承认是自己的错误才导致今天的结果：“由此看来你的话是对的。你在 9 个月之前就已经向我说过这个问题，不幸的是我没有接受你的建议。”

面对惨痛的教训，希特勒终于意识到当初古德里安提出的以自行火炮接替坦克担任防御任务是多么必要，现在他真正重视起来了，古德里安因此有了权力去安排自行火炮的生产和分配。然而一切都太迟了，即使古德里安用尽浑身解数，到 1944 年冬苏军发动反攻时，东线德军也只有 1/3 的反坦克部队装备了自行火炮。

1943 年下半年，战争形势迅速逆转，盟军完全掌握了主动权，占据了绝对优势。10 月下旬，苏军在第聂伯罗彼得罗夫斯克与克列缅丘格之间渡过了第聂伯河；10 月底，德军在扎波罗热南侧的防线完全崩溃了，紧接着，苏军在 11 月上旬成功收复基辅。此时希特勒仍在进行最后的挣扎，决定在别尔季切夫发起反攻，其间他还把本土和西线一些尚未改组完毕的装甲师调到东线作战，结果不但没有达到预期目的，到年底的时候还以更彻底的失败而告终。

11 月 28 日至 12 月 1 日，苏联领导人斯大林、美国总统罗斯福和英国首相丘吉尔在德黑兰举行了一次国际会议，决定实施“霸王”计划，盟军将于 1944 年 5 月在法国西部的诺曼底登陆，在欧洲开辟第二战场。斯大林郑重表示，苏军将在同一时期发起强势进攻，以牵制德军在东线的兵力，减轻盟军的压力。

东线的危局使古德里安感受到了同盟国登陆一触即发的危险，于是想为德军留一点机动兵力，以备不虞。但希特勒一听到为了战略目标而后撤，不由得暴跳如雷，他绝不能容忍东线部队从前线后撤，组建什么机动预备队装甲师。古德里安迫不得已，只能为西线组建一些装甲预备兵力。对此希特勒倒是非常痛快，很快就批准了。他还给古德里安成立装甲训练师的文件加了一个按语：“这个想法非常好，可惜我事先没有想到。”

屡屡碰壁

古德里安把各学校里的训练部队编成一个师，配备了新装备，选用了一些特殊的优秀人员，并由他原来的作战处长拜尔莱因将军担任师长，在法国境内集中训练。他本来想把西线的装甲师也撤回来进行整编和补充，但直接指挥西线的最高统帅部对此并不积极，好不容易撤出来一点部队，往往又补给别的部队或是炮兵部队，坦克部队还是扣着不放。古德里安非常生气，屡次向希特勒提出抗议。到 6 月 6 日盟军开始登陆作战之际，古德里安总算勉强为西线整编了 10 个装甲师和装甲步兵师。

其实，古德里安就任装甲兵总监不久，就看出了加速德军陷入被动局面的原因——指挥系统不统一和最高指挥部门不得力。解决这个问题的唯一办法是改组最高统帅部。他曾多次向希特勒提出这个问题，但希特勒均不接受。

古德里安深知自己之所以能有今天的位置，也是希特勒万般无奈的选择。他找过纳粹宣传部部长戈培尔，又找了希特勒的另一个亲信希姆莱，让他们向希特勒进言，但都没有结果。最后，古德里安想到了希特勒的干将之一约德尔，尽管约德尔在斯大林格勒战役问题上坚持己见，曾惹得希特勒大怒，但仍深受希特勒的信任。古德里安向约德尔提出改组最高统帅部，建议参谋长应该拥有指挥实权，元首则主要掌握政权和战略大局。结果，约德尔直接给古德里安浇了一盆冷水，反问道："你还知道有比元首更好的最高统帅人才吗?"古德里安一听话不投机，只好收起所有想法匆匆告辞。

一连串的碰壁，使古德里安心灰意冷，也不想再提出什么建议了。不过，一个偶然的机会又使他动了试一试的念头，那天希特勒派人送来一张便条，请古德里安与他一起共进早餐。当时他们同坐在一张小圆桌旁，室内光线很暗，只有一个窗户有光线透进来，整个房间笼罩在阴沉的静谧之中。希特勒的爱犬伏在他的脚下，希特勒时不时地顺手扯一点面包喂它。一个仆人轻手轻脚地走来走去，悄无声息。古德里安知道这是一个难得的机会，但他也不敢放肆，在随便谈了一些杂事后才将话题引向军事方面。他说："元首，根据当前的战场态势和敌人的企图分析，盟军极有可能在西线登陆。一旦敌人登陆，我们现有的预备兵力是绝对不够的。为了对抗西线的登陆行动，只能从我军东线部队中抽调兵力。要想从东线抽出较多兵力而又不影响东线的形势，东线似乎有必要建立一条坚固的防线。我感到在我们前线的后方没有一条防线作为支撑，这实在令人想不通。如果建立一条防线，把过去德苏边界上的要塞修复投入使用，它们的作用一定比目前选定村镇作为据点的办法要好得多。"

希特勒听了，也滔滔不绝地开始了他的长篇大论："请你相信我，我是有史以来第一位伟大的要塞工程师。我建筑了西线长城，又建筑了大西洋长城[①]，我对曾经用过多少吨水泥一清二楚，我懂得一切有关要塞工程的问题。我们在东方前线的防线建设中，缺乏的是劳工、原材料和运输工具。东线的问题是，铁路能运输的物资无法满足前线的需要。我无法调出火车来装运建筑材料，供给东线战场建设。”

接着，希特勒列举了一大堆不知是真是假的统计数字，古德里安一时无言以对，但他深知希特勒的谈话特点，所以坚持不让自己的思路被希特勒引开，不管希特勒说什么，他仍然围着东线转：“既然在西线已经有了较为充分的准备，为什么在东线却毫无准备呢?”

希特勒见无法转移话题，只好老调重弹，说如果在后方修好了防线，那么东线的将领们就会一心想着撤退，而不想努力战斗。任凭古德里安讲出多少理由，他对于东线的态度就是不变，拒不后撤，使古德里安不得不屈从于他的意志。

接着，他们又谈到了前线将领和最高统帅部的组织指挥问题。古德里安费尽口舌，劝说希特勒任命一位他信得过的将领担任参谋长，统掌全军指挥事务，以解决目前存在的指挥系统杂乱无章的弊病。但希特勒不但不接受古德里安的意见，反而怀疑古德里安企图限制他的权力。

到了这个地步，古德里安彻底死心了，他感到自己实在太幼稚了，不但没有解决问题，反而给自己制造了难以解释的误会。

1944 年 1 月中旬，苏军集结 111 个步兵师、63 个装甲师，在东线发起猛烈反攻。1 月 21 日，苏军又在北面将德军逼过了卢加河，接着是纳尔瓦河。到 3 月，德军撤到韦利卡亚河和普斯科夫湖、佩普西湖的西面，才总算站稳脚跟。3 月 3 日至 5 日，苏军在南面发起大规模进攻，将德军赶到了布格河一线。4 月，德军在整个克里米亚半岛除了塞瓦斯托波尔以外，其他占领区全部被苏军夺回。

现在，德军已经没有任何预备兵力可以使用。凡是可以抽调出来的兵力，都被送到了西线，去防守所谓的“大西洋长城”。德军在西线准

---

① 大西洋长城：又称大西洋铁壁、大西洋防线，是“二战”期间纳粹德国在西线防御的军事设施。该防线自挪威沿海北部至法国和西班牙的边界，长达 2 700 公里，主要用来防止盟军登陆欧洲大陆。希特勒和宣传部部长戈培尔曾大力提倡，称之为“不倒防线”。

备了48个步兵师、10个装甲师和装甲步兵师，将这些部队编组为B集团军群，由隆美尔指挥，负责阻止盟军登陆。隆美尔对所有部队进行了调整部署，将38个师部署在海岸线上，10个师部署在后方，以应对可能发生的意外。他在海岸线前面布置了很多水底障碍物，并在防线后方盟军空降部队可能着陆的地区设置了许多障碍物和雷区。

1944年，德军在法国北部海滩重重布雷，设置障碍，防止盟军登陆。这些物体可以把登陆舰艇的底部戳穿

一般人都认为隆美尔的部署是正确的，但古德里安认为隆美尔忽略了对机动预备兵力的运用。为此，他和隆美尔还发生了争执，他说："由于我们在空中和海上都居于绝对的劣势，所以我们必须充分发挥唯一的陆上优势。只有大规模的陆上行动，才有可能获胜。为此，我建议充分发挥我军装甲部队的优势，集中全部装甲力量，将其分成两大部分，分别集中于巴黎的南面和北面，以便随时投向盟军的登陆地点，挫败敌人的登陆企图。"

隆美尔对此不置可否，认为在盟军占据强大的空中优势和海上优势的情况下，德军根本不可能进行运动战。他始终坚持按自己的想法进行作战准备。最后，他们两人由争论发展成争吵，隆美尔竟以自己在非洲和意大利指挥作战的经历，指责古德里安是没有见过世面的"乡巴佬”，全然忘了他在古德里安赋闲之际曾举荐其作为自己的继任者。

古德里安也曾努力通过龙德施泰特和希特勒来影响隆美尔，但都未能成功。相对来说，希特勒更相信隆美尔的判断。他们都以为坚不可摧的大西洋长城会令盟军感到棘手，实际上它只是个吓人的纸老虎。德军的战斗力已今不如昔，装备上的优势也没有了，而且盟军的空中优势还大大限制了德军的调动。与此同时，兵力的不足、机动所面临的困难，也使隆美尔的机动预备队极其有限，不足以应对盟军的大举登陆。

1944 年 6 月 5 日，盟军集中了 36 个师，总兵力 288 万人、近9 000 艘舰船（其中登陆运输舰艇 4 000 余艘）和 1. 37 万架飞机，准备在诺曼底登陆。当天凌晨 1 时 30 分左右，美国第 82、第 101 空降师和英国第 6 空降师共 1. 7 万人，作为先头部队，乘 1 200 架运输机分别在诺曼底的科唐坦半岛南端和奥恩河口附近空降着陆。

随后，在猛烈的海空炮火支援下，盟军分别从五个地点登上法国海岸。德军由于受到盟军假情报的欺骗，未能及时组织反击。经过一番激烈的战斗，盟军先后巩固了各处登陆场，并开始向纵深挺进。

几乎同一时间，在东线战场上，德军遭受了更大的惨败。6 月 22 日，苏军投入 146 个步兵师、43 个装甲师、约 5 200 辆坦克和自行火炮、6 000 架飞机，实施了“巴格拉季昂”计划，兵分六路，向德国中央集团军群发起总攻。苏军一路势如破竹，进展神速，打得德军节节败退，到 7 月 3 日就消灭了德军 25 个师，几乎全歼德国中央集团军群。

希特勒闻知噩耗顿时呆住了，半天没有说出一句话来。随后，他强打精神把他的大本营迁回东普鲁士，并将所有能够调集的兵力全部送上战场，以挽救危局。直到这时，希特勒依然不肯承认自己的错误，他把失败的原因归于部下失职，撤掉了中央集团军群司令布施，由莫德尔元帅继任。

随着苏军的节节胜利和盟军在西线的步步紧逼，德军内部对希特勒的不满更加强烈了。7 月 18 日下午，古德里安熟悉的一个空军将领来找他，直截了当地说，新任西线战场总司令克鲁格元帅准备瞒着希特勒，与西方国家缔结停战协定，现在正暗中与盟军接触。

古德里安闻言大吃一惊，心想，克鲁格在关键时刻采取这种做法，必然会使德军已经危险至极的东线及德国陷入更大的混乱之中。这个时候绝对不能做出影响德军东西两线作战态势的轻率举动，绝不能让苏联的共产主义“赤化”德国及其周边国家。多年的军国主义教育，使他根本没有料到德军将领会在领兵作战的前线与敌人接触，更不敢想象还要采取行动直接反抗国家元首。因此，他有些怀疑地问道：“这个消息可靠吗？你是从哪里得到这个消息的？”对方被古德里安这么一问，加上他那难以琢磨的表情，不禁有些犹豫，一时不知该如何回答。当古德里安追问计划中的行动是否会在最近发生时，对方也没有明确回答。

事后，古德里安琢磨了半天，始终想不出个所以然来，他以为自己应该还有充分的时间去考虑怎样应对这件事，并打算利用这段时间思考一下自己该何去何从。他在心神不宁中又度过了两天的时间。

7 月 20 日傍晚，古德里安感到心情有些压抑，于是独自到郊外散步。突然，一辆摩托车戛然停在他的身边，打断了他的沉思。传令兵一下车就急忙向他报告，最高统帅部打来了紧急电话，请他立即回去。古德里安回到驻军司令部后，才知道当天发生了一件震撼德军上层的大事——有人暗杀希特勒未遂！

古德里安心里一沉，原来真有此事！随后，他待在驻军司令部里等最高统帅部的电话。直到深夜，他才与参谋长托马勒将军联系上，知道了暗杀希特勒的事情经过和主谋人。接着，最高统帅部的电话也来了，要求古德里安第二天到最高统帅部报到，准备取代蔡茨勒担任陆军总参谋长。第二天早上，一架飞机把古德里安接到了东普鲁士的“狼穴”。

看来，这次暗杀的目的是想严重打击德国的政府机构。不过爆炸发生时，纳粹党的重要人物希姆莱、戈林、戈培尔、马丁·鲍曼[①]等人都不在场。在暗杀现场殒命的只是几个不太重要的人物：陆军总部的布兰

---

① 马丁·鲍曼（1900—1945 或 1959）：纳粹“二号战犯”，纳粹党秘书长、希特勒私人秘书，掌握着纳粹党的钱袋子，人称“元首的影子”。在希特勒政权垂死挣扎的最后日子里，他成了仅次于希特勒的第二号重要人物，纳粹党总部主任。“二战”结束后，他神秘失踪，但纽伦堡国际法庭仍然在 1946 年 10 月判处他死刑。

特上校、空军参谋长柯尔腾将军、希特勒的侍卫长施蒙特将军，以及一位名叫贝格的速记员。希特勒十分幸运，竟然躲过了爆炸，使这次事变以失败告终。不过，就算事变成功，结局如何也很难说。德军虽然遭到了失败，但受纳粹的蛊惑，还有相当一部分德国人拥护希特勒，认为希特勒是他们胜利的希望。在面临生死存亡的关键时刻，他们很难接受德国军人推翻他们的元首。

从爆炸中醒过神之后，希特勒对参与暗杀的相关人员进行了疯狂的报复，严厉惩罚了参与者和与之有牵连的人及其家属。其实，这些人中只有极少数才是真正的参与者，多数人只是知道有这么一回事罢了。在希特勒的追捕下，陆军前参谋长贝克上将和哈尔德上将、军需总监爱德华·瓦格纳、西线 B 集团军群司令隆美尔、国内驻防军总司令弗洛姆上将、维茨勒本陆军元帅、谍报局局长卡纳里斯①海军上将等人，不是自杀就是被绞杀或枪决。死刑的处置是最为残忍的，受刑者被抽掉腰带，用琴弦慢慢地、一点点地绞死，在挣扎中，不少死者都掉了裤子，赤身裸体地展现了临死前的痛苦。戈培尔还让人把行刑的场面拍成电影，在部队中广泛播放，以儆效尤。

希特勒认为这样做还不足以警吓胆敢跟他作对的人，于是又下了一道命令，将所有被告交给一个所谓的“人民法庭”审判，扩大对犯上者惩处的影响。这个法庭由希特勒一手控制，法庭执法的依据也根据希特勒的报复心理而定。在法庭上，与事件有牵连的人都被剥夺了应有的权利，只能乖乖认罪，不能质疑和抗诉。在被移交“人民法庭”审理前，这些参与事件的军人都被开除了军籍。

为了显示自己是遵照法律行事，希特勒还特意组织了一个“荣誉法庭”，庭长由龙德施泰特元帅担任，其他人员包括凯特尔、施罗特、克利贝尔、基希海姆和古德里安。古德里安不想背上骂名，于是以自己身

---

① 威廉·弗兰茨·卡纳里斯（1887—1945）：纳粹德国军事谍报局局长、海军上将，先后参加了对奥地利、捷克斯洛伐克、波兰、苏联入侵的活动。他的一生充满了神秘的传奇色彩，被称为“纳粹谍王”。谋杀希特勒事件发生后，希姆莱从搜查到的大量文件和日记中发现了他参与推翻希特勒密谋活动的证据，于是把他逮捕。1945 年 4 月 8 日晚，被处绞刑。

兼陆军总参谋长、装甲兵总监两项重要职务为由，推说公务繁忙，实在没有时间考虑和处理这类问题，希望希特勒免除他的这项差事，但没有得到批准。不过，他经常借故军务紧急无法分身，让基希海姆将军代表自己出庭。而他每次到场，看到的都是让他难以面对的受牵连者的亲属。

事变发生前，希特勒曾经想要任命瓦尔特·布勒将军为陆军总参谋长，可惜这位将军运气不佳，在爆炸中身受重伤。而眼下局势动荡不安，陆军总参谋长一职肯定不能空缺，希特勒只好决定暂时由古德里安代理。

古德里安与希特勒闹过多次别扭，知道自己并不是希特勒中意的人选，因为他从来无法对希特勒唯命是从，现在希特勒找上他，不过是无人可用时一个无奈的选择罢了。当然，由于德军在东线战场上已经危若累卵，古德里安还是很愿意坐到这个位置上的。他对自己在战场上的功绩及发展装甲部队方面的成绩还是颇为自负的，尽管嘴上不说，但内心还是很希望得到希特勒的认可。现在，希特勒让他代理陆军总参谋长，在某种程度上也证明他有着出类拔萃的才能和过人的胆略。

在陆军总部，古德里安见到了幸免于难的希特勒，这时希特勒的形象十分狼狈，一只耳朵还在流血，右臂严重烧伤，用绷带包裹着，几乎看不见手臂。接见古德里安的时候，他全然没有了往日的威风，表情平淡、态度安详，但即使如此，他仍然没有忘记在宣读古德里安的任命书后，指责了一番蔡茨勒的失职，并装腔作势地要求古德里安不得借故辞职。

谈及新的人事安排，古德里安打算换掉自己的宿敌、西线战场总司令克鲁格，并得到了希特勒的赞同。但凯特尔、约德尔和威廉姆斯·布格多夫（顶替施蒙特）都认为，克鲁格现在还有很大的利用价值，尽管这个阴谋和他也有干系，但现在还是不动他为好。古德里安见状，只好暂时放弃自己的想法。

第十一章　苟延残喘的最后岁月

无望的西线战事

希特勒受伤后，变得更加神经质，更为敏感了。他在古德里安就任陆军总参谋长后，居然也为古德里安的安全问题操起心来，煞有介事地对手下说，古德里安处在危险之中，要求秘密警察对古德里安严加保护。希特勒还劝说古德里安接受他的私人医师莫里尔的医治，请这位医生为古德里安的心脏注射药物。但古德里安接受自己医师的劝告，拒绝了莫里尔的麻醉性药物。

上任后，古德里安首先恢复了陆军总部的工作秩序，把已经迁到柏林附近措森的部分人员和军需总监部等重要机构，撤回东普鲁士，并重新安装了已被拆迁的通信网。随后，他又恢复了陆军总部的工作秩序，紧急任命了一些主要机构的负责人。

与此同时，他发现受“7·20”事件的影响，有很多人离开了参谋本部，这使没有离开的人也无心工作，或者不来，或者来了之后不知去向，办公室里空荡荡的，丝毫没有往日的忙碌景象。他走遍所有房间，只找到了一个正在酣睡的士兵。此情此景使他意识到自己这个堂堂的陆军总参谋长，现在不过是一个光杆司令，要想让陆军总部正常运转起来，必须招兵买马。

在接任陆军总参谋长的最初几个星期里，古德里安整天忙于恢复工作秩序，根本没有时间考虑其他事情，因而任由前线部队按原计划维持局面。德国陆军曾是德军唯一的军种，由沙恩霍斯特[1]、赖歇瑙等人所创立，经过毛奇、施利芬、兴登堡和鲁登道夫等人的多年经营和发展，形成了具有德国军国主义特色的参谋本部。但经过希特勒三番五次的打击和压制，参谋本部原来所秉持的精神几乎荡然无存，当然，参谋本部的军官面对希特勒的绝对权威并没有俯首帖耳，而保持了一点独立精神。古德里安心想，自己做了总参谋长就不能不服从希特勒的命令，而且为德国的前途着想，也必须与希特勒及其亲信合作。

可以说，古德里安担任陆军总参谋长这段时间，是他一生中最耻辱的一段时间。无论他怎样解释，实际上他还是成了希特勒的走卒，延长了希特勒苟延残喘的时间，也给他以前所表现出来的刚直不阿、言行一致的形象蒙上了一层阴影。

很快，陆军参谋本部的工作秩序得到了恢复，但古德里安的工作还是难以开展。一直对希特勒大权独揽颇有微词的他，并不甘心做一个传话筒，而希望在这个位置上展现自己的才能。想当初参谋本部是多么威风，曾经在第一次世界大战时统治着德国，连魏玛共和国也受它控制，希特勒在早期的政治生涯中之所以消灭为其上台立下战功的冲锋队，正是因为冲锋队受到了参谋本部的反对。但是，到 1944 年以后，这个机构便成了由一群可怜虫组成的机构，在希特勒面前丝毫不敢反抗。直到这时，古德里安还企图通过私下的交谈来说服希特勒。在接受任命几天后，他就要求与希特勒进行一次私人谈话。

希特勒知道古德里安有所企图，并且不想让他人插手，于是以警惕的目光看着古德里安，问道："你是想要讨论业务问题还是人事问题？"

古德里安坦率地说："当然是业务问题，而且只有我们两人进行这种深入的、开诚布公的交流，才能获得一些有益的结论。"

但希特勒当即拒绝了这个要求，以后凡是古德里安前来讨论业务问题，他总是让凯特尔陪同，同时加上两个速记员。希特勒的这种安排，

---

① 沙恩霍斯特（1755—1813）：普鲁士将军、伯爵、军事改革家。普鲁士军队总参谋部的奠基人。著有《炮兵研究指南》《军事回忆录》《军官手册》等。

使古德里安基本上无法据理力争。而且出于对希特勒的盲目崇拜，他不敢也不愿意在公开场合提出自己的观点，认为私下里的谈话才不会损害元首的尊严，为此他不得不放弃自己想要做的事情。他曾经设想的对指挥关系的改革，即使在他当上陆军总参谋长后也未能实施。现在，德军在东线战场的形势更加恶化了。古德里安的前任留给他的，不仅是一个失去机能的参谋机构，还有一个即将瓦解的前线战场。

希特勒仍在做困兽之斗，坚持不愿放弃任何一寸土地，绝不后退。这使德军无论是在西线战场还是东线战场，都从来没有做过构筑防御工事的准备。因为在西线战场，希特勒依然相信他的“大西洋长城”牢不可破，而在东线战场，他始终抱着“置之死地而后生”的想法，不给前线德军留下一条可以后退的固定防线，以迫使德军拼死战斗。但这样做的结果只是使德军遭到了一连串的惨败，丧失了更多可供回旋的战场空间，也使前线距离德国本土越来越近。古德里安认为，战事发展到这个阶段，如果不希望今后的战局因局部的败退而导致全面崩溃，必须准备建设本土的战场防御阵地，所以，他早在 1 月就向希特勒提出重新修筑德国东面边界防线，而且必须立即着手实施。同时，他还认为在连接这条防线与主要河流防线之间的节点，也应加强防备。

在陆军总部工兵指挥官贾可布将军的配合下，古德里安很快拟订了一个全面的建设计划。同时，为了突出对要塞设防问题的重视和指挥，他还重新恢复了被前任撤销的参谋本部城塞组，并任命提罗中校为组长，负责要塞设防事宜。古德里安深知希特勒的为人，生怕在这个问题上横生枝节，因此，对于拟订的计划，古德里安在没有呈送希特勒批准之前，就先分送给有关单位进行准备，然后在将计划呈送给希特勒时特意加一个附注，说明由于事情紧急，他已经先行发出了执行命令，请求元首进行事后追认。事已至此，希特勒只能勉强同意古德里安的做法。

东线的要塞建设总算开工了，古德里安从各个方面搜罗了一些志愿人员、妇女、儿童和老人，以及盟军的战俘参与建设。为了防守新建的防御阵地，古德里安首批建成了 100 个要塞步兵营和 100 个要塞炮兵连。后来，机枪部队、工程通信部队等也陆续成立了。

古德里安深知，要想阻止苏军的进攻，使这些要塞工事发挥作用，一定要有足够的防守兵力、武器和补给物资。为此，他组织了要塞部队，并禁止野战部队调用这些部队，以在要塞中服役为原则。然而，这个命令毫无作用，这些部队刚刚形成战斗力，便有80%被最高统帅部抽调到西线去了。当然，把这种准备尚不充分的部队送上西线战场，不过是使德军的损失数字再增加一些罢了。

武器方面的情况也基本相似。古德里安起初曾要求把从敌人那里缴获的各种武器用于工事防御，但遭到了凯特尔和约德尔的坚决反对。他们一开始说根本没有这类武器，等找到这类武器时，约德尔又从中捣鬼，把口径在50毫米以上、弹药在50发以上的大炮，一律送往西线战场使用。古德里安所建设的防御工事只能用口径50毫米和37毫米的反坦克炮来抗击苏军的T－34坦克。

最终，古德里安在东线辛苦修建的要塞工事，既没有足够的人力，也没有合适的武器进行防守。当然，这些防御工事仍有一部分起到了一定的防御作用，迟滞了苏军的进攻速度。

此时，希特勒一心想着在西线发动一次新的攻势，完全顾不上东线战场如何防御、能否防御，他把德国国内训练的最后一点兵力全都调到了西线。

1944年八九月，西线德军完全崩溃，向齐格菲防线退却。在盟军的打击下，德军放弃了许多防御要地。古德里安心知齐格菲防线只是徒有其名，事实上它已不能再称为防线，防线上的大部分武器都被拆卸到“大西洋长城”上去了。随着“大西洋长城”防线的瓦解，德军什么也没有了。面对德军一发不可收拾的败势，希特勒仍然拒不承认他未能事先做好防御安排，反而淫威大发，不允许他人提出意见，而且三番五次地要求前线德军必须死守。

8月15日，古德里安在奉命向希特勒汇报战况时，与希特勒发生了激烈的冲突。古德里安本来就对希特勒及其亲信十分不满，当然不会将失败的责任揽在自己身上，在汇报战场上装甲部队的作战情况时，他说：“装甲部队虽然作战英勇，但仍然无法弥补海、空军所造成的损失。”

希特勒闻言，怒气冲冲地对古德里安喊道：“你跟我到这来!”在另一间房子里，他们互不相让，声音越来越高。最后，希特勒的副官安斯堡少校实在听不下去了，走进去说：“你们两位说话的声音稍稍高了一些，在外面都可以听得见，要不要我把窗户关上?”

其实，盟军在1944年8月25日便收复了巴黎，古德里安认为现在德军最重要的任务是考虑如何保卫德国本土，但希特勒及其最高统帅部对未来的战局还没有一个明确的规划。

古德里安知道，弱不禁风的德军根本无法应对英、美联军和苏军从东西两个方向发起的进攻，因此，从现在起应该撤回部队，收缩防线，采取守势。上西里西亚和波兰的大部分领土是德国战时原料和粮食基地，是重要的供应来源，而且它们现在还掌握在德军手里，所以，古德里安建议以东线战场作为防守的主要方向，建立一条稳固的防线，阻止苏军继续推进。当然，这样做的结果是西线最后必然被英、美联军所击垮。但是，德军可以与西方单独媾和，或者将战争继续拖下去，这样说不定会出现对德国更有利的局面。

在国际政治上，希特勒和他的顾问们显然比古德里安要明智得多，他们根本不相信跟西方国家有单独媾和的可能，因而拒绝了古德里安的提议，坚决主张死守下去。希特勒将注意力集中到了西线战场，企图在英、美联军尚未到达莱茵河之前，至少是在他们打算渡过莱茵河的时候，发起一次强有力的反攻，从而击败对手。因为希特勒及其最高统帅部相信，到11月中旬，德军一定可以发动攻势。而这样做，到12月中旬的时候，德军又可以把大量兵力调回东线战场。希特勒对此颇为自信，“秋天天气特别温和，可以预计冰冻期来得一定较晚，苏军的进攻行动将不能不拖过新年之后才发动”。

就这样，古德里安甚为看重的东线防御，被放到了德军作战计划中的第二位。古德里安虽然不同意希特勒的计划，但是在希特勒强行定下来之后，他作为东线战场的最高负责人，不能不忠于自己的职责，努力稳住东线战场的局势，以保证西线的反攻计划付诸实施，等到西线达成预定目标后，再在东线采取大的行动。

除了前一时期在后方构筑的防御工事，古德里安打算在前线防御上做点文章：

第一，在 12 月中旬，逐渐撤回前线上的所有装甲师和装甲步兵师，在补充兵力和装备后，编组为 4 个兵团，充当机动预备队；

第二，最大可能地压缩苏军夏季在维斯瓦河上占领的桥头堡，使之失去有利地位，以增加苏军进攻时的困难，在某种程度上迟滞苏军的行动；

第三，在重建陆上交通线已不可能的情况下向希特勒请示，为缩短战线、增强预备力量，可否把留在波罗的海国家的德军从海路撤出。

遗憾的是，古德里安的所有预想与计划，最终因西线战场的失败而没有实现。东线已经构筑好的防线和阵地，因为西线没有转来任何人员和武器，自然也失去了原有的价值。而对东线德军来说，最不利的莫过于希特勒不允许缩短防线，留在柯尔兰地区的北方集团军群残部也始终未能撤出。

没有决定权却又承担着指挥任务的古德里安，陷入了迷茫之中，不知道下一步行动将在何方实施，也不知道该如何应对未来的一切。

尽管前线各处战事不断，东线战场上的德军节节败退，但是德军从喀尔巴阡山到波罗的海的漫长战线还算平静，古德里安组织的构筑工事、抽调装甲师和装甲步兵师作为总预备队的工作，也进行得较为顺利。只是表面的顺利掩盖不了事实上的空虚，这长达 1 200 多公里的漫长防线，在数量占绝对优势的苏军面前，古德里安抽出的 12 个装甲师和装甲步兵师又能做些什么呢？对此，古德里安只能自我解嘲说，有一点总比没有强。但自我解嘲归自我解嘲，他必须面对这个又长又薄弱的防线。兵力不足、装备短缺已是不争的现实，他唯一可以动脑筋的就是阵地的部署。

针对德军的现状，古德里安决定扩大防线的纵深，把平时用于防守的“主防线”和敌人大举进攻时守军占领的“最后防线”完全分开。前线的德军将领希望把这道最后的防御阵地建立在距离主防线后面约

20 公里远的地方，进行严密伪装后，在里面安排一部分守军，并设想在苏军进行炮火准备的时候，守军可以把主力集中在最后一道阵地上，仅留极少数兵力坚守原有的主防线，使苏军的炮弹白白浪费在第一道防线上。等到苏军攻占主防线，费尽力气攻到德军的最后防线前面时，进攻的锐气肯定严重衰减，这时占领最后一道防线的德军主力部队就可以轻易地击退苏军的进攻。

古德里安认为，从战术运用的角度来说，这是一个很好的防御方法，理论上可行，在实践中应该也不存在问题。他马上批准了这个方案，并把它转呈希特勒。结果，希特勒又大发脾气，说这是与他那“寸土必争”的要求唱反调，他绝不能坐视 20 公里的距离居然不经过一次战斗就白白地让给苏军，并当即命令两道防御阵地之间的距离最多只能相隔 2 ~3 公里。希特勒的顽固，再一次使德军遭受严重损失。

1945 年 1 月，苏军向德军阵地发起攻击，由于德军的“主防线”“最后防线”“预备队”三者距离过近，交缠在一起，在苏军的猛烈轰击下，仅仅几十分钟，德军费尽周折建立的防线便土崩瓦解了。

希特勒见德军遭受如此失败，自然又大发雷霆，坚决要追究当时设计和建筑防线的人，并严厉指责他人的无知，强调自己一向主张两道阵地之间应该相隔 20 公里以上。他厉声追问：“是哪个混蛋下了这样不合理的命令?”

古德里安毫不让步，不客气地指出：“元首，这是根据您的命令所做出的部署。”

“这怎么可能?”一向自视清高的希特勒马上让人找来当时的会议记录，并大声地读了起来，想要证实自己的英明。读着读着，他突然不再出声了，白纸黑字的事实是无法抵赖的，他尴尬万分，只好默认。

德军在战场上连续失败，雪上加霜的是，匈牙利军队中有许多高级将领完全倒向了苏军。匈军的参谋长弗罗斯将军不久前还来过东普鲁士，向古德里安信誓旦旦地保证他将完全忠于德国，还接受了古德里安馈赠的一辆汽车。但没过几天，他便开着德国人给的汽车逃到了苏军那里。希特勒不得已，只得在 1944 年 10 月 16 日推翻霍尔蒂[1]的政府，另外选了一个傀儡元首萨拉希・费伦茨。

在斯洛伐克，整个国家成了游击队的天下。他们拦截火车，到处追杀德国军人，搞得德军惶惶不可终日。在意大利，自盟军 1944 年 6 月 4 日攻占罗马以后，德军南线战场总司令阿尔贝特・凯塞林[2]元帅只能守着亚平宁山脉上的一条防线，与占据优势的盟军苦斗。由于效忠墨索里尼的意军战斗力很差，作用极其有限，德军 20 个师以上的兵力被牵制在那里动弹不得。而在德军的后方，反纳粹的意大利人已经展开了激烈的游击战，逼得德军狗急跳墙，进行了残酷的报复行动。战后，盟军根据德军的罪行对相关的德军将领进行了惩处，古德里安还为他们叫冤，认为德军是被逼无奈才采用强硬的报复办法，是为了保证军队的后勤供应路线不被切断，指责军事法庭以一己之偏见来定德军将领的罪。由此可见，古德里安已经完全没有了是非观念，彻底沦为了纳粹的走狗，成为坚决反人类的希特勒的信徒。

1944 年 12 月初，希特勒为了更接近西线战场，以便亲自指挥即将在西线战场发动的最后攻势，把他的大本营从东普鲁士移到吉森附近的齐根堡。在过去几个月中，希特勒置东线战场于不顾，集中一切可以集中的兵力，把他们部署在从艾费尔高原到列日以南默兹河口之间的地带。在这里，英、美联军的阵线相对薄弱，防守兵力也比其他地方要少，所以德军想从此地实施突破，在渡过默兹河后直趋布鲁塞尔和安特卫普，进而围歼所有在突破口以北的英、美部队。希特勒坚信，只要这次突破行动和围歼作战能够成功，那么在德军的拼死一击之下，西方国家将一蹶不

---

① 霍尔蒂・米克洛什（1868—1957）：匈牙利王国摄政。1944 年因有意退出轴心国阵营并与纳粹德国断交，致使德国扶植箭十字党政权上台，随后他被德军挟持至德国。德国投降后，他被南斯拉夫以战争罪要求引渡，但是被联合国阻止。他一度作为战犯被囚禁在德国巴伐利亚，1946 年获释，流亡葡萄牙。

② 阿尔贝特・凯塞林（1885—1960）：纳粹德国空军元帅，绰号“微笑的阿尔贝特”。“二战”期间，他指挥空军参与了对波兰与法国的入侵行动、不列颠战役和巴巴罗萨行动；亦曾担任南方战区总司令，指挥地中海和北非战场全部德军部队，在“二战”最后几天还担任德军西线总司令。他的军事才能与成就甚至赢得了盟军的尊敬，但其名声也因为所属部队在意大利的屠杀行径而受损。战后被判处死刑，但随后改为无期徒刑。

振，盟军在西线战场再也不会对他构成威胁。这样一来，他就有了足够的时间把西线的所有兵力再集中到东线战场，设法击败苏军的冬季攻势。一旦实现这个目标，德国就可以将战争拖延下去，打破盟军迅速取胜的希望，迫使盟军收回“无条件投降”的要求，乖乖坐下来与他谈判。

也许是天意，老天也不愿意为希特勒的进攻提供方便条件，天气始终不是很好，同时在盟军的地毯式轰炸下，德军兵力的集中、部署也一再延迟，希特勒不得不把原本定在 11 月中旬开始的进攻行动推迟到 12 月 16 日。

鉴于德军的战斗力大不如前，西线战场的德军总司令龙德施泰特元帅和 B 集团军群总司令莫德尔元帅建议，应为德军的这次攻势设置一个有限的目标，因为德军没有足以完成希特勒理想中的伟大计划那样强大的兵力。他们还建议把攻击范围限制在默兹河以东，以击败沿着该河东岸、在德国亚琛和比利时列日之间的盟军为目标。但是，狂妄的希特勒坚信自己的天才直觉，断然拒绝了他们的建议，坚持要实现自己的“伟大”理想。

古德里安见任务难以实现，便建议希特勒选择一个较小的目标结束西线战斗，尽快将兵力调到东线。但希特勒及其最高统帅部却认为这是扭转整个战局的关键，坚决不顾东线而企图最后一搏。古德里安只能坐在办公室里，眼睁睁地看着德军的西线战局发展到不可收拾的地步，东线所希望的兵力也被盟军在西线战场上消灭，德军又上演了一幕失败的惨剧。

1944 年 12 月 16 日，代号为“莱茵河卫兵”的阿登战役终于拉开了帷幕。当天拂晓时分，经过密集的炮火准备，德军兵分三路发起进攻：左翼是勃兰登堡的第 7 集团军（辖 4 个师）；中路是哈索－埃卡德·冯·曼特菲尔[①]的第 5 装甲军团（辖 7 个师）；右翼是迪特里希的

---

① 哈索－埃卡德·冯·曼特菲尔（1897—1978）：纳粹德国装甲兵上将。“二战”期间凭借战功，三年内从中校营长跃升为装甲兵将军和装甲军团指挥官，被誉为“机动与突袭艺术的大师”。1940—1941 年任隆美尔部队的装甲师长，1941—1944 年指挥第 7 装甲师和党卫军“大日耳曼师”，参加过莫斯科、基辅、日托米尔、雅西等战役。1944 年 9 月任第 5 集团军司令，参加阿登战役。1945 年 3 月任第 3 装甲集团军司令，先后在科尔堡、普伦劳茨、新勃兰登堡等阻击苏军。战后为美军俘虏。

党卫军第 6 装甲军团（辖 9 个师）。进攻前，德军还实施了两个特别行动：一个是代号为“鹰”的空降作战行动，目的是占领美军后方的公路交通枢纽；另一个是代号为“格里芬”的行动，由德军特种部队第 150 装甲旅执行，他们装扮成美军潜入盟军阵地，尽可能地制造混乱，占领战略要地。

战斗打响后的第二天，美军第 106 师的 2 个团 7 000 多人被德军包围，随即投降。这是美军在欧洲战场上最严重的一次失败。12 月 18 日，中路曼特菲尔的第 5 装甲军团逼近公路交通枢纽巴斯通；右翼迪特里希的党卫军第 6 装甲军团占领了默兹河渡口；左翼勃兰登堡的第 7 集团军渡过了奥尔河。到 1944 年 12 月 20 日，德军撕开了美军的防线，形成一个宽约 100 公里、纵深 30～50 公里的突出部。

12 月 17 日早上，盟军最高指挥部命令美军第 82、第 101 空降师火速增援，随后又命令巴顿将军指挥的美第 3 集团军北上驰援巴斯通。坚守阿登地区的美第 1 集团军被要求不惜一切代价挡住德军的进攻，坚守待援。

12 月 25 日圣诞节当天，德军第 2 装甲师与美军第 2 装甲师在塞勒斯展开激战，结果，德军阵亡 2 500 人，被俘 1 050 人，几乎所有坦克均被摧毁。美军第 2 装甲师由此获得了“活动地狱”的绰号。

12 月 26 日，美军第 4 装甲师的先头部队终于取得了突破，冲进巴斯通，并加强巴斯通的防御力量。这时，天气开始转好，盟军飞机陆续出动，使德军第 5 装甲军团遭到了致命的打击，德军强渡默兹河的企图落空了。

为扭转战局，1945 年 1 月 1 日，德军出动 1 000 多架飞机，对法国、比利时和荷兰境内的盟军机场进行空袭，炸毁盟军飞机 260 架。德军地面部队趁机进攻巴斯通北部。1 月 3 日，巴顿的美第 3 集团军和坚守阿登地区的美第 1 集团军同时出击。同一天，德军也对巴斯通发起了猛烈的攻势，经过 5 天的激烈战斗，德军伤亡惨重，不得不撤退。

1 月 6 日，丘吉尔向斯大林求援。为了支援西线盟友，1 月 12 日，苏军提前在东线发起了维斯瓦河－奥得河战役。德军被迫把准备派往阿

巴顿画像

登地区的 6 个装甲师调往东线，这样一来，德军也无力在阿登地区继续进攻了。

1 月 8 日，希特勒终于下达了撤退的命令。1 月 12 日，盟军乘德军抽出兵力前往东线之际，奋勇追击。1 月 28 日，德军被赶回阿登战役发起前的位置。至此，阿登战役结束。

在退却的过程中，原来满怀希望去战斗，并准备为德国的胜利奋战到底的德军，现在已是垂头丧气、情绪低落。德国国内也受到了影响，在西线取得决定性胜利的希望落空后，德国民众陷入悲观失望之中。

德军的这次反攻，虽然使美军遭受了重大损失，但也严重削弱了自身在西线的防御力量和东线的机动兵力，又无后备力量可以补充，从此失去了反攻能力，并且无法进行持久的有效防御。

崩溃的边缘

在阿登战役进行之际，古德里安把陆军总部移到了措森附近的梅巴赫营房。他对西线的战局已经无可奈何，此时东线的战场情况也在不断恶化。

苏军正在准备发动大规模的攻势作战，甚至为了实施冬季攻势而集中了168 个步兵师、23 个装甲军和1 个骑兵军。在整个东线，苏军处于绝对优势，步兵与德军的对比是11∶1，坦克数量对比是7∶1，大炮数量对比是20∶1。如果从部队的各个方面进行综合评估，苏军的陆军优势高达15∶1，空军则为20∶1。

古德里安虽然对德军的战斗力很有信心，因为它曾在1∶5 的劣势下击败过对手，但经过这5 年来的战斗，德军的武器装备和后勤补给一天少于一天，补充的兵员素质也大不如前，更关键的是德军的士气日益低落。以久疲之兵对战得胜之师，古德里安认为，无论是一般的德军官兵还是希特勒及最高统帅部，都难以承担如此重任。然而，承受不了也得承受，德军现在面临的首要问题是如何阻止苏军的强大攻势。

古德里安知道，要想解决东线的问题，必须把尽可能多的兵力从西线调到东线，并在罗兹－霍恩沙查地区筹建一支强大的预备队。通过这一部署，强迫已经突破德军防御阵地的苏军与擅长机动作战的德军进行一场运动战，也许有击败苏军进攻的机会。但最后的决定权并不在古德里安手上，他需要得到希特勒的同意。然而，最高统帅部不但不愿意增援东线战场，而且还不断地从东线本已不堪重负的部队中再抽出一些移作他用。

12 月下旬，古德里安在乘火车回措森的路上，得知希特勒又直接下令把一个党卫军及其所属的两个师，从华沙以北地区调到了巴尔干地区，以解布达佩斯之围。这就使古德里安的东线只剩下12.5 个师的预备兵力，负责防守1 200 多公里的漫长防线。古德里安回到总司令部后，马上和自己的部下格仑、温克一起研究对策，得出的结论是：只有在结束西线战事后，将大部分兵力集中到东线战场，才有可能制止苏军的进攻。

这个当然还得请示希特勒，这一次古德里安精明多了，在见希特勒之前，他先去拜访龙德施泰特元帅及其参谋长西格弗里德·威斯特法尔将军，说明了自己的目的和要求，请他们给自己出主意。龙德施泰特元帅和威斯特法尔将军对西线战场的部署比古德里安更加了解，他们当即告诉古德里安，西线 3 个师、意大利 1 个师都部署在铁路附近，只要希特勒同意，马上就可以调往东线。而且他们还偷偷下令让这些部队事先做好了调动的准备。

一切准备妥当后，古德里安才去见希特勒。约德尔不知道古德里安已事先做了功课，仍坚持说西线无兵可调。没想到古德里安当场说出了 4 个师的番号，说得约德尔哑口无言，只好老老实实地交出了这 4 个师。但这 4 个师最后还是奉希特勒之命，又转用到匈牙利，古德里安空欢喜一场。

1945 年 1 月上旬，古德里安走访了东线战场的前线将领，再次感到东线已无力防守如此漫长的战线，只能增加兵力或收缩战线。他决定再次面见希特勒，请求他将战场重心移到东线，或者缩短战线。

1 月 9 日，古德里安来到齐根堡，他暗自下定决心，这一次无论如何也要取得一点成果。为此，他特意带上了装甲兵总监部的参谋长托马勒将军，并让陆军总部的情报首脑格仑将军准备了一份极其详细的情况报告，这份报告既有文字说明，又有附图和表格，可谓图文并茂。但希特勒只看了一眼报告便大发脾气："这是谎言！是完全的虚构！"他气冲冲地命令古德里安："立即把草拟这份报告的人送到疯人院里面去！"

古德里安再也无法忍受希特勒的自以为是，说："撰写报告的人是格仑将军，是我手下最好的一位参谋。如果他准备的东西让我感到不满意，我绝不会随便送给你看。如果你要把格仑将军送到疯人院里去，就把我送去好了。"

古德里安的激烈言辞让希特勒十分吃惊，头一次有下属敢于如此对待历来不容侵犯的元首。他愣了一下，只好退一步要求古德里安把格仑将军免职，但古德里安仍然不同意，希特勒只得作罢。

格仑将军的位置虽然保住了，但古德里安这次仍然一无所获，既没有达成给东线增加兵力的目的，收缩战线的企图也化为乌有。希特勒的鸵鸟政策又配上了鸵鸟战略，他还天真地口头表扬古德里安："我们的东线战场还从来没有过像今天这样强大的预备兵力。这都是你的功劳，我真应该感谢你。"这完全是在自欺欺人。

古德里安还能说什么呢？他只好再次重复自己的意见："如今东线战场的形势就好像没有摊牌前的赌局，一旦我们的防线上有一个点被苏军突破，整个东线战场也会跟着完蛋。现在 12 个半师的预备兵力，绝对无法防守这么漫长的防线。"

"东线战场应该自求生存，充分利用现有的力量进行战场准备。"希特勒像是安慰似的命令道。路越来越窄了，古德里安无法理解希特勒和约德尔等人抛弃东线的立场，他想，也许是因为希特勒和约德尔的家乡都不在东线，所以即使失去这个地区，他们也不会有切肤之痛。

古德里安等人的情报是准确的。1945 年 1 月 12 日，苏军开始了第二次世界大战中最大的战略行动——在巴拉努夫桥头阵地发起一个准备周密的大攻势。自 1944 年 12 月 17 日以来，苏军在巴拉努夫桥头堡增加了 719 门大炮、268 门迫击炮。德军的空中侦察也显示，苏军正向维斯瓦桥头堡推进，并在马格鲁茨夫桥头阵地新增了 60 个炮位。这次行动以两支强大的装甲部队发起进攻为开始，南路由第 1 乌克兰方面军从维斯瓦桥头堡向西里西亚的布雷斯劳进攻，北路由第 1 白俄罗斯方面军从普瓦维和马格鲁茨夫桥头堡向小波森进攻，两军的最终目标是直抵奥德河，攻向纳粹德国的心脏柏林。苏军的进攻摧枯拉朽，转眼之间，东线的德军便全线崩溃，苏军将进攻矛头直插德军的防线纵深。

次日，苏军投入更多的兵力向德军发起进攻，德军的各处防线一段一段地被突破。希特勒的歇斯底里已经到了不可救药的地步。1944 年 11 月，他发布了一道命令："任何要塞、守备部队或坚固支撑点的指挥官，从他的防线撤退或者突围前，应向其他军官或士兵移交指挥权。任何军官和士兵被认为他有能力继续抵抗时，不论军阶高低，都应当授予他一切指挥权。”

东线苏军发起的强大攻势，打得德军溃不成军，但希特勒始终认为前线指挥官的撤退是主观上的逃避，并再次发布了一道令人不可思议的命令：“师级以上部队的指挥官非经正常途径将他的企图报告给最高统帅部的，应让元首有足够的时间进行干预，在此之前，不得下令进攻、反击或撤退。”这便剥夺了德军师以上各级指挥机构的指挥权。很明显，希特勒企图把所有权力都掌握在自己手里，但这一举动恰恰剥夺了德军的指挥特色，使一向注重灵活性的德军走进了死胡同。

希特勒全然不顾苏军自 1 月 12 日以来展开的强烈攻势，仍在寻求继续进攻的途径。古德里安曾向他报告东线局势已经恶化到了最危险的程度，并苦苦请求他坐镇柏林指挥战斗，哪怕只是在精神上表示作战重心已经移到东线战场也行。但希特勒仍然坚持说：“东线战场应该尽量以目前的力量坚持作战。你应该明白，这个时候从西线调兵已经来不及了。”

直到德军在东线遭遇了有目共睹的惨败，希特勒才心不甘情不愿地开始关注东线战场。1 月 15 日，在查明苏联第 4 装甲集团军突破的规模后，希特勒当即下令从东普鲁士经铁路调集由 2 个装甲师编成的一个坦克军赶到罗兹地区，企图通过向南突击以封闭德国 A 集团军群的缺口。同时，希特勒还希望第 9 集团军至少能在布祖拉河一线阻止苏军的进攻，从而组织新的防御。古德里安反对将大德意志装甲军由东普鲁士调到凯尔采，认为这个部署调整已经来不及了，可能对战场起不到什么作用。相反，从东普鲁士抽调部队后，将使东普鲁士的战局险象环生，情况也会变得像维斯瓦河地区一样严重。

面对古德里安的反对，希特勒十分恼怒，决定亲自指挥东线战事。1 月 16 日，希特勒回到柏林，终于决定在西线战场暂取守势，把一切可以抽调的兵力都集中到东线战场。

古德里安得知希特勒的决定后，不禁松了一口气，尽管已经晚了，但他毕竟不用再为东西之争费口舌了，这也算是他与希特勒争吵多日所产生的积极结果。所有无目的的攻击都该停止了，可以节省出来的所有兵力都已经决定运往东线。古德里安计划让从西线前来增援的部队赶紧渡过奥德河，对苏军的侧翼实施反攻，以迅速扼制苏军的进攻锐势。他马上晋见希特勒，请求批准这个用兵计划。

但希特勒的注意力既已回到东线，东线的指挥权便不再属于古德里安的陆军总部。他把从西线调集的增援兵力，即第6装甲军团立即送往匈牙利，打算在匈牙利对苏军发起反击。古德里安一听，当即表示了自己的不满。

因为这件事，古德里安与希特勒在随后的各次会议上展开了激烈的争论。古德里安从军事行动的利弊进行分析，希特勒则从战争经济学的观点来判断，谁也无法说服对方。希特勒还振振有词地说："现在德国的石油工业遭到了猛烈的轰炸，已经无法有效地支援我军作战，所以匈牙利的油矿和炼油工厂对我们来说更加重要了，它们的存在对战争起着决定性的作用……如果你的部队没有燃料，那么飞机怎么能飞，坦克怎么能开动？你是最应该明白这一点的，可是我的将军，你对战争的经济基础并不完全了解……"

争论的结果是，将西线增援部队一分为二，分别由最高统帅部和陆军总部指挥，但这又产生了一个新的问题——兵力是否应该集中使用。古德里安一提出这个问题，马上便遭到希特勒的抢白："我知道你要说什么，你主张集中兵力对敌人进行决定性的打击，不能分散使用兵力，但你应该了解现实……"

希特勒始终不肯抽调太多西线的兵力，尤其是不肯撤出库尔兰地区的德军。1月17日，苏军各路大军如入无人之境，一直向德国逼近。1945年年初，突破德军防线的苏军如潮水般西涌，他们昼夜兼程，终于在1月20日踏上了德国的土地。当天早上，古德里安的妻子离开瓦尔特高的别墅，前往柏林投奔古德里安。由于无法为妻子找到合适的住宅，古德里安只好让她跟自己一起住在宿舍里，共度纳粹德国灭亡前的最后时光。

这天，匈牙利前总参谋长弗罗斯向苏军投降，转而为苏军效力。在西里西亚，苏军越过德国边境，迅速向布里斯劳挺进。在维斯瓦河以北，强大的苏军正在向托伦－格劳登茨一线进行猛攻。苏军这些先头部队的后面，还有着强大的预备兵力。

德军对苏军的攻势感到无比震惊，想当初德军最强盛的时候，也不曾有过如此浩大的人力、物力，相比苏军源源不断的兵力和装备，德军根本不是对手。现在，前线德军已经顾不上希特勒的淫威了。1 月 21 日，当苏军深入上西里西亚工业区，而希特勒拒绝莱因哈特把第 4 集团军撤出纳雷夫突出地带的建议后，第 4 集团军司令霍特巴赫将军在 1 月 22 日擅自做出决定，让自己的部队转而向西攻击，企图向西普鲁士维斯瓦河突围。直到 1 月 26 日，希特勒才知道在中央集团军群所在地区不仅发生了未经他批准的行动，而且事后也没有向他报告，这让他怒不可遏。但事已至此，他也无可奈何，只能撤了莱因哈特和霍特巴赫的职务，分别由洛塔尔·伦杜里克[①]上将和米勒将军代替。

这时，古德里安根据德军当时的战场形势，对集团军群进行了调整。原来的 A 集团军群改称中央集团军群，原来的中央集团军群改称北方集团军群。为了填补新的中央集团军群和北方集团军群之间的空隙，他建议希特勒成立一个维斯瓦集团军群，负责管理和控制这个地区的一切防务。同时，由于这个集团军群所处的位置极其重要，古德里安主张将原巴尔干方面的两个集团军总部的全部人马职位进行调整，并且倾向于由魏克斯元帅担任总司令。但希特勒不愿意让一个听从陆军总部命令的人来担任这个职务，执意让希姆莱担任。他对古德里安说："依我看，魏克斯元帅已经非常疲惫，恐怕没有充沛的精力承担如此困难的工作。"

希特勒认为，一个人的忠诚可靠、狂热盲目要优于他在军事上的经验和才干，他相信希姆莱的忠心会使其为自己拼命。然而，正是这个希姆莱，后来在柏林陷入绝境之时抛弃了希特勒，企图与西方进行和平谈判。

---

① 洛塔尔·伦杜里克（1887—1971）：纳粹德国陆军大将，曾经进入奥匈帝国的军事学院学习，毕业后被任命为第 99 帝国皇家步兵团少尉，参加过"一战"。"二战"期间历任第 20 山地集团军司令、库尔兰集团军群司令、北方集团军群司令、南方集团军群司令。

古德里安当然知道希特勒的意图，决心不让希姆莱这个军事上的无能之辈担任如此重要的职务，于是与希特勒争执起来。他还搬出了约德尔，希望压一压希特勒的霸道。没想到约德尔为了讨好希特勒，反而踩了古德里安一脚，让他无话可说，只能同意希特勒的选择。

军事上的失败已无法改变，古德里安无计可施，便想通过外交途径来解决战场上所面临的压力。

1 月 23 日，德国外交部派驻陆军总部的新任联络官巴兰登博士来找古德里安，讨论利用外交途径解决军事问题的可能性。古德里安异想天开地认为，可以通过德国现在已处于瓦解状态的外交关系，至少在一个战场上获得休战的机会，利用苏联与英、美的矛盾，与西方签订休战协定，或者达成默契，使德军可以集中全部兵力去对付东线战场的苏军。不管是否可行，这成了古德里安能捞到的最后一根救命稻草。一个即将溺死的人，即使看见一根草，肯定也会急于想抓住它。

1 月 25 日，古德里安来到外交部部长里宾特洛甫的豪华官邸。里宾特洛甫并不觉得战场形势有这么危险，反而怀疑古德里安的分析判断，反问道："真是这样吗？你说的话可是事实？"他顿了顿，接着说："我觉得参谋本部的人员似乎都有一点神经质，是不是被敌人吓怕了？"

古德里安只好再次强调自己的决心和认真态度，并请求这位"德国外交政策的拟订者"与自己一同晋见希特勒，至少争取使一个战场停战。

但里宾特洛甫一口回绝道："我不能这样做。我是元首的忠实信徒，事实上，我知道元首是不愿意与敌人谈判的。我不能同意你的看法。"

"那么，如果在三四个星期以内，苏军的铁骑敲响了柏林的大门，你会作何感想呢？"

里宾特洛甫喊了起来："你以为真会有这样的可能吗？"

"这不仅是有可能，而且这是必然结果。"

最后这句话终于触动了里宾特洛甫，但他还是不敢与古德里安一起面见希特勒。古德里安临走前，他还再三叮咛："我们最好都对这次谈话保守秘密，好不好？"不过，希特勒最后还是知道了。夜里古德里安出席希特勒的“夜间汇报”时，希特勒大发脾气，认为古德里安在一定程度上犯了卖国罪。

柏林的形势越来越危急，希特勒已经到了崩溃的边缘，但他仍不想结束战争，想要全体德国人为他殉葬。

苏军在大半个月的时间里取得了极其辉煌的战果，将部队从维斯瓦河畔一直推进到德国本土。被包围在东、西普鲁士的德军，与纳粹德国的其他部分完全断绝了联系，成了两个“孤岛”。为了让他们坚持住，实现希特勒坚守阵地以期政治形势发生变化的目的，德军只好从海上和空中进行物资投放。为了执行这些后勤补给任务，早已残损的空军和海军几乎放弃了所有的战斗任务。

古德里安也不愿看到德军最后垮掉，还想挽救德国东部。他一次又一次地请求希特勒放弃已经毫无意义的外围阵地，全力加强东线。但希特勒坚持把德军留在亚平宁山脉和挪威的西北角，拒绝从库尔兰撤军，并命令这些德军部队坚守下去，把它作为德军的外围阵地。

到 2 月初，德军的情况急转直下。此时库尔兰仍然还有 20 个步兵师和 2 个装甲师，孤零零地守着东北一隅之地，但顽固的希特勒还是不同意把这些战斗力较强的部队撤回柏林加强防御。即使在最危难的时候，希特勒也只同意撤回 4 个步兵师和 1 个装甲师。

这时距柏林的陷落已经越来越近，希特勒为什么还坚持“不放弃一寸土地”呢？难道是想让人相信他是要打赢战争？反过来，希特勒的做法倒像是用德军官兵的生命和打败他的盟军作最后一搏，要在所有战线造成更多的伤亡才肯罢休。

不管怎样，德军虽然身处险境，但还是具有一定的实力。以东线战场来说，德军还有步兵师 103 个、装甲师和装甲步兵师 32. 5 个。西线也还有约 65 个步兵师和 12 个装甲师。经过全面分析战局，古德里安感到德军还有力量与敌人一搏，于是想再度劝说希特勒放弃匈牙利的攻打行动，集中兵力，等苏军进攻到法兰克福和科斯琴之间接近奥德河边的时候，再突然出击，从南北两个方向攻击苏军的侧翼，力求通过最后一搏击退苏军，保证纳粹德国再坚持较长的时间，设法与西方进行谈判。

古德里安也知道，要保证这个作战行动取得成功，前提是要把留在巴尔干、意大利、挪威，特别是库尔兰等地的德军全部撤出，以集中最大的兵力。

2 月初，古德里安面见希特勒，向他陈述了自己的意见及未来的作战计划，结果被希特勒一口回绝。古德里安已经不知道该怎样说服顽固的元首，只好乞求道："您应该相信我坚持撤出库尔兰守军绝不是意气之争。现在，我们已经没有了预备兵力，而没有有生力量的支援，怎么保卫我们的首都？我可以向您发誓，我完全是为了国家的利益！"

希特勒气得浑身发抖，冲古德里安喊道："你怎么敢对我讲出这样的话？难道你以为我不是为德国而战吗？我一生就是完全为德国而奋斗的。"

在场的戈林只好将古德里安拖出来给予安慰。古德里安在另一间房里平复了一下心情，对戈林说："不行，事情总要有个结果。"他找到海军元帅卡尔·邓尼茨①，希望他能从侧面帮助自己，并且与其商定，如果希特勒同意撤出部队，希望能够得到海军的支持，提供足够的船只将这些部队撤运回国。当然，如果希特勒不同意，一切商定都是无效的。

希特勒的马拉松会议还在接着开，古德里安又一次提出了撤出库尔兰的建议。希特勒听了大发脾气，走到古德里安面前，挥舞着拳头，恨不得要杀了他。古德里安的参谋长托马勒将军看到这一幕，赶紧拉着古德里安的袖子向后退，生怕他们两人忍不住打起来。

看来库尔兰守军是撤不了了，古德里安只得另做打算，决定从阿恩斯瓦尔德地区发动一次小型攻击，以期击败在瓦尔特河以北的苏军，重新建立波美拉尼亚和西普鲁士之间的联系。

---

① 卡尔·邓尼茨（1891—1980）：纳粹德国海军元帅，"二战"期间曾任海军总司令、总统兼国防军最高统帅。发明了"狼群战术"，在"二战"初期给英、美等国的海上运输造成极大威胁，被盟军称为"面目狰狞的海底魔王"。希特勒自杀前留下了一份政治遗嘱，任命邓尼茨为德意志帝国总统和国防军最高统帅。战后在纽伦堡审判中，邓尼茨被判处 10 年监禁。出狱后，他继续宣传纳粹精神及复仇主义。

作战行动要有指挥官，由于这次行动所在的战区属于希姆莱管辖，所以古德里安和希特勒因为指挥权问题又一次争吵起来。古德里安打算派自己中意的副手温克将军到希姆莱的司令部去，具体指挥这次作战行动，但遭到了希特勒的强烈反对："党卫军领袖完全可以指挥这次作战。"

古德里安极为愤怒，加上他本来就对希姆莱没有好感，因此对希特勒毫不相让："您也管得太宽了，什么事都要插手，党卫军领袖显然经验不足，指挥机构也不完善，根本无法独立指挥这次作战行动。"

只要自己认为是好的，就不允许别人说不行，这是希特勒一贯的作风。现在也是如此，他愤怒地吼道："我不允许你说党卫军领袖没有能力完成他自己的任务。"

古德里安针锋相对地说："我还是坚持要把温克将军派驻到这个集团军总部，只有这样才能保证这次作战完全按计划执行。"

他们两人为此争论了2个小时，最后希特勒完全失去了自制力，全身发抖，两眼充血，眼球像要从眼眶中爆出来，声嘶力竭地在地毯上不停地走来走去。

这一次，古德里安决心坚持自己的主张，面对希特勒的狂怒，他一言不发，静静地看着。从来没有人敢于对抗希特勒的权威，古德里安的坚持终于使希特勒开始思考，他知道古德里安是对的，希姆莱是有热情，但能力显然不够。想到这里，他停在希姆莱的面前，说："希姆莱，温克将军今晚就到你的司令部去，负责指挥这次行动。"接着，他回到自己的位置要求继续开会，并特意说道："今天，参谋本部胜利一次。"他还献媚似的对古德里安笑了笑。

会后，凯特尔走到古德里安面前，以告诫的语气说了一句："你怎能这样和元首讲话，元首都被你气成什么样子了！如果元首气病了怎么办？"古德里安还没有完全从冲突中恢复过来，没好气地回了一句："政治家就要能接受反对意见，否则怎能说是一个政治家！"

纳粹德国终于迎来了最后的毁灭时刻，德军的所有希望都化为泡影。曾经飞扬跋扈、耀武扬威的希姆莱再也没有了自信，情绪极为低落。希姆莱对军事一窍不通，他之所以坚持带兵，是因为特别想获得一枚铁十字骑士勋章，为自己的将来捞取政治资本。但一上战场，他就现了原形，暴露出军事素养的严重不足，结果弄得自己狼狈不堪，无法下台。为此，他只得想方设法逃避指挥事务，以免引起他人的关注。

为了党卫军军纪的事情，古德里安来到希姆莱的司令部，但没有找到他。司令部的人说，希姆莱患了流行性感冒，正在霍亨林青疗养院里接受治疗。但是，古德里安坐车找到希姆莱后，发现他健康状况良好。古德里安很难想象一个军人会在危急时刻对自己的部队撒手不管，更何况是身兼数个重要职务的高级军官。如果觉得自己不足以胜任这么多职务，干脆辞职算了。对于古德里安的疑问，希姆莱犹豫半天才说："我无法向元首开口讲这些，再说他也不会批准我的要求。"

古德里安见希姆莱这般沮丧，知道这是一个换人的好机会，当即追问道："那么你能够授权我向元首提出请求吗?"得到希姆莱的同意后，他在当天夜里就向希特勒提出，希姆莱的职务实在过于繁重，应该免除其维斯瓦集团军群总司令的职务，以便他腾出精力做好其他重要工作。希特勒开始并不赞成古德里安的想法，但眼下大势已去，他也无计可施，最后只得同意。古德里安随即以第1装甲军团司令海因里希上将填补了这个空缺。这让他内心感到了一丝安慰。

再次免职度余生

1945年3月，德国败局已定。此时此刻，苏军的空袭十分猛烈，仅首都柏林就被连续轰炸20多个夜晚。3月15日这天，陆军参谋本部也遭到了长达45分钟的轰炸。这次苏联空军所投掷的炸弹数量，足以炸平一个大型的城镇。这么多的炸弹全部落在古德里安的小营房上，就因为参谋本部是一个重要的军事目标。

当时，古德里安像往常一样，仍然留在办公室里工作，空袭警报突然急促地响了起来。古德里安的妻子玛格丽特住在宿舍里，习惯性地看着那张军事地图，并在上面勾画出苏军飞机空袭的路线。一般来说，苏联飞机到达勃兰登堡后就会朝柏林飞去，但这一次转向了措森。她不由得紧张起来，赶紧跑去告诉古德里安这个反常现象。古德里安连忙命令全体人员赶紧撤进防空洞。他们刚刚冲进洞口，第一颗炸弹就炸响了。作战处的人员行动慢了一点，结果，克利布斯将军和他的几个幕僚都受了伤，其中，克利布斯的头部伤势较重，被送进了医院。

1945 年 5 月 5 日，苏军坦克部队通过被占领的德国首都柏林的街道

3 月 19 日，当所有的希望都化作泡影后，丧心病狂的希特勒决定不顾德国人民的死活，实施“焦土”政策，下达了毁灭一切的命令。但由于苏、美、英军队的迅速推进，在很大程度上阻止了这一疯狂命令的执行。布勒将军也拒绝发给炸药，使得党卫军无法动手。施佩尔亲自到各地去视察，劝说那些准备执行命令的人认真想一想这种破坏可能引起的后果。这才使德国人民避免了灭顶之灾。

在这种情况下，希特勒又命令海因里希上将前往措森，准备接受维斯瓦集团军群总司令的新职，希望他能以 5 个师的兵力，向苏军发动一次攻击来解科斯琴之围，当时这个小要塞正处于苏军的包围之中。古德里安认为这种攻击毫无意义，主张先夺回苏军在科斯琴附近占领的桥头阵地，然后再与被围的守军进行正面接触。这使他和希特勒再次因意见不一致而发生了争论。

在担任陆军总参谋长的最后一个月里，古德里安与希特勒之间的冲突愈演愈烈。3 月 21 日，古德里安与外交部的巴兰登博士商议后，决定自己去说服希姆莱利用他在中立国的一些关系来达到休战的目的。古德里安在破损的总理府花园里找到了希姆莱，当时希姆莱正陪着希特勒在瓦砾之间散步。希特勒看到古德里安，大声地问道："你有什么事情?"古德里安马上回答说："我想和希姆莱讨论一个问题。"希特勒听后，识趣地走开了。

古德里安径直走向希姆莱，直截了当地说："这次战争已经毫无取胜的可能。现在唯一的办法就是赶紧结束这场毫无意义的屠杀。除了里宾特洛甫以外，只有你和中立国还有一些接触。外交部部长不敢向元首提这个话题，所以我请你和我一起去见元首，请求他赶紧做休战的安排。"

希姆莱依然慢条斯理地说："我亲爱的上将，这个似乎为时尚早吧。"

古德里安说："我真不理解你的想法，现在已经不是 12 点差 5 分，而是 12 点过 5 分了。假如现在我们还不开始谈判，以后就不会有机会了。难道你还不知道我们今天的状况已经坏到什么程度了吗?"

眼看最后的一丝希望也破灭了，古德里安很郁闷地结束了这次谈话。他知道希姆莱害怕希特勒，根本不敢与希特勒谈论这个话题。当天的晚间汇报结束后，希特勒叫住古德里安："将军，请慢走一步，我有话要对你说。"等到其他人都离开了，希特勒一边走向古德里安，一边说："将军，我发现你的心脏病又厉害了。你应该马上请 4 个星期的病假，好好休养一下。"

古德里安当然明白希特勒的言外之意，其实这个建议对他来说，未尝不是一个很好的解脱办法。他知道自己在位的日子已经屈指可数，但一想参谋本部目前所面临的困境，他委婉地拒绝道："目前我无法离开自己的岗位，因为我没有副手。克利布斯的伤还没有好。我现在马上去设法找一个副手，找到了以后，我会向您请假。”

紧接着，盟军一连串的进攻又开始了。3 月 23 日，盟军沿着莱茵河岸到达了莱茵河中、上游，而在莱茵河口的北面，盟军也从正面渡过了莱茵河下游。同一天，苏军在奥帕伦附近突破了。

3 月 24 日，美军越过上莱茵河，向达姆施塔特和法兰克福挺进。在东线，但泽周围也在激战之中，苏军正向科斯琴进攻。

3 月 26 日，苏军在匈牙利又发动了一次新的攻势。德军想与科斯琴守军重建联络的企图终于宣告失败。

3 月 27 日，巴顿所辖的美军装甲部队进入莱茵河沿岸的法兰克福近郊，在阿沙芬堡附近与德军展开了激战。

一系列的打击，使希特勒在这天的夜间汇报会上大发雷霆，强烈指责第 9 集团军在科斯琴反攻的失败，认为这是因为进攻时发射炮弹太少所致，布施将军应当承担主要责任。古德里安见状，马上站起来证明：“这不是别的原因，是因为该集团军手里根本没有充足的弹药，所以他只能采取这种做法。”古德里安话音刚落，希特勒就冲他喊了起来：“那么你应该设法使他多拥有一点弹药！”古德里安马上拿出有关资料，把他所分配到的全部弹药数量给希特勒看，以证明他已经把全部家当给了布施兵团。接着，古德里安又让希特勒看了每一个师所遭受的惨重伤亡的数字，明确表示，部队的确已经不顾牺牲，尽到了他们最大的努力。会谈就这样不欢而散。

回到措森后，古德里安详细检查了弹药和死伤的数字，然后写了一份直率的报告为布施将军辩护，并让克利布斯将军在夜间汇报时把这份报告交给希特勒，因为他实在不愿再去做这种无意义的辩论。古德里安还让克利布斯请求希特勒，批准他明天到法兰克福桥头阵地进行视察。他打算亲自看看希特勒主张使用 5 个师的兵力，从这个狭窄的桥头阵地向奥德河以东进攻的计划，是否真的可行。因为一直到现在，他们之间的辩论仍然没有得出一个结果。

深夜时，克利布斯才从柏林回到措森，向古德里安报告说：“元首不准将军到前线去视察，并命令你和布施将军一定要出席明天的午间汇报。”原来，希特勒认为古德里安的那份报告是有意指责他。

3 月 28 日，古德里安和布施将军按时出席了军事会议。希特勒刚走进会议厅，就再次大声地指责布施将军指挥不力，布施将军辩解了几句，但被希特勒粗暴地打断，让他不要再说下去了。希特勒旧话重提，又把昨天那一套搬出来，歇斯底里地责骂布施指挥错误。

古德里安越听越愤怒，最后实在听不下去了，于是如法炮制，打断了希特勒的话：“请您允许我打断您的话，插几句话。昨天我已经同时用口头和书面的方式，详细解释过这个问题。布施将军对于科斯琴的失败不负任何责任。第 9 集团军已经用光了他们所分配到的弹药，官兵们也尽到了他们的责任。巨大的伤亡数字就是一个很好的证明。我请求您不要再责骂布施将军了。”

希特勒听了，对所有参加会议的人说：“我要求诸位先生暂时离开这间房子，除了这位元帅和这位上将以外。”

大家都退出去后，房间里只剩下了希特勒、凯特尔和古德里安 3 个人。希特勒对古德里安说：“古德里安上将，你的健康问题使得你必须请 6 个星期的病假。”

“是的，我马上就走。”古德里安说完，马上站起来向门边走去。他刚把手放在门把手上，希特勒又把他叫回来，说道：“请坐在这里，等会开完了再离开。”于是，古德里安沉默地坐在椅子上，等待离席的人重新回来，继续开会，仿佛什么事也没有发生一样。希特勒没有再继续斥责布施将军。大家又敷衍了一会儿，就草草散会了。

希特勒把凯特尔、约德尔、布格多夫和古德里安 4 个人留了下来。他对古德里安说：“请你赶紧设法恢复你的健康，在 6 个星期以后，局势一定更加紧张，到时我会更需要你的帮助。还有，你准备到哪里去养病呢?”

古德里安很从容地说：“凯特尔劝我去李本斯坦温泉休养，那里的风景极为美丽。不过，那里早已被美军占领。我将自己选择一个地方，这个地方至少在以后的 48 小时内不会被敌军追上。”说完，他站起身，高高地举起右手，向希特勒做了最后的道别。随后，他由凯特尔陪同，走出了总理府。

出了总理府后，凯特尔对古德里安说："将军，下次不要再拂逆元首的意思了。"古德里安一句话也没有说，径直奔向停车场，拉开车门一屁股坐在汽车后座上，对司机说："先回总部！"

这是一个伸手不见五指的夜晚，刚好映衬着古德里安消沉的心情。这样的夜晚，这样的心情，仿佛也预示着纳粹德国的前途黯淡无光。随着汽车的颠簸，古德里安无力地半靠在汽车的座位上，往事一幕幕地在脑海里浮现。

第二次世界大战开始的时候，他可谓八面威风，率领他亲手创建的装甲部队，横冲直撞，无人能挡，为希特勒出生入死，立下了汗马功劳。但就算如此，希特勒仍然不满意，不但不听从他的劝告，而且第二次免了他的职。正是由于他死心塌地地跟随希特勒，才造成今天的惶惶不可终日。他脑子里乱极了，不知不觉中，汽车慢慢停在了陆军参谋本部前，司机轻声说道："将军，到了！"古德里安一愣，随即走下车去。

这一次，古德里安没有像往常那样先走进自己的办公室，而是径直向妻子住的那间屋子走去。玛格丽特听到外面的汽车声，也迎了出来，她一直没有合眼，正等待丈夫归来。看见古德里安后，她长长地出了一口气："怎么这么晚才回来，今天你出去的时间真是长得可怕。"古德里安低声说："是的，这也是最后一次了。以后不会再让你担心了，我已经被免职了。"他们紧紧地拥抱在一起，都感到如释重负。战争的残酷，使玛格丽特像许多的妻子和母亲一样，每天为丈夫和儿子担惊受怕。而她也曾跟着丈夫辗转各地，经过希特勒的批准才得以住在陆军参谋本部的宿舍里，但这次她的心终于可以放下了。

3 月底，古德里安遵照希特勒的命令，把陆军总参谋长的职务移交给克利布斯，并跟同僚们做了一个简短的告别，他说："奉元首的命令，从今天开始，各位就要听从克利布斯的领导了。同时，我也将离开你们，到一个安静的地方去休养，我相信你们还会像从前一样努力工作。再见了，我的朋友们！"随后，古德里安回到住所，他的妻子已经收拾好了行李，正等着他一起踏上旅程。

古德里安恨恨地离开了这个伴随他度过战争中最残酷岁月的陆军参谋本部，离开了他的部下。本来他想到图林根山地去休养，但是由于美军推进得太快，现在已经不可能了。他决定到慕尼黑附近的埃本霍森疗养院暂住一段时间，顺便治疗他的心脏病。

4 月初，古德里安夫妇来到了这个空气清新、环境优美的疗养院，在这里他们再一次享受到了生活的安逸和舒适。远离战争的硝烟，古德里安感到前所未有的轻松，心情也好了许多。在这里，他得到了著名心脏病专家齐美尔曼博士的治疗，病情有所好转。

日子虽然平静，但古德里安的心并没有离开战场。他对希特勒失去信心，也是因为这个纳粹之主不再信任他、不给他机会而已。他依然关心着前线的战况，尽管只能从广播里听一听战况，也能暂时抚平他内心的遗憾。德军的节节败退，使得身为希特勒走卒的他陷入了深深的痛苦之中。

5 月 1 日，古德里安带着妻子离开埃本霍森，来到新的装甲兵总监部，他想在这里坐等战争结束。夜幕降临时，古德里安正和部下一边吃饭，一边谈论当前的形势，突然，有个人慌慌张张地跑进来报告："元首已经死了。"

古德里安连忙问道："从哪里得到的消息？"

来人回答说："是广播里说的。"

原来，4 月 28 日晚上，希特勒在地下室里得到消息：苏联元帅朱可夫率领的部队距总理府只有一条街了，他们很有可能在 4 月 30 日早晨发起攻击。希特勒明白，他和第三帝国的末日到来了。这时，他做出了一个重要决定，马上和他的情妇爱娃·布劳恩结婚。

结婚仪式简单而凄凉。希特勒回想自己传奇的一生，凄惨地说："过去，我始终认为婚姻会影响我献身于我们的党，影响我领导德国称霸世界。现在，所有问题都不存在了，我的生命也即将结束。这个女人与我有着多年的深厚情谊，即使在柏林遭到围困时也自愿来到我身边，誓要与我共生死。我决定跟她结婚，这也算是对我多年来全身心地投入工作，为人民服务的一点补偿。"

4 月 30 日早晨，希特勒指定海军元帅邓尼茨作为自己的继承人，负责组建新政府。之后，他像往常那样慢条斯理地吃了早餐，再把爱娃叫到身边，和在场的人一一道别，然后两人一起走进卧室。

希特勒的心腹戈培尔、鲍曼等人都在卧室外面等着。下午 3 时 30 分，他们听到卧室里响起了枪声，之后就是死一般的寂静。过了一会儿，他们推开门走进去，只见希特勒的尸体倒在沙发上，身上还流着血。他是对着自己的嘴开枪的。爱娃躺在他的身边，手里还有残留的毒药。

大家一起把希特勒和爱娃的尸体搬到花园里，浇上汽油点燃了火。看着火焰渐渐升起，纳粹党徒们纷纷举起左手，向希特勒行告别礼。就在这时，苏联红军的炮弹又落在了花园里，大家连忙四散逃命。

5 月 7 日，邓尼茨指派约德尔前往西方盟军司令部所在地——法国兰斯，代表德军最高统帅部签署了所有战线的无条件投降书。然而，斯大林对于兰斯的投降仪式很不满意，他认为苏军是战胜德国的主力，柏林是苏军攻克的，因此，投降仪式应该在柏林举行。

经与美、英政府商量，5 月 8 日，德国无条件投降仪式在柏林正式举行。德国陆军元帅凯特尔、海军上将弗雷德堡[①]和空军上将什图姆普弗代表德国在投降书上签了字。至此，欧洲战场终于以盟军的最后胜利宣告结束。

5 月 10 日，按照事先的商量，古德里安和装甲兵总监部的人员向占领该地的美军投降，以求得到他们的保护。古德里安来到美军的军营，对美军将领说："我是德国装甲兵总监古德里安，这些人是我的部下，我们希望能够得到你们的保护，不要把我们送到苏联人的手中。"就这样，古德里安成了美军的俘虏，开始了他有生以来的第一次监狱生活。

在第二次世界大战中，古德里安和美军没有过正面交锋，而且在进

---

①　弗雷德堡（1895—1945）：纳粹德国海军高级将领，重要的纳粹乙级战犯，德国"狼群"副帅，第三帝国海军的末代掌门人。后在弗伦斯堡被作为战犯逮捕，在莫威克海军学校内自杀。

攻法国时，由于希特勒一再延误战机，他也没有对在法国的英军构成什么威胁，因此，英、美两国在审讯中极力为古德里安开脱罪责，并以古德里安在战争期间没有虐待战俘和屠杀无辜的平民，不能列为战犯为由，在关押他 3 年后，于 1948 年释放了他。古德里安出狱后，身体每况愈下，心脏病越来越严重，严重影响了正常生活。

作为一个坦克专家，古德里安仍然迷恋陪伴了自己大半生的坦克。在家休养期间，他的第一本个人传记《一个士兵的回忆》问世了。这本书出版后，受到了学术界的广泛重视。接着，古德里安又开始撰写一部关于 1935—1945 年德国坦克部队的发展和战术运用的专著，但这本书没有完成。

1954 年 5 月 14 日，古德里安因病去世，终年 66 岁。他被安葬在他最初服役的戈斯拉尔。这位在第二次世界大战中有很大争议的著名将领，就像一颗流星轻轻地划过天际，带着遗憾坠落了。